REPERTÓRIO

Coleção Debates

Dirigida por J. Guinsburg

Conselho Editorial: Anatol Rosenfeld (1912-1973), Anita Novinsky, Aracy Amaral, Augusto de Campos, Bóris Schnaiderman, Carlos Guilherme Mota, Celso Lafer, Dante Moreira Leite, Gita K. Guinsburg, Haroldo de Campos, Leyla Perrone-Moisés, Lúcio Gomes Machado, Maria de Lourdes Santos Machado, Modesto Carone Netto, Paulo Emílio Salles Gomes, Regina Schnaiderman, Robert N. V. C. Nicol, Rosa R. Krausz, Sábato Magaldi, Sergio Miceli, Willi Bolle, Zulmira Ribeiro Tavares.

Equipe de realização — Trad. e org.: Leyla Perrone-Moisés; Revisão: Stella A. dos Anjos; Produção: Lúcio Gomes Machado; Capa: Moysés Baumstein.

michel butor
REPERTÓRIO

EDITORA PERSPECTIVA

Título do original francês:

Répertoire

© Editions de Minuit

Direitos para a língua portuguesa reservados à
Editora Perspectiva S.A.
Av. Brigadeiro Luís Antônio, 3025
Telefone: 288-8388
01401 — São Paulo — Brasil
1974

SUMÁRIO

I. O ROMANCE E SUA TÉCNICA

1. O romance como pesquisa 9
2. Intervenção em Royaumont 15
3. O romance e a poesia 19
4. O espaço no romance 39
5. O uso dos pronomes pessoais no romance .. 47
6. Indivíduo e grupo no romance 59
7. Pesquisas sobre a técnica romanesca 73

II. OS ESCRITORES

8. Balzac e a realidade 87
9. Os "momentos" de Marcel Proust 103

10. Sobre os procedimentos de Raymond Roussel 113
11. Pequeno cruzeiro preliminar para um reconhecimento do arquipélago Joyce 127
12. Esboço de um limiar para *Finnegans* 151
13. A tentativa poética de Ezra Pound 167

III. O ESCRITOR E O LIVRO

14. O crítico e seu público 183
15. Crítica e invenção 191
16. Respostas a "Tel Quel" 205
17. O livro como objeto 213
18. A literatura, o ouvido e o olho 231

I. O ROMANCE E SUA TÉCNICA

1. O ROMANCE COMO PESQUISA

1

O romance é uma forma particular da narrativa.

Este é um fenômeno que ultrapassa consideravelmente o domínio da literatura; ele é um dos constituintes essenciais de nossa apreensão da realidade. Até nossa morte, e desde o instante em que começamos a compreender as palavras, estamos continuamente cercados de narrativas, primeiramente em nossa família, depois na escola, mais tarde através de encontros e leituras.

Os outros, para nós, não são somente o que deles vimos com nossos próprios olhos, mas tudo aquilo que eles nos contaram a seu respeito, ou aquilo que outros nos disseram deles; não são somente aqueles que vimos, mas também todos aqueles de quem nos falaram.

Isto não é verdadeiro somente com relação aos homens, mas com relação às próprias coisas, aos lugares, por exemplo, onde não estive mas que me descreveram.

Esta narrativa na qual estamos mergulhados toma as mais variadas formas, desde a tradição familiar, as informações que se transmitem à mesa acerca do que se fez durante a manhã, até a informação jornalística ou a obra histórica. Cada uma dessas formas nos liga a um setor particular da realidade.

Todas essas narrativas verídicas têm um caráter comum, é que elas são sempre, em princípio, verificáveis. Devo poder encaixar o que tal pessoa me disse com as notícias vindas de um outro informante, e isto indefinidamente; senão, encontro-me diante de um erro ou de uma ficção.

No meio de todas essas narrativas graças às quais se constitui, em grande parte, nosso mundo cotidiano, algumas podem ser deliberadamente inventadas. Se, para evitar todo engano, dão-se aos acontecimentos contados características que os distinguem imediatamente daqueles a que habitualmente assistimos, estamos diante de uma literatura fantástica, mitos, contos etc. O romancista, por sua vez, apresenta-nos acontecimentos semelhantes aos acontecimentos cotidianos, ele quer dar-lhes o mais possível a aparência da realidade, o que pode levá-lo até a mistificação (Defoe).

Mas aquilo que nos conta o romancista é inverificável, e, por conseguinte, o que ele nos diz deve bastar para lhe dar essa aparência de realidade. Se encontro um amigo e ele me anuncia uma notícia surpreendente, para ganhar meu crédito ele tem o recurso de me dizer que tais e tais pessoas foram testemunhas, que, se eu quiser, posso ir verificar. Ao contrário, a partir do momento em que um escritor põe na capa de seu livro a palavra "romance", declara que é inútil buscar esse tipo de confirmação. É através daquilo que ele nos diz, e somente através daquilo, que as personagens devem ganhar nossa convicção, viver, e isto mesmo se elas existiram de fato.

Imaginemos que se descubra um epistológrafo do século XIX declarando a seu correspondente que ele conheceu muito bem o Pai Goriot, que este não era absolutamente como Balzac o descreveu, que, particularmente, em tal ou tal página há erros grosseiros. O Pai Goriot é aquilo que Balzac nos diz (e aquilo que se pode dizer a partir daí); posso achar que Balzac se engana em seus julgamentos relativos à sua personagem, que esta lhe escapa, mas para justificar minha atitude, será preciso que eu me apoie nas próprias páginas de seu texto; não posso invocar outra testemunha.

10

Enquanto a narrativa verídica tem sempre o apoio, o recurso de uma evidência exterior, o romance deve bastar para suscitar aquilo de que nos fala. Eis por que ele é o domínio fenomenológico por excelência, o lugar por excelência onde se pode estudar o modo como a realidade nos aparece ou pode aparecer-nos; eis por que o romance é o laboratório da narrativa.

II

O trabalho sobre a forma, no romance, se reveste portanto de uma primordial importância.

Com efeito, pouco a pouco, tornando-se públicas e históricas, as narrativas verídicas se fixam, se ordenam, e se reduzem, segundo certos princípios (os mesmos daquilo que é hoje o romance "tradicional", o romance que não se faz perguntas). A apreensão primitiva é substituída por outra incomparavelmente menos rica, eliminando sistematicamente certos aspectos; ela recobre pouco a pouco a experiência real, pretende substituí-la, desembocando assim numa mistificação generalizada. A exploração de formas romanescas diferentes revela o que há de contingente naquela à qual estamos habituados, desmascara-a, dela nos livra, permitindo-nos reencontrar para além dessa narrativa estabelecida tudo o que ela camufla, ou cala, toda aquela narrativa fundamental na qual mergulha nossa vida inteira.

Por outro lado, é evidente que, sendo a forma um princípio de escolha, (e o estilo, a esse respeito, aparece como um dos aspectos da forma, sendo o modo como os pormenores da linguagem se ligam aquilo que preside à escolha de tal palavra ou de tal arranjo e não de outro), as novas formas revelarão na realidade coisas novas, ligações novas, e isto, naturalmente, tanto mais quanto mais afirmada for sua coerência interna com relação às outras formas, e quanto mais rigorosas elas forem.

Inversamente, a realidades diferentes correspondem formas de narrativa diferentes. Ora, está claro que o mundo no qual vivemos se transforma com grande rapidez. As técnicas tradicionais da narrativa são incapazes de integrar todas as novas relações assim sobrevindas. Disso resulta um mal-estar perpétuo; é-nos impossível ordenar em nossa consciência todas as informações que a assaltam, porque nos faltam as ferramentas adequadas.

A busca de novas formas romanescas cujo poder de integração seja maior representa pois um triplo papel com relação à consciência que temos do real: de denúncia, de exploração e de adaptação. O romancista que se recusa a

11

este trabalho, não transtornando os hábitos, não exigindo de seu leitor nenhum esforço particular, não o obrigando a essa volta sobre si mesmo, a esse questionamento de posições há muito tempo adquiridas, tem certamente um êxito mais fácil, mas torna-se cúmplice deste profundo mal-estar, desta noite em que nos debatemos. Ele torna ainda mais rígidos os reflexos da consciência, mais difícil seu despertar, contribui para sua asfixia, tanto que, mesmo se ele tiver intenções generosas, sua obra é finalmente um veneno.

A invenção formal no romance, longe de se opor ao realismo, como o imagina muito freqüentemente uma crítica de vistas curtas, é a condição *sine qua non* de um realismo mais avançado.

III

Mas a relação do romance com a realidade que nos cerca não se reduz ao fato de que aquilo que ele nos descreve se apresenta como um fragmento ilusório desta realidade, fragmento bem isolado, bem manejável, que se pode, portanto, estudar de perto. A diferença entre os acontecimentos do romance e os da vida não consiste somente no fato de que possamos verificar os últimos, enquanto os primeiros só podem ser atingidos através do texto que os suscita. Eles são também, para usar a expressão corrente, mais "interessantes" do que os reais. A emergência dessas ficções corresponde a uma necessidade, desempenha uma função. As personagens imaginárias preenchem vazios da realidade e esclarecem-nos a seu respeito.

Não só a criação mas também a leitura de um romance é uma espécie de sonho acordado. Ele é pois sempre passível de uma psicanálise, no sentido largo. Por outro lado, quando se quer explicar uma teoria qualquer, psicológica, sociológica, moral ou outra, é freqüentemente cômodo tomar um exemplo inventado. As personagens do romance vão representar maravilhosamente este papel; e eu reconhecerei essas personagens em meus amigos e conhecidos, elucidarei a conduta destes baseando-me nas aventuras daquelas etc.

Essa aplicação do romance à realidade é de uma extrema complexidade, e seu "realismo", o fato de que ele se apresenta como fragmento ilusório do cotidiano, não é mais do que um aspecto particular, aquele que nos permite isolá-lo como gênero literário.

Chamo "simbolismo" de um romance o conjunto das relações daquilo que ele nos descreve com a realidade em que vivemos.

Essas relações não são as mesmas em todos os romances, e parece-me que a principal tarefa do crítico consiste em esmiuçá-las, em esclarecê-las a fim de que se possa extrair de cada obra particular todo o seu ensinamento. Mas, já que na criação romanesca, e nessa recriação que é a leitura atenta, experimentamos um sistema complexo de relações diversamente significativas, se o romancista procura nos comunicar sinceramente sua experiência, se seu realismo é bastante avançado, se a forma que ele emprega é suficientemente integrante, ele é necessariamente levado a chamar a atenção para esses diversos tipos de relações no próprio interior de sua obra. O simbolismo externo do romance tende a refletir-se num simbolismo interno, certas partes representando, com relação ao conjunto, o mesmo papel que este com relação à realidade.

IV

Essa relação geral da "realidade" descrita pelo romance com a realidade que nos cerca vai obviamente determinar o que correntemente se chama seu tema ou seu assunto, aparecendo este como uma resposta a certa situação da consciência. Mas esse tema, esse assunto, como vimos, não pode separar-se do modo como ele é apresentado, da forma sob a qual se exprime. A uma nova situação, a uma nova consciência do que é o romance, das relações que ele entretém com a realidade de seu estatuto, correspondem novos assuntos, correspondem pois novas formas em qualquer que seja o nível, linguagem, estilo, técnica, composição, estrutura. Inversamente, a busca de novas formas, revelando novos assuntos, revela novas relações.

A partir de certo grau de reflexão, realismo, formalismo e simbolismo no romance aparecem como constituintes de uma indissociável unidade.

O romance tende naturalmente, e deve tender, para sua própria elucidação; mas sabemos bem que existem situações caracterizadas por uma incapacidade de reflexão, que só subsistem pela ilusão mantida acerca de si próprias, e é a elas que correspondem aquelas obras no interior das quais essa unidade não pode aparecer, aquelas atitudes de romancistas que se recusam a interrogar-se sobre a natureza de seu trabalho e a validade das formas que empregam, daquelas formas que não poderiam refletir-se sem revelar imediatamente sua inadequação, sua mentira, daquelas formas que nos dão uma imagem da realidade em contradição flagrante com aquela realidade que lhes deu nascimento e que elas desejam ocultar. Existem aí imposturas que o crítico deve denunciar, pois tais obras, apesar de

13

seus encantos e méritos, entretêm e obscurecem a sombra, mantêm a consciência em suas contradições, em sua cegueira, correndo o risco de conduzi-la às mais fatais desordens.

Resulta de tudo isso que toda verdadeira transformação da forma romanesca, toda busca fecunda nesse domínio, só pode situar-se no interior de uma transformação da própria noção de romance, que evolui de modo lento mas inevitável (todas as grandes obras do século XX estão aí para atestá-lo) para uma espécie nova de poesia, ao mesmo tempo épica e didática.

No interior de uma transformação da própria noção de literatura que começa a aparecer não mais como simples desfastio ou luxo, mas em seu papel essencial no interior do funcionamento social, e como experiência metódica.

(1955)

2. INTERVENÇÃO EM ROYAUMONT[1]

Cheguei ao romance por necessidade. Não pude evitá-lo. Aconteceu mais ou menos assim: estudei filosofia e, durante esse tempo, escrevi uma grande quantidade de poemas. Ora, o fato era que entre essas duas partes de minha atividade havia um hiato muito grande. Minha poesia era, em muitos aspectos, uma poesia de desnorteamento, muito irracionalista, enquanto eu desejava, evidentemente, tornar claros os assuntos obscuros da filosofia.

Quando saí da França, deparei com essa dificuldade em mim: como ligar tudo isso? O romance apareceu-me como a solução desse problema pessoal, a partir do momento em que o estudo dos grandes autores dos séculos

(1) Alocução proferida num colóquio do Centro Cultural de Royaumont.

15

XIX e XX me mostraram que havia em suas obras uma aplicação magistral desta frase de Mallarmé: "Cada vez que há esforço sobre o estilo, há versificação", e que nelas se produzia uma "reflexão" que podia ser levada muito longe, quando mais não fosse por um certo modo de descrever as coisas, aquela descrição metódica inscrevendo-se exatamente no prolongamento da evolução filosófica contemporânea, que encontra sua expressão mais clara e a mais aguda colocação de seus problemas na fenomenologia.

O poeta usa uma prosódia, quer ela seja de tipo clássico, o que, na França, consiste atualmente em contar até doze, quer seja de tipo surrealista, o que consiste em oferecer séries de imagens contrastadas; o poeta inventa, fazendo com que as palavras joguem no interior de certas formas, esforçando-se por organizá-las, segundo exigências sonoras ou visuais; ele consegue assim reencontrar seu sentido, desnudá-las, devolver-lhes a saúde, suas forças vitais.

Alargando o sentido da palavra estilo, o que se impõe a partir da experiência do romance moderno, generalizando esse sentido, tomando-o em todos os níveis, é fácil mostrar que utilizando estruturas suficientemente fortes, comparáveis às do verso, comparáveis às estruturas geométricas ou musicais, fazendo com que os elementos joguem sistematicamente uns com os outros até chegarem àquela revelação que o poeta espera da prosódia, pode-se integrar em sua totalidade, no interior de uma descrição partindo da mais rasteira banalidade, os poderes da poesia.

Não escrevo romances para vendê-los, mas para obter uma unidade em minha vida; a escritura é para mim uma coluna vertebral; e, para retomar uma frase de Henry James: "O romancista é alguém para quem nada está perdido."

Não há, por enquanto, forma literária cujo poder seja tão grande quanto o do romance. Pode-se ligar no romance, de um modo extremamente preciso, através do sentimento ou da razão, os incidentes mais insignificantes, em aparência, da vida cotidiana e os pensamentos, as intuições, os sonhos mais afastados, em aparência, da linguagem cotidiana.

Ele é assim um prodigioso meio de nos manter de pé, de continuar a viver inteligentemente no interior de um mundo quase furioso que nos assalta de todos os lados.

Se é verdade que existe uma ligação íntima entre fundo e forma, como se dizia em nossas escolas, acho que convém insistir sobre o fato de que, na reflexão acerca da forma, o romancista encontra um meio de ataque privilegiado, um meio de forçar o real a revelar-se, de conduzir sua própria atividade.

É certo que alguns artistas ingênuos conseguem emocionar-nos, mas a maior parte de nós não pode contentar-se

16

com a ingenuidade; pretender voltar a ela seria apenas mentira; não é mais possível. Somos obrigados a refletir sobre aquilo que fazemos, portanto, de fazer conscientemente, sob pena de emburrecimento e de aviltamento consentidos, de nosso romance um instrumento de novidade e, por conseguinte, de libertação.

Pois a burrice e a ignomínia estão escondidas em todos os cantos, à nossa espreita, prontas a apagar-nos. Vocês não sentem o seu cheiro, dia a dia, saindo das páginas de certos jornais ou de certas conversas de salão?

Ora, se o romancista publica seu livro, este exercício fundamental de sua existência, é que ele precisa absolutamente do leitor para realizá-lo, como cúmplice de sua constituição, como alimento em seu crescimento e em sua manutenção, como pessoa, inteligência e olhar.

É certo que o romancista é ele mesmo seu próprio leitor, mas um leitor insuficiente, que geme em sua insuficiência, e que deseja infinitamente o complemento de um outrem e mesmo de um outrem desconhecido.

Para que minha voz possa durar, é absolutamente necessário que ela seja mantida por seu próprio eco. E os amigos, os conhecidos não bastam, é preciso que do espaço branco, da multidão mãe de inquietude e de perdição, venha, ainda que tênue, esse consolo, esse encorajamento.

Essa resposta vai traduzir-se de variados modos: por artigos de críticos, por conversas, por cartas, portanto por intermédio de indivíduos nomeados que se destacam como porta-vozes, como precursores, mas muito mais sutil e fundamentalmente pela lenta transformação que se esboçará no interior do próprio meio em que vive o romancista, desse meio cujas tensões, cujas infelicidades deram nascimento ao romance. As pessoas pouco a pouco irão mudando seu modo de ver e de se ver, de ver todas as coisas a seu redor, e as coisas tomarão, por conseguinte, um novo equilíbrio provisório sobre a base do qual uma nova aventura começará.

Existe uma certa matéria que quer ser dita; e, em certo sentido, não é o romancista que faz o romance, é o romance que se faz sozinho, e o romancista é apenas o instrumento de seu nascimento, seu parteiro; e sabe-se que ciência, que consciência, que paciência isso implica.

A partir daquela apreensão confusa, quase dolorosa, de uma certa região penando nas trevas, exigindo obscuramente que a produzamos até o fim do livro, há atenção, esperas, há vigilância e direção, conselho e recurso; ao longo desse engendramento, há reflexão e portanto formalização no sentido musical e matemático, no sentido em que se emprega essa palavra nas ciências físicas, reflexão

17

que só pode ser feita de modo limpo, de modo claro, através de um certo número de simbolizações, de esquematizações, no interior de uma certa abstração. A reconciliação da filosofia e da poesia que se realiza no interior do romance, em seu nível de incandescência, faz entrar em jogo a matemática.

Não posso começar a redigir um romance sem ter estudado durante meses seu arranjo, e só a partir do momento em que me acho em posse de esquemas cuja eficácia expressiva, com relação àquela região que na origem me solicitava, parece-me afinal suficiente. Munido desse instrumento, dessa bússola, ou, se se preferir, desse mapa provisório, começo minha exploração, começo minha revisão, pois os próprios esquemas que utilizo e sem os quais eu não teria ousado partir, à medida que eles me permitem descobrir certas coisas, obrigam-me a fazê-los evoluir, e isso pode acontecer desde a primeira página, e pode continuar até a última correção de provas, essa ossatura evoluindo ao mesmo tempo que o organismo inteiro, que todos os acontecimentos que constituem as células e o corpo do romance, cada mudança de pormenor podendo ter repercussões sobre o conjunto da estrutura.

Por conseguinte, só sei o que se passa num livro, só me torno capaz de resumi-lo aproximadamente, quando ele está terminado.

Essa tomada de consciência do trabalho romanesco vai, por assim dizer, desvendá-lo enquanto desvendante, levá-lo a produzir suas razões, desenvolver nele os elementos que vão mostrar como ele está ligado ao resto do real, e em que ele é esclarecedor para este último; o romancista começa a saber o que faz, o romance, a dizer o que é.

Mas essa reflexão que se produz no interior do livro é apenas o começo de uma reflexão pública, que vai esclarecer o próprio escritor. Ele procura constituir-se, dar uma unidade à sua vida, um sentido à sua existência. Esse sentido, ele não pode, evidentemente, dá-lo sozinho; esse sentido é a própria resposta que encontra, pouco a pouco, entre os homens, àquela pergunta que é um romance.

(1959)

3. O ROMANCE E A POESIA

1. Problema

Estudante, como muitos, escrevi numerosos poemas. Não era só distração ou exercício; essa atividade punha em jogo minha própria vida. Ora, desde o dia em que comecei meu primeiro romance, e durante vários anos, não redigi mais nenhum poema, porque eu queria reservar para o livro em que trabalhava tudo o que eu podia ter de capacidade poética; e se me lancei ao romance, foi porque encontrei nessa aprendizagem numerosas dificuldades e contradições e, ao ler diversos grandes romancistas, tinha tido a impressão que havia neles uma carga poética prodigiosa, e portanto que o romance, em suas mais altas realizações, podia ser um meio de resolver, de ultrapassar essas dificuldades, que ele era capaz de recolher toda a herança da antiga poesia.

Quando pronuncio tal frase, tenho a impressão de perturbar os hábitos do pensamento francês. Em outros países, emprega-se freqüentemente a mesma palavra para designar o poeta e o romancista, mas na França a tradição escolar, extremamente rígida, divide a literatura num certo número de "gêneros" bem destacados, e o romance e a poesia constituem o que há de mais oposto no interior desse domínio.

2. Exemplo

O adjetivo "poético" traz geralmente consigo toda uma nuvem de mal-entendidos, em particular quando ele é aplicado ao romance. Eis pois um exemplo:

O pequeno cômodo no qual o rapaz foi introduzido era forrado de papel amarelo. Havia ali gerânios e cortinas de musselina nas janelas. O sol poente lançava sobre tudo isso uma luminosidade crua. O quarto não continha nada de particular. Os móveis, de madeira amarelada, eram todos velhos. Um divã com um largo encosto reclinado, uma mesa de forma oval em frente do divã, uma penteadeira e um espelho encostado a um painel, algumas cadeiras ao longo das paredes, duas ou três gravuras sem valor representando jovens alemãs com pássaros nas mãos, — eis a que se reduzia o mobiliário.

Acabamos de ler; produziu-se um fenômeno que agora merece reter nossa atenção por alguns instantes. Quando leio, estou geralmente num quarto (vocês saberão transpor para qualquer outro cenário), sentado numa poltrona; as paredes a meu redor têm uma cor determinada; há móveis que meu olhar pode encontrar; mas quando estou, como se diz, "mergulhado" na obra, este quarto atual se afasta de mim, desaparece: o que vejo, se olho, não capta minha atenção, meus olhos deslizam. As cadeiras em frente, os quadros suspensos às paredes, são como que apagados pelos objetos suscitados, "evocados" no sentido preciso que essa palavra tinha na magia, aqueles fantasmas de objetos, aquele quarto fantasma que assombra o quarto real.

Entro, ao mesmo tempo que a personagem, num cômodo forrado de papel amarelo.

3. Glosa

De onde vem esse poder singular que torna ausentes os objetos presentes, essa "assombração"; como pode o quarto imaginário impor-se a esse ponto?

É preciso naturalmente que os diferentes elementos que constituem essa descrição estejam ligados uns aos outros por alguma necessidade, que eles se coagulem num fantasma estável.

Existe primeiramente essa "composição" que encadeia as formas, como numa natureza morta holandesa; mas se esse quarto me "aparece" tão fortemente, é que ele próprio é um modo pelo qual me aparece outra coisa, é que esses objetos são, por sua vez, "palavras".

Pois o autor escolheu essa cor em particular, esses móveis, porque tudo isso vai informar-me sobre a época em que se passa a história, o meio em que ela se desenrola, os hábitos de vida e de pensamento da pessoa que ali habita, sobre sua situação econômica. Não só os seus gestos, sua conduta diurna nos são assim definidos, mas também, entre esses objetos, há alguns de tipo particular (análogos à própria descrição) que nos vão revelar o que preocupa essa pessoa quando ela não presta mais atenção a esse local,

objetos que, para ela mesma, representam outra coisa,

"obras de arte" sem dúvida irrisórias, "obras de arte" apesar de tudo, próprias de uma certa época, um meio, uma classe, uma idade,

ali presentes para ajudar essa pessoa a viver, a sobreviver,

essas "gravuras sem valor representando jovens alemãs com pássaros nas mãos",

seus sonhos.

Recolocada no livro de onde a destacamos, essa página se encontra num ponto crítico da história; os elementos nela reunidos serão reencontrados em outras páginas importantes, outras personagens passarão por esse lugar; ela é uma chave, de toda essa arquitetura. Assim, relendo-a depois de ter lido a obra inteira, é essa obra inteira que reaparecerá, invocada, evocada por esse punhado de palavras.

E se reinserirmos esse livro na obra inteira de seu autor, reencontraremos, em outras passagens cruciais, pormenores do mesmo gênero:

Havia sobre a janela uma profusão de gerânios, e o sol rutilava com um brilho terrível...

constantes de sua imaginação, cujo porquê eu poderei estudar, e através das quais eu poderei decifrar aquilo que por vezes ele nos esconde, aquilo que estava escondido até mesmo para ele, chave ou criptografia que nos permitirá penetrar em sua intimidade mais profunda.

21

Diante de tal poder, tanto maior quanto mais eu for capaz de situar o texto em questão no tempo de seu autor, diante desse prodigioso e progressivo desabrochar de todo um mundo, de todo o nosso mundo assim proposto, indefinidamente, à análise, não me vejo eu obrigado a empregar o adjetivo "poético"?

Quando digo que uma paisagem é poética, não quer isso dizer que diante desse espetáculo me encontro enlevado, que essas casas que vejo, ou essas vagas, eu as ultrapasso, elas próprias me obrigam a deixá-las, fazendo desenrolar-se para mim toda espécie de outras paragens, que esse lugar contém uma infinidade de outros lugares, que ele não permanece tal como ele é, não está fechado nele mesmo, e constitui para mim a origem de toda uma viagem? Do mesmo modo essa descrição constitui para mim a origem de toda uma viagem na história e no espírito.

4. Recusa

Mas, para que tal desenvolvimento possa produzir-se, é preciso que, quando o autor nos diz que o rapaz entra no quarto, nós aceitemos, cúmplices, entrar com ele; aquele que se recusa a fazê-lo se privará, naturalmente, de toda essa riqueza.

Ora, se eu citei esse texto, é porque ele foi escolhido como um exemplo típico daquilo que é mais contrário à poesia, por um homem que considero como uma das mais altas autoridades nesse domínio, não só grande poeta ele próprio, mas também crítico maravilhosamente sensível à poesia onde quer que ela se encontre, e o qual, quase sempre, quando fala, sabe convencer-me, mas que "se recusa" aqui, simplesmente, a ver.

Ele nos declara, depois de ter fechado as aspas:

"Que o espírito se proponha, mesmo passageiramente, tais motivos eis o que não posso admitir. Alguns dirão que esse quadro aparece no seu lugar, e que nesse lugar do livro o autor tem suas razões para me acabrunhar. Não é por isso que ele deixa de perder seu tempo, pois eu não entro em seu quarto."

O exemplo é tirado de uma tradução de *Crime e Castigo* de Dostoiévski; ele é citado por André Breton no primeiro *Manifesto do Surrealismo*.

5. Razões

Se estudarmos a oposição geral de Breton ao romance, encontraremos nele, notavelmente formuladas, um certo número de objeções feitas correntemente às obras mais interessantes da literatura contemporânea, por críticos aparentemente de partido bem diverso.

É mais interessante atacar essas resistências quando elas se apresentam sob suas armas mais brilhantes; eis por que vou retomar o texto desse *Manifesto,* um pouco mais acima:

A atitude realista, diz ele, parece-me ter um ar hostil a todo impulso intelectual e moral. Ela me causa horror, porque é feita de mediocridade, de ódio e de empáfia vulgar. É ela que engendra essas linhas ridículas, essas peças insultantes. Ela se fortifica incessantemente nos jornais e faz malograr a ciência e a arte, aplicando-se a lisonjear a opinião em seus gostos mais vis. A clareza confinando com a burrice, a vida dos cães. A atividade dos melhores espíritos se ressente disso. A lei do menor esforço acaba por se impor a eles, como aos outros. Uma conseqüência engraçada desse estado de coisas, por exemplo em literatura, é a abundância de romances. Cada um contribui com sua pequena observação. Por necessidade de depuração, Paul Valéry propunha recentemente que se reunisse numa antologia o maior número possível de começos de romances, de cuja insanidade ele esperava muito. Os mais famosos autores seriam chamados a contribuir. Tal idéia honra ainda Paul Valéry que, outrora a propósito de romances, assegurava-me que, no que lhe concernia, ele se recusaria sempre a escrever: "A marquesa saiu às cinco horas". Mas terá ele mantido sua palavra?

(Notemos, de passagem, que essa frase, uma das mais freqüentemente citadas de Paul Valéry, não se encontra em suas obras, mas somente aqui, a ele atribuída por Breton) que prossegue naquela língua "soberba", com aquela magnífica insolência só comparável à dos prefácios de Racine:
Se o estilo de informação pura e simples, do qual a frase acima citada oferece um exemplo, é usado quase que exclusivamente nos romances, é preciso reconhecer que isso se deve ao fato de a ambição dos autores não ir muito longe. O caráter circunstancial, inutilmente particular de cada uma de suas observações, me faz pensar que eles se divertem às minhas custas. Não me poupam nenhuma das hesitações da personagem: será ele louro, como se chamará ele, iremos encontrá-lo no verão? Perguntas resolvidas de uma vez por todas ao acaso. Não me resta outro poder discricionário senão o de fechar o livro, o que não deixo de fazer na altura da primeira página. E as descrições! Nada se compara à sua nulidade. Mera superposição de imagens de catálogos. O autor se sente cada vez mais à vontade. Aproveita a ocasião para me impingir seus cartões postais, procura fazer com que eu esteja de acordo com ele acerca de lugares-comuns.

(Max Ernst, por exemplo, não tinha já mostrado nas *Infelicidades dos Imortais* a poesia que se pode fazer brotar

23

da "superposição de imagens de catálogos", não o mostraria ele ainda melhor em seus grandes "romances" feitos de colagens?); aqui vem a citação de Dostoiévski. Depois de ter-se recusado a entrar no quarto, Breton se explica:

A preguiça, o cansaço dos outros não me retêm. Tenho uma noção demasiadamente instável da continuidade da vida para equiparar aos meus melhores minutos de depressão, de fraqueza. Quero que as pessoas se calem quando cessam de sentir. E entendam bem que não incrimino a falta de originalidade pela simples falta de originalidade; digo somente que não exibo os momentos nulos de minha vida, que, da parte de qualquer homem pode ser indigno cristalizar aqueles que assim lhe parecem. Essa descrição de quarto, permitam-me dispensá-la, assim como muitas outras.

Contra isso, todo e qualquer romancista se rebela. O leitor não pode, de modo algum, dispensar essa descrição de quarto. É claro que, num primeiro percurso rápido, ao qual se limitam infelizmente tantos críticos, pulam-se normalmente muitas palavras, frases, páginas, mas é preciso absolutamente voltar a elas; se essa descrição se acha ali, é porque ela é indispensável.

A bem dizer, vemos já de que modo, em suas formas mais elevadas, o romance responde de antemão às objeções assim formuladas. Quando Breton declara que "a ambição dos autores não vai muito longe", e fala do "caráter circunstancial, inutilmente particular de cada uma de suas observações", de "questões resolvidas de uma vez por todas ao acaso", o menos que se pode dizer é que ele escolheu particularmente mal seu exemplo.

Mas há algo mais sério. O cerne da questão é aquele último trecho em que ele nos explica por que de fato, ele não quer nem mesmo ler tal página. Há ali várias frases que vão no mesmo sentido, assinalando-nos uma distinção fundamental entre duas espécies de momentos: os primeiros interessantes, brilhantes, merecedores de serem "cristalizados", os outros "nulos", dos quais não se deve falar.

6. Prosódia

Quando uma criança emprega pela primeira vez a palavra "poesia", voltando da escola, respondendo a seus pais que lhe perguntam: — "O que você fez essa manhã?" — "Lemos uma poesia"; sabemos perfeitamente que essa palavra tem para ela um sentido preciso que seus pais compreendem sem a menor hesitação. No momento em que ela entra no vocabulário do jovem indivíduo, essa palavra não tem nenhuma ambigüidade.

Uma "poesia" é um texto que se apresenta como diferente dos outros, antes mesmo que se tenha compreendido sua significação; um texto que, no livro de leitura, tem uma apresentação tipográfica diferente, impresso em "linhas desiguais" (no século XVII estimava-se que esta era uma definição suficiente) e, fora do livro, faz-se reconhecer como diferente das palavras habituais, por exemplo graças a seu ritmo.

O conjunto dos meios utilizados para obter essa distinção prévia é aquilo que se chama de prosódia, e é possível fazer toda uma história da poesia francesa baseando-se na evolução desses meios.

7. *Do alaúde à imagem*

Na Idade Média, o trovador que vai cantar nos castelos acompanha-se com um instrumento, faz soar um acorde antes de sua estrofe e a encerra com outro. Esses rasgos musicais do alaúde ou da viola são como os parênteses que vão emoldurar o poema, isolando-o do resto do mundo. Pouco a pouco, o instrumento entrou no texto; teremos então uma prosódia baseada no número de sílabas e aquela rima que termina o verso mais ou menos como a campainha nos adverte, quando escrevemos à máquina, que aquela linha terminou.

Essa prosódia clássica degradou-se inteiramente no decorrer do século XIX, e foi substituída por uma outra de tipo bem diferente, que prossegue aquele processo de interiorização, baseada nos encontros excepcionais de palavras, aquilo que chamamos hoje de "imagens poéticas", impressionando nossa imaginação antes mesmo que sejamos capazes de traduzi-los como símbolos, alegorias ou metáforas descritivas. Como o verso de Hugo:

Le pâtre promontoire au chapeau de nuées (o pastor promontório com seu chapéu de nuvens),

essas justaposições "pastor promontório", "chapéu de nuvens" que não ocorrem na conversa habitual, isolam o texto antes mesmo que tenhamos visualizado a paisagem, devolvido ao pastor o seu chapéu, coberto de nuvens o promontório.

Eluard cita, em *Primeiras Vistas Antigas*:

Ta langue le poisson rouge dans le bocal de ta voix (Tua língua o peixe vermelho no bocal de tua voz),

e comenta:

Impressão de já visto, justeza aparente dessa imagem de Apollinaire.

O mesmo ocorre com:

Ruisseau, argenterie des tiroirs du vallon (Riacho, prataria das gavetas do vale),

de Saint-Pol Roux.

"Uma palavra nunca exprime completamente seu objeto. Ela só pode dar uma idéia, representá-lo sumariamente. É preciso contentar-se com algumas relações simples: a língua e o peixe vermelho são móveis, ágeis, vermelhos; riacho-prataria rejuvenesce levemente a metáfora banal do riacho de ondas de prata. Mas, favorecendo essas identidades elementares, novas imagens, mais arbitrárias porque formais, se compõem: o bocal de tua voz, as gavetas do vale. Perdemos de vista tua língua de tua voz, o peixe vermelho no bocal, o riacho do vale, a prataria das gavetas, para só nos prendermos ao inesperado, aquilo que impressiona e parece real, o inexplicável: o bocal de tua voz, as gavetas do vale."

O único reparo a fazer é que Eluard põe manifestamente o carro antes dos bois, pois o encontro "gaveta do vale", que devolve a cada uma das palavras componentes seu poder evocador, impressionou-nos antes de termos restabelecido a ordem habitual "riacho do vale", que restitui ao verso seu valor narrativo.

A poesia surrealista tomará a imagem como único apoio prosódico; ela é inteiramente formada de uma sucessão desses encontros tão contrastados quanto possível; é fácil mostrar que essa é uma prosódia tão rigorosa quanto as epístolas de Boileau, e é quase uma pilhéria dizer que um texto surrealista se reconhece como tal, e como poético, antes que se compreenda seu propósito, antes que se seja capaz de elucidar seu conteúdo.

Mas essa prosódia tem um defeito com relação à clássica: no interior do alexandrino, podia-se fazer entrar qualquer coisa, falar de tudo, dar explicações. Na poesia surrealista, isso não é mais possível; apesar de toda a sua "beleza", ela está condenada a uma certa obscuridade, ela precisa dos comentários do poeta que será obrigado, para esclarecê-la, a nos informar sobre as circunstâncias em que ele a compôs, isto é, a re-situá-la em meio à vida cotidiana, àqueles momentos nulos de que falava Breton. Tomemos, como exemplo sua *Noite do Girassol* e o comentário correspondente que ele fez em *O Amor louco*.

8. *Separado: sagrado*

Por que então essa prosódia, por que esse "isolamento prévio", estreitamente ligado, sentimos bem, àquela "separação" entre certos "momentos" e os outros? "É sagrado", quer dizer que não se deve tocar, que não se pode confundi-lo com o resto. Cercamos o objeto com uma barreira, com uma muralha.

Toda sociedade tem seus problemas, suas dificuldades, suas contradições que não podem ser resolvidas imediatamente na realidade, mas que é indispensável acalmar e conciliar no plano do imaginário. Uma explicação se faz necessária: quando essas explicações necessárias são, de nosso ponto de vista, puras ficções, não nos satisfazem mais, nós as chamamos de mitos.

São narrativas estreitamente ligadas a um certo número de aspectos dessa sociedade, necessárias ao seu andamento, aquilo mesmo que lhe permite sobreviver.

Se essas narrativas são esquecidas e deformadas, a própria sociedade vai dissolver-se; é preciso pois conservá-las cuidadosamente, é preciso que todos estejam de acordo a seu respeito. É uma região da linguagem que deve ser absolutamente estável e sólida.

Pelo contrário, as narrativas que fazemos a nós mesmos, aquelas que fazemos uns aos outros todos os dias, não só é inútil conservá-las todas, como também, no mais das vezes, é necessário esquecê-las. É preciso que as notícias da véspera sejam substituídas pelas da manhã. É preciso esquecer constantemente aquilo que era verdadeiro ontem, para reter apenas aquilo que é verdadeiro hoje.

A linguagem profana, por conseguinte, apagar-se-á constantemente e, nesse perpétuo apagamento, é inevitável que as palavras mudem de sentido e o percam pouco a pouco. Elas evoluirão em direções diferentes e em breve as pessoas de dois bairros de uma mesma cidade empregarão as mesmas palavras para designar coisas diferentes. Como será possível, para se entender, reencontrar o "sentido comum" dessas palavras?

Pois bem, referir-nos-emos a frases, a narrativas de cujo caráter comum se tem certeza, a textos que não são vítimas dessa contínua degradação, deportação.

Na civilização islâmica, o Corão, isto é, o texto sagrado por excelência, é chamado de "dicionário dos pobres". Isto quer dizer que cada vez que ocorrer uma discussão entre duas pessoas sobre o sentido que convém atribuir a uma palavra, sentido que pode ter divergido consideravelmente na evolução normal da língua, será possível a referência a esse texto que não muda, que é bem conservado, e que toda a gente deve conhecer.

Sabemos todos o papel representado pela tradução clássica da Bíblia nos países anglo-saxões, como referência lingüística fundamental.

Trata-se pois de poder recolocar essa palavra em seu "contexto absoluto", para recarregá-la do sentido que ela está perdendo.

A linguagem sagrada é assim a garantia da significação da linguagem profana. Como seria "mortal" confundi-lo com um texto profano, é preciso que o texto sagrado dele se distinga o mais possível, por uma "forma" que ao mesmo tempo o conservará. Muito rapidamente, a linguagem sagrada se tornará arcaica com relação à linguagem profana, que se constituirá freqüentemente com as referências segundas, e essa evolução pode prosseguir até que o sagrado se exprima numa sociedade por uma língua inteiramente diferente da língua falada nas ruas, com a qual ela não terá mais nenhuma palavra em comum; será preciso então traduzi-la. É a situação que encontramos no Ocidente cristão, onde a língua sagrada é "morta" — o latim — comum com relação a todas as línguas "vulgares", como se dizia no momento em que essa "morte" se revelou como definitiva.

Nesse caso a língua sagrada, os textos sagrados, não podem mais cumprir seu ofício de garantias da significação da linguagem profana, a não ser por intermédio de instâncias sagradas secundárias, que se voltarão por vezes contra as primeiras, razão do papel essencial das humanidades no Ocidente "clássico", e daquele axioma subjacente a nosso ensino secundário de outrora, segundo o qual "não se pode verdadeiramente conhecer o francês se não se estudar o latim", o latim literário substituindo sorrateiramente o latim da Igreja, como garantia da significação de nossas palavras.

9. Reino dos deuses, seu abandono

Todos os momentos importantes da vida da sociedade serão intimamente ligados à sua mitologia, os dias importantes serão separados dos outros dias, neles nos comportaremos diferentemente, serão dias santos no decorrer dos quais "representaremos" aqueles mitos, realizaremos leituras ou recitações daqueles textos.

Todos os momentos importantes da vida do indivíduo serão assim "consagrados", separados dos outros momentos por cerimônias; assim o nascimento, o casamento, a morte.

Tudo isso em lugares distintos: templos, igrejas, separados do resto do espaço por muralhas e prescrições. As

28

personagens importantes se separam do resto dos "mortais": o rei se apresenta quer sob a forma de um dos deuses, como no Egito antigo, quer como designado pelos deuses, como na maior parte das civilizações. Aqueles que se ocupam especialmente com esse domínio separado, separar-se-ão eles próprios: os padres terão uma vestimenta própria e regras morais particulares.

Todo o mundo profano será equilibrado por esse contrapeso que se aplica a ele em todos os seus pormenores e em todos os seus momentos, por esse mundo sagrado que para nós é sua obra (dizemos que os gregos "inventaram" seus deuses) mas que, para a própria sociedade, aparece necessariamente como aquilo de que ela é obra (os gregos diziam que os deuses os tinham inventado).

Uma civilização na qual os elementos sagrados representam perfeitamente seu papel, asseguram a perfeita estabilidade do mundo profano, é aquilo que os etnólogos chamam de "sociedade primitiva", e sabemos bem que isso só existe como ideal; na verdade, todas as sociedades são mais complicadas do que isso; o mundo sagrado, mitológico, é ele próprio cheio de contradições.

É que as sociedades não permanecem isoladas umas das outras, elas se encontram, guerreiam ou comerciam entre elas, e não são somente seus elementos "reais" que vão chocar-se, trocar-se, armas ou produtos, soldados ou comerciantes, mas também os imaginários, seus deuses.

Produzir-se-á então um "jogo" entre as representações sagradas da existência cotidiana. Em breve o indivíduo sofrerá uma desordem mitológica. Ele não saberá mais exatamente quais são os momentos importantes, hesitará entre dois ou três conjuntos de festas, de templos, de sacerdotes; ele não saberá mais como convém consagrar os pontos culminantes de sua própria vida, a que deus se dirigir, se entregar.

10. *É aqui que aparece a literatura*

No momento em que nasce o teatro grego (claro que já nos tempos de Homero), a situação mitológica se tornara bastante confusa, e o primeiro desígnio de um poeta como Ésquilo na *Orestia* é de tentar repor um pouco de ordem nesse caos, é de "julgar" entre os deuses, sair desse desastroso nevoeiro.

A poesia desabrocha sempre na nostalgia de um mundo sagrado perdido. O poeta é aquele que percebe que a linguagem, e com ela todas as coisas humanas, está em perigo. As palavras correntes já não têm garantia; se elas perderem o sentido, tudo começará a perder sentido — o poeta vai tentar devolver-lhes esse sentido.

Não sabendo mais como distinguir os momentos importantes dos outros, como consagrá-los, perdido em meio a cerimônias contraditórias e ineficazes, ele vai esforçar-se, quando um "momento" lhe afirmar sua importância, por consagrá-lo ele próprio, contando-o sob uma forma que seja comparável à dos antigos "textos" (*textus:* tecido, entrelaçamento, contextura), de modo tal que suas palavras não possam desfazer-se, esgarçar-se tão facilmente como de costume.

Assim faz Lamartine em *O Lago:* um momento de sua existência que se isola como tendo uma importância considerável; ele faz um poema para que esse momento não seja esquecido, emprega uma prosódia estrita para que aqueles que repetirem esse poema, redisserem essa linguagem, não o transformem, não o deformem.

11. A idade de ouro

Com esses fragmentos de realidade, que para ele se destacam do resto, o poeta vai tentar reconstituir uma idade de ouro perdida, com aqueles momentos maravilhosos, aqueles lugares maravilhosos, aqueles homens ou mulheres maravilhosos, um paraíso perdido, uma vida anterior, um tempo a reencontrar, tecendo-os uns aos outros pela cadeia de uma prosódia.

A poesia, por conseguinte, é primeiramente essa garantia reencontrada do sentido das palavras e da conservação dos discursos, a chave perdida; a isso se ligarão muitas outras virtudes.

Quando o poeta está "prestes a" dizer alguma coisa, quando ele está com uma expressão "na ponta da língua", pois bem, se ele escrever em alexandrinos essa expressão terá, por exemplo, uma sílaba a mais, não poderá entrar nessa forma a qual ele se confia; ele será obrigado a parar, a pensar naquilo que ia dizer.

Aquelas palavras que ele ia empregar naturalmente, sem refletir, como "de hábito", ele precisa agora procurar seu equivalente, considerá-las, interrogá-las, vê-las diferentemente. Assim o emprego de uma forma rigorosa poderá pulverizar as más inclinações da linguagem corrente pelas quais a linguagem perde seu sentido, as palavras, as coisas, os acontecimentos, as leis.

As palavras aparecem sob uma nova luz, e o poeta, obrigado a procurar outras palavras, partirá em busca de outros "momentos", "fragmentos", para preencher essa forma exigente, esse dever; a prosódia o forçará à invenção; o verso, a estrofe ou o soneto inacabados exigirão sua completude, e o poeta explorará o que o cerca com aquela espécie de instrumento, de rede, de armadilha, graças à qual ele poderá captar de repente algo em que ele não pensara antes. O mundo inteiro aparecerá de modo diferente.

Essa reconstituição de uma idade de ouro nunca poderá ser detida num momento preciso do passado. Cada vez que o poeta tentar instalar-se num momento, produzir-se-á a mesma distinção entre o que vai permitir reencontrar o paraíso e o que se deverá deixar de lado. O movimento do pensamento poético, de início volta a certo passado perdido, será indefinidamente remetido para mais longe, a tal ponto que ele só poderá encontrar repouso fora do mundo e do tempo, *anywhere out of the world,* numa utopia, ou "ucronia", se se preferir, para retomar a invenção feliz do filósofo Renouvier, naquele fora da história que se apresentará justamente como "aquilo que desejamos". Essa reminiscência e essa nostalgia desembocam repentinamente no nosso futuro.

Assim a poesia, crítica da vida presente, propõe-nos sua transformação.

12. O cotidiano

Que tentação, agora, de lançar o anátema contra o romancista que, desde o momento em que assumiu a fisionomia de "realista", insiste em falar-nos de momentos comuns, de personagens habituais em ambientes habituais, utilizando suas próprias palavras!

Balzac sente tão bem a oposição, que ele nos declara, no começo do *Pai Goriot:*

Depois de ter lido os secretos infortúnios do Pai Goriot, vocês jantarão com apetite, inculpando o autor por essa insensibilidade, considerando-o exagerado e acusando-o de poesia. Ah! pois saibam: esse drama não é nem uma ficção, nem um romance. *All is true,* tão verdadeiro que cada um poderá reconhecer esses elementos em si mesmo, em seu coração, talvez.

"Acusando-o" de poesia. A vida de todos os dias, na linguagem de todos os dias. Para o poeta, este é o pecado original do romance, pois, se podemos imaginar perfeitamente que todos os poetas são insubstituíveis, e que vale a pena estudar cada poema por ele próprio, é inevitável, se o romance quer apresentar-nos eficazmente aventuras comuns numa linguagem comum, que existam numerosos

31

romances comuns, isto é, que possam ser indiferentemente substituídos uns pelos outros, e que só mereçam ser estudados "em massa".

O romance, em sua forma atual, só começa verdadeiramente no dia em que a descoberta da imprensa permitiu ao livro tornar-se um objeto manufaturado, reproduzido em grande número de exemplares perfeitamente equivalentes.

Essa multidão romanesca é o esterco, o terreno sobre o qual a aventura dos grandes romances poderá germinar e florescer. Na banalidade que atravessamos todos, de tempo em tempo uma personagem se destaca. Da mesma forma, no romance, cruzando esses indivíduos de todos os dias, algum deles destacar-se-á naturalmente: alguém que não se encontra freqüentemente; e as páginas em que essa personagem aparecer destacar-se-ão elas também das outras páginas; ela falará uma linguagem diferente.

13. Passagens

Num romance, todos sabem e Breton mais do que ninguém, pode haver passagens poéticas, as quais, colhidas pela tesoura do antologista, apresentar-se-iam como poemas em prosa ou mesmo em versos. Baudelaire diz a Arsène Houssaye, na dedicatória de *Spleen de Paris*, que ele "não suspende a vontade recalcitrante de seu leitor ao fio interminável de uma intriga supérflua". Pode-se dizer, portanto, que há em seu livro um romance, mas do qual ele suprimiu tudo que não fosse imediatamente poético. Reencontramos o sentimento: "Permitam-me dispensar essa descrição de quarto, assim como muitas outras."

A citação de Dostoiévski foi feita segundo uma tradução antiga, pouco fiel. A maravilhosa perspicácia de Breton faz com que a consulta de uma tradução mais cuidada torne seu exemplo ainda melhor, aparentemente, para seu propósito, e em profundidade, para o nosso. O texto integral é como que atravessado por um brilho habitual, a reflexão involuntária de Raskolnikov. Eis o trecho reconstituído a partir da tradução de Jean Chuzeville:

O quarto, bastante pequeno, ao qual passou o rapaz, era forrado de papel amarelo. Havia gerânios e cortinas de musselina nas janelas. A essa hora, o sol poente o banhava com uma intensa luminosidade.

"*Então* o sol também brilhará da mesma forma!" disse a si mesmo, involuntariamente, Raskolnikov e, com um olhar rápido, abarcou o conjunto do cômodo para gravá-lo o melhor possível em sua memória. Mas aquele quarto não tinha nada de muito especial. O mobiliário antiquado de madeira amarelada compunha-se de um divã com encosto largo de madeira côncava, uma mesa de forma oval colocada perto desse divã, uma penteadeira com um espelho pendurado no painel, algumas cadeiras ao longo das paredes e dois ou três quadros sem valor representando, sob molduras desbotadas, jovens alemãs que seguravam pássaros nas mãos. Era tudo, como mobiliário. Uma lamparina bruxuleava num canto, diante de um pequeno ícone.

E quando os gerânios à janela, iluminados pelo sol, reaparecerem na *Confissão de Stavroguine*, a mesma emoção os acompanhará no coração do criminoso:

Ao cabo de um minuto, olhei meu relógio e anotei a hora tão exatamente quanto possível. Por que necessitava eu de tanta precisão? — Ignoro-o, mas tive a força de fazê-lo e em geral, naquele momento, eu queria observar tudo minuciosamente...

Peguei um livro que abandonei, e pus-me a considerar uma minúscula aranha vermelha sobre uma folha de gerânio. Perdime nessa contemplação...

No mesmo instante em que eu me levantava na ponta dos pés, lembrei-me que enquanto eu estava sentado à janela olhando a aranha vermelha, perdido em meu devaneio, eu pensava precisamente no modo como eu me levantaria na ponta dos pés para aplicar meu olho àquela fenda.

Aranha vermelha sobre os gerânios, solzinho atroz que "brilhará da mesma forma" a ponto de eclipsar o sol anterior, a luz da idade de ouro, no terrível despertar que sucede ao sonho *Acis e Galatéia:*

Tive um sonho completamente inesperado para mim, porque nunca vira nada de semelhante. Em Dresde, há no Museu um quadro de Claude Lorrain... *Acis e Galatéia.* Eu o chamava sempre "A Idade de Ouro"... Foi o quadro que vi em sonho...

O sol banhava com seus raios aquelas ilhas e aquele mar, todo satisfeito com seus belos filhos... Não sei exatamente com que sonhei, mas os rochedos e o mar e os raios oblíquos do sol poente tudo isso, acreditei rever quando despertei e, pela primeira vez em minha vida, acordei com os olhos cheios de lágrimas... Pela janela de meu quartinho, através das plantas que aí floresciam, um feixe de raios faiscantes projetados em viés pelo sol poente me inundava com sua luz. Apressei-me a fechar novamente os olhos, como que ávido de reencontrar o sonho evanescido. Mas de repente, no centro da luz ofuscante, percebi um ponto minúsculo. Esse ponto começou a tomar forma e de súbito me apareceu distintamente uma pequena aranha vermelha. Ela me lembrou imediatamente a que eu vira sobre a folha de gerânio, quando também se espalhavam assim os raios do sol poente. Algo pareceu penetrar em mim, levantei-me e sentei-me na cama. Eis pois como tudo isso se passara outrora!

33

14. Uma prosódia generalizada

Mas não é somente por essas passagens que o romance pode e deve ser poético, é em sua totalidade. Sabemos já que nos grandes romancistas essas passagens imediatamente apreendidas como "poéticas", tanto em Balzac como em Stendhal ou Dostoiévski, estão estreitamente ligadas a outras, e que elas perdem muito de sua poesia ao serem destacadas, ligadas em primeiro lugar por um "elemento" identificado há muito tempo, o estilo, isto é, justamente o que permite reconhecer um autor, distingui-lo, princípio de escolha no interior das possibilidades da língua, do vocabulário, das formas gramaticais, por vezes tão rigoroso que se pode traduzi-lo em números, estabelecendo por exemplo a freqüência de certas palavras, seguindo sua evolução (foi um dos meios que permitiram introduzir um pouco de ordem na cronologia dos diálogos de Platão).

A forma chamada verso é simplesmente, ela mesma, a literatura; que verso existe desde que se acentue a dicção, ritmo desde que há estilo,

diz Mallarmé. Desde que essa noção se torne consciente, desde que o escritor se aplique, por exemplo, a seguir um certo ritmo, ela funcionará como o equivalente de uma prosódia, com tudo o que isso implica.

Mas o estilo não é somente o modo como as palavras são escolhidas no interior da frase, mas o modo que têm as frases de se encadearem umas às outras, e os parágrafos, e os episódios. Em todos os níveis dessa enorme estrutura que é um romance, pode haver estilo, isto é, forma, reflexão sobre a forma, e por conseguinte prosódia. É isso o que se chama, no romance contemporâneo, a "técnica".

Eis-nos diante de uma prosódia generalizada, prenhe de aventuras inéditas, com relação à qual as antigas "regras" não passam de balbucios.

O poeta, para realizar suas maravilhosas cristalizações, emprega as palavras de todos os dias, e o objeto da poesia, seu ato mesmo, é a salvação da linguagem corrente. Quando dela nos isolamos completamente, estamos às vésperas de uma revolução literária (Malherbe, Wordsworth; "Pus o barrete vermelho no velho dicionário" de Hugo), onde ela retomará forças, como Anteu em contato com a terra-mãe, nesse banho de juvenescimento que é a voz da rua. É às palavras de todos os dias que o poeta vai devolver seu sentido, dar um sentido novo, graças aos "contextos" nos quais ele as apreende de modo tão decisivo.

Por que se deter nas palavras? Por que não fazer a mesma coisa a partir das frases de todos os dias? Se formos capazes de ligá-las umas às outras no interior de formas fortes, essas frases, à primeira vista tão banais, vão revelar-se como tendo uma significação que havíamos esquecido, ou que não tínhamos sabido entender.

No nível mais simples, aqueles poemas-conversas de Apollinaire que tão freqüentemente "solicitaram" Breton:

LUNDI RUE CHRISTINE

La mère de la concierge et la concierge laisseront tout passer
Si tu es un homme tu m'accompagneras ce soir
Il suffirait qu'un type maintînt la porte cochère
Pendant que l'autre monterait
Trois becs de gaz allumés
La patronne est poitrinaire
Quand tu auras fini nous jouerons une partie de jacquet
Un chef d'orchestre qui a mal à la gorge
Quand tu viendras à Tunis je te ferai fumer du kief
ça a l'air de rimer
Des piles de soucoupes des fleurs un calendrier
Pim pam pim
Je dois fiche près de 300 francs à ma probloque
Je préférerais me couper le parfaitement que de les lui donner
. . . *

O parentesco de um texto como esse com a descrição de quarto de Dostoiévski salta à vista. Trata-se do tipo de frases que qualquer um poderia ouvir numa "segunda-feira", isto é, num dia como os outros, na "rua Christine", isto é, numa rua aparentemente como as outras. O "isto tem jeito de rimar" nos obriga a suspeitar uma estrutura rítmica baseada particularmente em assonâncias, que assimila esse conjunto de anotações àquilo que era outrora um poema. Se eu comparar o seguinte texto ao poema-conversa anterior:

* SEGUNDA FEIRA NA RUA CHRISTINE

A mãe da zeladora e a zeladora deixarão passar tudo / Se você for homem você me acompanhará esta noite / Bastaria que um cara segurasse a porta da garagem / Enquanto o outro subisse / Três bicos de gás acesos / A patroa sofre dos pulmões / Quando você tiver terminado jogaremos uma partida de "jacquet" / Um maestro que está com dor de garganta / Quando você vier a Tunis eu o ensinarei a fumar "kief" / Isto tem jeito de rimar / Pilhas de pires flores uma folhinha / Pim pam pim / Preciso dar cerca de 300 francos à minha patroa / Preferiria cortar o perfeitamente do que os dar... / (N. da T.)

LES FEMMES

— Apporte le café le beurre et les tartines
— La marmelade le saindoux un pot de lait
— Encore un peu de café Lenchen s'il te plaît
— On dirait que le vent dit des phrases latines
— Encore un peu de café Lenchen s'il te plaît
— Lotte es-tu ô petit coeur — Je crois qu'elle aime
— Dieu garde — Pour ma part je n'aime que moi-même
— Chut à présent grand-mère dit son chapelet
...*

torna-se evidente que a prosódia clássica foi substituída por uma prosódia de tipo surrealista, mas que joga com o encontro de frases, não com o de palavras. O que é notável, aliás, é que essas justaposições não são de modo algum dadas como excepcionais, somente como aquilo a que habitualmente não prestamos atenção, absorvidos que estamos num só dos diálogos cujos fragmentos são aqui reunidos.

E não somente as frases, mas conversas inteiras poderão aparecer-nos pouco a pouco como bem diferentes do que elas pareciam à primeira vista. Assim, são painéis inteiros de banalidade, de realidade cotidiana que, transfigurados pela luz das formas fortes, vão brilhar com uma inesperada fosforescência.

15. Poesia romanesca

A diferença entre as passagens imediatamente poéticas, isto é, onde as palavras estão poderosamente ligadas umas às outras, mesmo se isolarmos essas passagens do conjunto, como os poemas extraídos de um romance desconhecido que formam o *Spleen de Paris*, e as passagens à primeira vista prosaicas, as quais só podem revestir-se de todas as suas virtudes numa leitura "seguida" quer ela seja linear ou espacializada, contínua ou descontínua, da qual não nos podemos dispensar, essa diferença é exatamente análoga

---

* LES FEMMES

...

— Traga o café a manteiga e as torradas / — A geléia o torresmo e uma jarra de leite / — Um pouco mais de café Lenchen por favor / — Parece que o vento está dizendo frases latinas / — Um pouco mais de café Lenchen por favor / — Lotte você está triste coraçãozinho — Acho que ela está apaixonada / — Deus me livre — Quanto a mim eu só gosto de mim mesmo / — Ch... agora a vovó está rezando o terço.
...

Encontramos algo de semelhante, em português, na composição de Noel Rosa: "Seu garçon faça o favor de me trazer depressa / Uma boa média que não seja requentada... etc." (N. da T.)

àquela que separa a própria obra dos romances comuns, da multidão romanesca ou da banalidade cotidiana.

Isto quer dizer que o romance será capaz, no interior dele mesmo, de mostrar como ele aparece, como ele se produz em meio à realidade. A poesia romanesca, ou se se preferir, o romance como poesia que soube aproveitar a lição do romance, será uma poesia capaz de se explicitar ela mesma, de mostrar ela mesma qual é sua situação; ela poderá incluir seu próprio comentário.

Sendo o grande romance insubstituível, todos os acontecimentos comuns que ele apreendeu vão, por conseguinte, por sua própria virtude, tomar um caráter insubstituível, mas o destaque se faz não por um limite exterior impedindo que certos acontecimentos habituais, certos cenários enfadonhos, vulgares *(odi profanus vulgus et arceo)*, entrem nesse terreno bem guardado, mas por intermédio de uma estrutura que vai poder integrar tudo o que à primeira vista nos parecia sem interesse. O processo de interiorização da prosódia, que esboçamos há pouco, aí prossegue.

Mas se houvesse de um lado uma estrutura, e de outro uma "banalidade" que lhe fosse completamente indiferente, esses dois pedaços jamais poderiam constituir uma obra, e a estrutura seria realmente incapaz de ligar devidamente os diversos momentos.

A poesia romanesca só é pois possível quando essa banalidade, aquilo que a maior parte das pessoas considera em geral como uma simples coisa entre outras, "equivalente", fica banal apenas para quem não leu o livro, revela-se por conseguinte, no decorrer da leitura atenta ou da releitura, como tendo aquela virtude singular de designar, de ser um exemplo, uma "palavra" com relação às outras coisas, graças à qual se poderá falar delas e compreendê-las.

É preciso pois que a estrutura interna do romance esteja em comunicação com a da realidade onde ele aparece, espora dessa corola.

O romancista é então aquele que percebe que uma estrutura está em vias de se esboçar naquilo que o cerca, e que vai perseguir essa estrutura, fazê-la crescer, aperfeiçoá-la, estudá-la, até o momento em que ela se torne legível para todos.

Ele é aquele que percebe que as coisas em seu redor começam a murmurar, e que vai levar esse murmúrio até à palavra.

Essa banalidade, que é a própria continuidade do romance com relação à vida corrente, revelando-se, à medida que se penetra na obra, como dotada de sentido, é toda

37

a banalidade das coisas em torno de nós que vai ser de certo modo transformada, transfigurada, sem que se produza aquele ostracismo sistemático de uma parte delas, tão característico da poesia "clássica" (a de Horácio ou de Breton).

A poesia romanesca é portanto aquilo por intermédio de que a realidade em seu conjunto pode tomar consciência dela mesma, para criticar-se e transformar-se.

Mas essa ambição está ligada a uma modéstia, pois o romancista sabe que sua inspiração não vem de fora do mundo, o que o poeta "puro" tem sempre tendência a crer; ele sabe que sua inspiração é o próprio mundo em vias de mudança, e que ele não é mais do que um momento deste mundo, um fragmento situado num lugar privilegiado, através do qual, por meio do qual o acesso das coisas à palavra vai acontecer.

4. O ESPAÇO NO ROMANCE

Nos últimos anos, a crítica começou a reconhecer o valor privilegiado do trabalho romanesco na exploração da dimensão temporal e o estreito parentesco dessa arte com outra que se desenvolve especialmente no tempo: a música. A partir de certo nível de reflexão, somos obrigados a perceber que a maior parte dos problemas musicais têm correspondentes na ordem romanesca, que as estruturas musicais têm aplicações romanescas. Estamos apenas nos primeiros balbucios dessa elucidação recíproca, mas a porta está aberta.

Música e romance esclarecem-se mutuamente. A crítica de um não pode deixar de buscar, na da outra, parte de seu vocabulário. O que até agora era empírico, deve simplesmente tornar-se metódico. Assim, os músicos tirarão

39

grande proveito da leitura de romances; e será cada vez mais necessário aos romancistas terem noções musicais. Todos os grandes, aliás, pelo menos o pressentiram.

Nada de mais normal. Se o romance quer dar uma representação mais ou menos completa da realidade humana, dar-lhe sua própria imagem, e portanto agir sobre ela de modo efetivo, é preciso que ele nos fale de um mundo onde não somente pode produzir-se o advento da música, mas onde ele é inevitável, que ele nos mostre como os momentos musicais de certas personagens: audição, estudo, e mesmo composição, ligam-se ao resto de sua existência, mesmo que elas disso não se apercebam.

Pois bem, no que concerne ao espaço, seu interesse não é menor, sendo igualmente estreito seu parentesco com as artes que o exploram, a pintura em particular. Não somente ele pode, mas deve, em certos momentos, incluí-las.

Certamente o contrário é concebível, e faço votos que surja uma música, uma pintura integrando a matéria romanesca, podendo servir de crítica a esta.

Antes de entrar no próprio mundo romanesco, aquele que nos é proposto pelo livro, eu gostaria de tentar precisar como o espaço que ele vai abrir diante de nosso espírito se insere no espaço real em que ele aparece e onde eu o estou lendo.

Assim como toda organização das durações no interior de uma narrativa ou de uma composição musical: retomadas, voltas, superposições etc., só pode existir graças à suspensão do tempo habitual na leitura ou na audição, assim todas as relações espaciais que mantêm as personagens ou as aventuras que me são contadas só podem atingir-me por intermédio de uma distância que eu tomo com relação ao lugar que me cerca.

Quando leio num romance a descrição de um quarto, os móveis que estão diante de meus olhos mas que eu não estou olhando, afastam-se perante aqueles que brotam ou transpiram dos signos inscritos na página.

Esse "volume", como se diz, que eu tenho em mãos, libera sob minha atenção certas evocações que se impõem, que assombram o lugar onde estou e me transportam para outro.

Esse outro lugar só me interessa, só pode instalar-se, na medida em que este onde me encontro não me satisfaz. Aqui eu me aborreço, e é a leitura que me permite não sair dele em carne e osso. O lugar romanesco é pois uma particularização de um "alhures" complementar ao lugar real onde ele é evocado.

Enquanto a superfície da terra não estava completamente explorada, esse para-além do horizonte conhecido,

40

que não podia deixar de assombrar os espíritos, preenchia-se naturalmente de sonhos. Acima do limite de escalada, o Olimpo era a morada dos deuses. Todas as *terrae incognitae* enchiam-se de monstros horríveis ou maravilhosos: *hic sunt leones*. Assim todo o "outro mundo" de um Dante se inscreve nas lacunas de sua cosmologia, no atualmente inacessível, no para-além do que de mais longínquo se conhecia. E é fato que toda exploração, trazendo de seu périplo apenas os animais "diferentes", as especiarias, os minerais preciosos, aquilo que justamente nos faltava, acentuava essa ligação entre longínquo e fabuloso.

Toda ficção se inscreve pois em nosso espaço como viagem, e pode-se dizer a esse respeito que este é o tema fundamental de toda literatura romanesca; todo romance que nos conta uma viagem é portanto mais claro, mais explícito do que aquele que só é capaz de exprimir metaforicamente essa distância entre o lugar da leitura e aquele ao qual nos leva a narrativa.

Mas quando o viajante está longe de sua casa, quando ele está retido nessas ilhas com que ele sonhava, é com sua pátria que ele sonha então, ela lhe falta e lhe aparece com cores inteiramente renovadas. A partir do momento em que o longínquo me parece próximo, é o que está próximo que assume o poder do longínquo, que me aparece como ainda mais longínquo. A primeira grande época do realismo moderno, a do romance picaresco espanhol, ou elisabetano, coincide precisamente com a das primeiras circunavegações. A terra é redonda, e continuando ainda mais longe na mesma direção, o que aparecerá por detrás do horizonte é meu próprio ponto de partida, mas totalmente novo.

A distância fundamental do romance realista é, portanto, não só viagem mas périplo; essa proximidade do lugar que me descrevem contrai em si toda uma viagem de volta ao mundo.

A estação que representa o lugar descrito nessa viagem de ida e volta inerente a toda leitura, pode ter com o lugar em que me encontro relações espaciais muito diversas; a distância romanesca não é somente uma evasão, ela pode introduzir no espaço vital modificações inteiramente originais. Graças a esse "volume" singular, é a Província, é a Rússia que se faz presente para mim. As coisas se dispõem por conseguinte ao meu redor de modo totalmente diverso. Com que facilidade eu passo de país a país, ou mesmo de casa a casa! Na sucessão desses lugares, que jogos, que cantos não poderão instaurar-se!

Num Balzac, a relação do lugar descrito com aquele em que o leitor está instalado se reveste de uma importância particular. Ele tem uma consciência aguda do fato

41

de que este último é precisamente situado, e ele organiza toda a sua construção a partir dessa condição essencial.

Balzac escreve primeiramente para os leitores de Paris, e se quisermos apreciar verdadeiramente aquilo que ele nos conta, precisamos, mesmo se estivermos em outro lugar, transportar-nos para essa cidade, ponto de origem de todas as distâncias que ele compõe. Lembremo-nos da introdução ao *Pai Goriot:* depois de ter fechado o livro, nos diz ele, "talvez tenhamos derramado algumas lágrimas *intra-muros* e *extra*", o que quer dizer interior e exteriormente, mas também, como o precisa a frase seguinte: "Será ele compreendido fora de Paris?", no interior dos muros da cidade e fora dela?

Muitas vezes essa espacialidade evocatória permanece vaga. As personagens que nos falam ou das quais nos falam estão "em algum lugar", e é tudo. Bruma que em breve se diferenciará, pois sabemos bem que não se fala, não se age do mesmo modo num salão, numa cozinha, num bosque ou num deserto. Será preciso pois que nos indiquem o "cenário", isto é, as qualidades próprias do lugar.

Primeiramente, como no teatro de outrora, bastará uma tabuleta: "lugar magnífico", "bosque encantador", "floresta horrível", "uma esquina", "um quarto". Especificação que se afinará; será preciso sabermos que tipo de quarto. Lugar magnífico, você diz, mas que estilo de magnificência? Teremos necessidade de pormenores, de que nos apresentem uma amostra desse cenário, um objeto, um móvel que representará o papel de indício. Que tipo de quarto? Aquele em que se pode encontrar tal espécie de cadeira.

A presença ou a ausência de um objeto; esta pode tomar valor de signo. "No quarto, via-se uma cadeira, uma cama ordinária, um armário desconjuntado, e era tudo"; portanto, não havia mesa.

Até o momento presente, esse quarto que se precisa sob nossos olhos permanece como um continente amorfo, uma espécie de saco onde os objetos estão misturados, e de onde o narrador os extrai um a um, ao acaso. Em breve, desejaremos saber suas situações: móveis apertados, móveis separados, entre os quais se pode passar, nos quais a gente tropeça, que a gente vê bem, que se ocultam uns aos outros o que está à direita, acima, o que forma um canto isolado.

Para realizar tal arrumação, introduzir-se-ão necessariamente certos pormenores, ou certos objetos, dos quais não se falava habitualmente, de modo a constituir no espaço imaginado figuras precisas e estáveis.

Um dos meios mais eficazes é a intervenção de um observador, de um olho, que poderá ser imóvel e passivo, e nesse caso teremos passagens que serão equivalentes a

42

fotografias, ou em movimento e atividade, teremos então filme ou pintura.

Instalando seu cavalete ou sua câmara num dos pontos do espaço evocado, o romancista encontrará todos os problemas de enquadramento, de composição e de perspectiva que encontra o pintor. Como este, ele poderá escolher entre um certo número de processos para exprimir a profundidade, e um dos mais simples é a superposição clara de várias vistas imóveis. Assim Balzac, descrevendo-nos a pensão Vauquer, começa por impregnar-nos com a cor parda:

> ...ruas apertadas entre o domo do Val-de-Grâce e o domo do Panteão, dois monumentos que mudam as condições atmosféricas emitindo tons amarelados, ensombrando tudo com as cores severas que projetam suas cúpulas... A rua Neuve-Sainte-Geneviève, sobretudo, é como uma moldura de bronze, a única que convém a esta narrativa, à qual a inteligência nunca estaria demasiadamente preparada por cores pardas...

Depois ele nos instala na rua, expondo-nos o que veríamos:

> ...a casa incide em ângulo reto sobre a rua Neuve-Sainte-Geneviève, onde vocês a vêem recortada em profundidade...

Uma vista frontal:

> A fachada, elevada de três andares e encimada por mansardas, é construída em alvenaria e rebocada com aquela cor amarela que dá um caráter ignóbil a quase todas as casas de Paris. As cinco janelas talhadas em cada andar têm vidros pequenos e são guarnecidas de persianas das quais nenhuma está levantada da mesma maneira, de modo que todas as suas linhas ficam desencontradas...,

completada pela vista dos outros lados; depois o interior, ele nos mostra quais são as comunicações entre os diferentes locais do andar, levantando uma espécie de planta de arquiteto, de vista horizontal, ou mais exatamente, de corte:

> Este salão comunica com uma sala de jantar que está separada da cozinha pelo vão de uma escada, cujos degraus são de madeira e ladrilhos coloridos e lustrados,

antes de inventariar o mobiliário de cada cômodo, mais ou menos identificável, os objetos da sala de jantar tendo perdido quase toda individualidade, estando amalgamados na sujeira, na densidade da atmosfera mais parda aqui do que em outra parte qualquer, de modo que eles não conseguem destacar-se verdadeiramente sobre o fundo das paredes:

43

Pois bem! apesar desses vulgares horrores, se vocês o comparassem com a sala de jantar, que lhe é contígua, vocês achariam este salão elegante e perfumado como deve ser um "boudoir". Esta sala, inteiramente forrada de madeira, foi outrora pintada de uma cor agora indistinta, que forma um fundo sobre o qual a sujeira imprimiu suas camadas, formando figuras estranhas. Ela é sobrecarregada de guarda-comidas melados...

Pintor de cenários, mas também pintor de personagens. Assim, em *A Procura do Absoluto,* depois de ter rivalizado com os holandeses em sua evocação da casa de Balthazar Claës:

Esta galeria pintada em mármore, sempre fresca e semeada de uma camada de areia fina, conduzia a um grande pátio quadrado interior, pavimentado com largos ladrilhos envernizados, de cor verde. À esquerda se encontravam a rouparia, as cozinhas, as edículas; à direita o depósito de madeira e o de carvão, as dependências utilitárias cujas portas, janelas e paredes eram ornadas com desenhos mantidos numa extrema limpeza. A luz, coada entre quatro muralhas vermelhas filetadas de branco, contraía neste local reflexos e tons rosados que emprestavam aos rostos e aos mínimos detalhes uma graça misteriosa e fantásticas aparências,

eis que ele "pincela" o retrato da mulher do alquimista:

Um pintor medíocre que, nesse momento, copiasse essa mulher, produziria certamente uma obra relevante, com uma cabeça tão cheia de dor e de melancolia. A posição do corpo e a dos pés jogados para a frente...

Das roupas ele passa ao rosto, que estuda como uma natureza morta:

O traço que dava mais distinção a esse rosto másculo era um nariz curvo como o bico de uma águia e que, demasiadamente arredondado no meio, dava a impressão de ser mal conformado interiormente; mas havia nele uma fineza indescritível, a cartilagem das narinas era tão fina que sua transparência permitia à luz avermelhá-la fortemente.

Será preciso ressaltar o interesse crítico de um estudo comparativo das figuras formadas no espaço pelos arranjos de objetos, da importância das cores etc., nos pintores e romancistas de uma mesma época e de um mesmo meio? O que é verdadeiro ao nível do cenário, é-o igualmente para a ligação desses diferentes cenários numa unidade de lugar mais vasta. Assim como se pode deixar vaga a localização dos diferentes móveis que particularizam um quarto, não se pode deixar de diferenciar as relações locais desses quartos entre eles, deixando o prédio, a cidade ou o país também eles amorfos como um saco.

Pierre e Juliette estavam na casa de seus pais; reencontro-os, um capítulo adiante, num café. Outro romancista nos indicaria como esses dois cenários se situam um com relação ao outro, como se pode ir de um a outro, como as personagens ali chegaram.

O estudo dessas diferentes justaposições, dessas passagens, levanta inúmeros problemas, tornando-se aqui fundamentais as noções de percurso e de velocidade.

Tal personagem pode pagar uma passagem de avião, tal outra só pode ir a pé, diversidade que existe desde sempre — pensem na importância que podia ter, na Idade Média, a posse de um cavalo — mas que amplificou-se e complicou-se consideravelmente depois dos progressos recentes dos transportes. Uma cidade é um conjunto de trajetos cujas leis são diferentes para automobilistas e pedestres. Há desvios, atalhos, obstáculos, densidades de tráfego variáveis, segundo as horas e os dias. Certos países são quadriculados com uma rede de estradas, outros são desprovidos de pistas, alguns são semeados de postos de gasolina, em outros é preciso prever reservas.

Já a simples justaposição de lugares estáticos podia constituir "motivos" apaixonantes. O músico projeta sua composição no espaço de seu papel pautado, a horizontal se torna o curso do tempo, a vertical a determinação dos diferentes instrumentistas; assim o romancista pode dispor de diferentes histórias individuais num sólido dividido em andares, por exemplo, um prédio parisiense, as relações verticais entre os diferentes objetos ou acontecimentos podendo ser tão expressivas quanto as da flauta com o violino.

Mas quando se tratam esses lugares em sua dinâmica, quando se faz intervir trajetos, as seqüências, as velocidades que os ligam, que acréscimo! Que aprofundamento também, já que encontramos então claramente aquele tema da viagem de que eu falava há pouco.

A esse espaço percorrido pelos próprios indivíduos, que a invenção, o aperfeiçoamento, a difusão, a organização de novos meios de transporte vai transtornar, superpõe-se aquele das representações, que as transformações dos meios de informação vão agitar.

O espaço vivido não é absolutamente o espaço euclidiano, cujas partes são exclusivas umas com relação às outras. Todo lugar é o foco de um horizonte de outros lugares, o ponto de origem de uma série de percursos possíveis, passando por outras regiões mais ou menos determinadas.

Em minha cidade estão presentes muitas outras cida-

45

des, através de toda espécie de mediações: as setas indicadoras, os manuais de geografia, os objetos que vêm de lá, os jornais que falam delas, as imagens, os filmes que as mostram, as lembranças que tenho delas, os romances que me fazem percorrê-las.

A presença do resto do mundo tem uma estrutura particular para cada lugar, e as relações de proximidade podem ser bem diferentes das vizinhanças originárias. Posso não estar a par de um fato que se passou a alguns metros de minha casa por intermédio de uma agência de informações, de um redator, de um impressor que se encontram a centenas de quilômetros.

A organização atual das linhas de aviação faz com que, para aqueles que têm os meios necessários, se vá mais depressa e mais facilmente de Paris a Nova York do que a uma aldeia francesa perdida. Do mesmo modo, a informação passa por centros e ligações, com enormes variações segundo as coletividades e mesmo segundo os indivíduos. Um tem telefone, outro não tem. Sabe-se bem que partido Stendhal tirou do telégrafo em *Lucien Leuwen*.

Certos lugares são assim difusores de informações: eles são conhecidos em muitos outros, por exemplo, o Monte Saint-Michel; alguns são receptores: conhecem-se aí muitos outros, por exemplo o Instituto Geográfico Nacional; alguns são coletores que recebem, organizam e distribuem essa informação, estabelecendo assim, entre os outros, novas relações. A cidade de Paris é sem dúvida, ainda hoje, um dos mais importantes desses centros.

Nesse poder de um lugar com relação a outro, as obras de arte sempre representaram um papel particularmente importante, tanto a pintura quanto o romance, e por conseguinte o romancista que desejar verdadeiramente esclarecer a estrutura de nosso espaço será obrigado a fazê-las intervir. As propriedades que ele for capaz de colocar em evidência a esse respeito, nas obras de outrem, um outrem real ou fictício, reverterão em seu benefício de vários modos: não somente o que essas obras realizam será realizado por intermédio delas na sua obra, mas também ele será capaz de aprender com elas, e no futuro, de utilizar sua própria experiência para prosseguir sua exegese. Elas serão pois, nesse domínio do espaço como em tantos outros, uma ferramenta da reflexão, um ponto sensível pelo qual o autor inaugura sua própria crítica.

Está claro que é primeiramente no espaço das representações que o romance introduz sua modificação essencial, mas todos perceberão como as informações reagem sobre os percursos e as coisas, como, pois, a partir de uma invenção romanesca, os objetos podem ser efetivamente deslocados, e a ordem dos trajetos transformada.

5. O USO DOS PRONOMES PESSOAIS NO ROMANCE

Os romances são habitualmente escritos na terceira ou na primeira pessoa, e sabemos bem que a escolha de uma dessas formas não é de modo algum indiferente; não é a mesma coisa que nos pode ser contada num ou noutro caso, e sobretudo nossa situação de leitor com relação ao que nos dizem é transformada.

1. A terceira pessoa

A forma mais ingênua, fundamental, da narração é a terceira pessoa; cada vez que o autor utilizar outra forma, será de certo modo uma "figura", ele nos estará convidando a não tomá-la ao pé da letra, mas a superpô-la à primeira, sempre subentendida.

Assim o herói de *À procura do tempo perdido,* por exemplo, Marcel, exprime-se na primeira pessoa, mas o próprio Proust insiste sobre o fato de que esse "eu" é um outro, e dá-nos como argumento peremptório: "É um romance."

Cada vez que há narrativa romanesca, as três pessoas do verbo estão obrigatoriamente em jogo: duas pessoas reais: o autor que conta a história, que corresponderia, na conversa corrente, ao "eu", o leitor a quem ela é contada, o "tu"; e uma pessoa fictícia, o herói, aquele de quem se conta a história, o "ele".

Nas crônicas, nas autobiografias, nas narrativas de todos os dias, aquele cuja história se conta é idêntico àquele que a conta; nos elogios, nos discursos de recepção à Academia Francesa, ou nos requisitórios, aquele a quem se fala antes de tudo é também aquele de quem se fala; mas no romance não pode haver uma identidade literal, já que aquele de quem se fala, não tendo existência real, é necessariamente um terceiro com relação àqueles dois seres de carne e osso que se comunicam por meio dele.

Entretanto, o próprio fato de que se trate de uma ficção, de que não se possa constatar a existência material desse terceiro, de que não esbarremos jamais em seu corpo, em sua exterioridade, nos mostra que, no romance, essa distinção entre as três pessoas da gramática perde muito da rigidez que ela pode ter na vida cotidiana; elas estão em comunicação.

Todos sabem que o romancista constrói suas personagens, queira ele ou não, saiba ou não, a partir de elementos de sua própria vida, que seus heróis são máscaras através das quais ele se conta e se sonha, que o leitor não é puramente passivo mas que ele reconstitui, a partir dos signos reunidos na página, uma visão ou uma aventura, usando também ele o material que está à sua disposição, isto é, sua própria memória, e o que o sonho, ao qual ele assim chega, ilumina aquilo que lhe falta.

No romance, aquilo que nos contam é portanto sempre e também alguém que se conta e nos conta. A tomada de consciência desse fato provoca o deslizamento da narrativa, da terceira à primeira pessoa.

2. A primeira pessoa

Trata-se primeiramente de um progresso no realismo pela introdução de um ponto de vista. Quando tudo era contado na terceira pessoa, era como se o observador fosse absolutamente indiferente: "Talvez alguns se tenham enganado sobre o que se passou, mas hoje todos sabem que as coisas se desenrolaram assim." Quando percebemos que muito freqüentemente as coisas justamente não se teriam desenrolado daquele modo se alguns dos indivíduos implicados soubessem então o que se passava alhures, que essa ignorância é um dos aspectos fundamentais da realidade humana, e que os acontecimentos de nossa vida nunca chegam a historizar-se a tal ponto que sua narração não comporte mais nenhuma lacuna, as pessoas são obrigadas a apresentar-nos aquilo que devemos conhecer, mas também a precisar-nos o *como* desse saber.

Um fato característico, a esse respeito, é o de que em todas as mistificações romanescas, cada vez que se tentou fazer passar uma ficção por um documento, como por exemplo *Robinson Crusoé* ou o *Diário do ano de peste* de Daniel Defoe, utilizou-se naturalmente a primeira pessoa. Com efeito, se se tivesse utilizado a terceira, ter-se-ia automaticamente provocado a pergunta: "Como é que ninguém mais sabe disso?" O narrador que nos expõe suas vicissitudes responde de antemão a esse inquérito, e remete ao futuro toda verificação: ele nos explica como é que só "um" conhecia aquilo que não "se" conhecia.

O narrador, no romance, não é uma primeira pessoa pura. Nunca é o autor ele mesmo, literalmente. Não se deve confundir Robinson e Defoe, Marcel e Proust. Ele próprio é uma ficção, mas nessa multidão de personagens fictícias, todas naturalmente na terceira pessoa, ele é o representante do autor, sua *persona*. Não nos esqueçamos de que ele é igualmente o representante do leitor, exatamente o ponto de vista no qual o autor o convida a colocar-se para apreciar, para saborear determinada seqüência de acontecimentos e tirar dela todo proveito.

Essa identificação privilegiada, forçada (o leitor "deve" se colocar ali), não impedirá, de modo algum, que outras se produzam: encontram-se freqüentemente romances em que o narrador é uma personagem secundária que assiste à tragédia ou à transfiguração de um herói, de vários, cujas etapas ele nos conta. Com relação ao autor, quem não vê então que o herói representará aquilo com que ele sonha, e o narrador aquilo que ele é? A distinção entre as duas personagens refletirá, no interior da obra, a distinção vivida pelo autor entre a existência cotidiana tal qual ele a sofre, e aquela outra existência que sua atividade romanesca promete e permite. E é essa distinção que ele quer tornar sensível, e mesmo dolorosa para o leitor. Ele não quer mais contentar-se com lhe fornecer um sonho que o alivie; ele quer fazer com que o leitor sinta toda a distância que subsiste entre esse sonho e sua realização prática.

A introdução do narrador, ponto de tangência entre o mundo contado e aquele onde se conta esse mundo, meio-termo entre o real e o imaginário, vai desencadear toda uma problemática em torno da noção de tempo.

Enquanto temos uma narrativa inteiramente na terceira pessoa (salvo nos diálogos, evidentemente), uma narrativa sem narrador, a distância entre os acontecimentos contados e o momento em que eles são narrados evidentemente não intervém. Trata-se de uma narrativa estabilizada, que não mudará mais substancialmente, qualquer que seja aquele que a conta, e o momento em que ocorre. O tempo no qual ela se desenrola será pois indiferente com relação ao presente; trata-se de um passado nitidamente separado do hoje, mas que não se afasta mais, é um aoristo mítico, em francês o "passé simple".

Quando se introduz um narrador, é preciso saber como sua escritura se situa com relação à sua aventura. Na origem, presume-se que ele também espere que a crise se tenha desenlaçado, que os acontecimentos se tenham arranjado numa versão definitiva; é mais tarde, envelhecido, tranqüilizado, retornado ao aprisco, que o navegador se debruçará sobre seu passado, porá em ordem suas lembranças. A narrativa será apresentada sob forma de memórias.

Mas assim como o "eu" do autor projeta no mundo fictício o "eu" do narrador, assim o presente deste vai projetar em sua lembrança fictícia um presente já passado. Veremos multiplicarem-se fórmulas como: "Naquele momento, eu ainda não sabia que..." À organização definitiva das peripécias tal como ela se apresenta a uma memória ideal, apaziguada, vai opor-se cada vez mais a organização provisória dos dados incompletos do dia-a-dia, a única que permite compreender e fazer "reviver" os acontecimentos.

Se o leitor é colocado no lugar do herói, é preciso também que ele seja colocado em seu momento, que ele ignore aquilo que o herói ignora, que as coisas lhe apareçam como elas lhe apareciam. É por isso que a distância temporal entre narrado e narração vai tender a diminuir: das memórias passaremos às crônicas, e a escritura deve intervir no próprio curso da aventura, durante um momento de repouso, por exemplo; dos anais passaremos ao diário, o narrador fará cada noite um balanço, confiar-nos-á seus erros, suas inquietações, suas perguntas; e é natural que se tenha tentado reduzir essa distância ao mínimo, que se tenha tentado atingir uma narração absolutamente contemporânea daquilo que ela narra, somente, como não se pode evidentemente ao mesmo tempo escrever e lutar, comer, fazer amor, foi necessário recorrer a uma convenção: o monólogo interior.

3. O monólogo interior

Mesmo no diário, entre o ato e sua narração, tinha-se tido tempo suficiente para repassar cem vezes as coisas na cabeça. Aqui, pretende-se apresentar a realidade ainda quente, o vivo absoluto, com a maravilhosa vantagem de podermos seguir todas as aventuras do acontecimento na memória do narrador, todas as transformações que ele terá sofrido, todas as suas interpretações sucessivas, os progressos de sua localização, desde o momento em que ele ocorreu até aquele em que ele será anotado no diário.

Mas, no monólogo interior habitual, o problema da escritura é pura e simplesmente posto entre parênteses, obliterado. Como é que essa linguagem pôde chegar até a escritura, em que momento a escritura pôde recuperá-la? Essas são perguntas que se deixam cuidadosamente à sombra. Reencontramo-nos, por conseguinte, num nível superior, diante de dificuldades do mesmo gênero daquelas encontradas pela narrativa na terceira pessoa: dizem-nos o que se passou, o que foi vivido, não nos dizem como é que o sabem, como, na realidade, se poderia sabê-lo com relação a acontecimentos desse gênero.

Ora, esse olvido, essa obliteração, nos grandes artesãos do monólogo interior, tem o imenso inconveniente de camuflar um problema ainda mais grave, o da própria linguagem. Com efeito, supõe-se que exista na personagem-narrador uma linguagem articulada, ali onde habitualmente essa linguagem não existe. É completamente diverso vermos uma cadeira e pronunciarmos nós mesmos a palavra "cadeira", e o fato de pronunciar essa palavra não implica necessariamente a aparição gramatical da primeira pessoa; a visão articulada, por assim dizer, a visão retomada e informada pela palavra, pode permanecer no nível "Há uma cadeira" sem atingir o "Eu vejo uma cadeira". É toda uma dinâmica da consciência e da tomada de consciência, do acesso à linguagem, de que é impossível prestar contas.

Na narrativa em primeira pessoa, o narrador conta o que ele sabe de si mesmo, e unicamente aquilo que ele sabe. No monólogo interior, isso se restringe ainda mais, já que ele só pode contar aquilo que sabe no instante mesmo. Encontramo-nos, por conseguinte, diante de uma consciência fechada. A leitura se apresenta então como o sonho de uma "violentação", à qual a realidade se recusaria constantemente.

Como abrir essa consciência que não pode ficar assim fechada, já que em toda leitura, precisamente, as pessoas circulam entre elas? Como mostrar essa circulação?

4. A segunda pessoa

Aqui intervém o emprego da segunda pessoa, que assim pode ser caracterizada no romance: aquele a quem se conta sua própria história.

É porque há alguém a quem se conta sua própria história, algo dele que ele não conhece, ou pelo menos não ainda no nível da linguagem, que pode haver uma narrativa na segunda pessoa, e esta será, por conseguinte, sempre uma narrativa "didática".

Assim, em Faulkner, encontramos conversas, diálogos, onde certas personagens contam às outras o que estas fizeram em sua infância, e que elas mesmas tinham esquecido, ou das quais elas nunca tiveram mais do que uma consciência muito parcial.

Estamos numa situação de ensino: não se trata mais somente de alguém que possui a fala como um bem inalienável, inamovível, como uma faculdade inata que ele apenas exerce, mas de alguém a quem se dá a palavra.

É preciso, portanto, que a personagem em questão, por uma razão ou por outra, não possa contar sua própria história, que a linguagem lhe seja interdita, e que se force essa interdição, que se provoque esse acesso. É assim que um juiz ou um comissário de polícia, num interrogatório, reunirá os diferentes elementos da história que o ator principal ou a testemunha não pode ou não quer contar, e que ele os organizará numa narrativa na segunda pessoa, para fazer assomar essa palavra impedida: "O senhor voltou de seu trabalho a tal hora, sabemos por tal ou tal inspeção que a tal hora o senhor deixou seu domicílio, que fez o senhor nesse intervalo?", ou então: "O senhor nos diz que fez isto, mas isto é impossível por tal ou tal razão, portanto o senhor deve ter feito aquilo... *"

Se a personagem conhecia inteiramente sua própria história, se ela não tinha objeções quanto a contá-la a outrem ou a si mesma, a primeira pessoa se imporia: ela daria seu testemunho. Mas trata-se de arrancar-lhe essa história, quer porque ela esteja mentindo, escondendo algo de nós ou de si mesma, quer porque ela não tenha todos os elementos, ou mesmo, se ela os tem, que ela seja incapaz de ligá-los convenientemente. As palavras pronunciadas pela testemunha apresentar-se-ão como pequenas ilhas na primeira pessoa, no interior de uma narrativa feita na segunda, a qual provoca sua emergência.

Assim, cada vez que se quiser descrever um verdadeiro progresso da consciência, o próprio nascimento da lingua-

---

* O pronome usado no texto francês é o "vous", 2.ª pessoa do plural, que em português coloquial se traduz por "você" ou "o senhor", 3.ª pessoa com valor de 2.ª. (N. da T.)

52

gem ou de uma linguagem, é a segunda pessoa que será a mais eficaz.

No interior do universo romanesco, a terceira pessoa "representa" esse universo na medida em que ele é diferente do autor e do leitor, a primeira "representa" o autor, a segunda o leitor; mas todas essas pessoas comunicam-se entre elas, e contínuos deslocamentos se efetuam.

5. *Os deslocamentos de pessoas*

Na linguagem corrente, empregamos muitas vezes uma pessoa em lugar de outra para suprir a ausência de uma forma, para constituir uma pessoa ausente da conjugação normal; é o que se passa particularmente na linguagem "polida". Em francês, utiliza-se assim a segunda pessoa do plural no lugar da segunda do singular, mas em muitas outras línguas se utiliza nesse caso a terceira (o que colocará para um romance escrito numa forma de polidez problemas muito difíceis de tradução *).

Esse emprego da terceira pessoa no lugar da segunda, por polidez, permite apagar o aspecto didático de que esta se reveste na narrativa, e a impressão de hierarquia que daí decorre. Esse emprego faz com que a pessoa a quem nos dirigimos seja incluída na História, na categoria das personalidades públicas, cujos feitos e gestos qualquer um deveria conhecer.

Poder-se-ia estudar do mesmo modo o deslocamento que se opera no plural de majestade.

As duas primeiras pessoas do plural, com efeito, não são multiplicações puras e simples das que lhes correspondem no singular, mas complexos originais e variáveis. O "vous" não é um "tu" repetido várias vezes, mas a composição de "tu" e de "il"; quando essa composição se aplica a um indivíduo, temos o plural de polidez francês, quando ela se aplica a todo um grupo, sabemos que a cada instante podemos isolar qualquer um dos indivíduos que fazem parte desse grupo, e que então o "vous" se cinde em um "tu" e numerosos "il", para se reformar assim que a atenção abandonar esse indivíduo particular.

O "nous" não é um "je" várias vezes repetido, mas uma composição das três pessoas. Assim, quando um príncipe dizia "nous" ao invés de dizer "je", era porque ele se exprimia também em nome da pessoa a quem ele se dirigia.

Poderíamos ir ainda mais longe e mostrar que, na origem, as pessoas do singular se destacam pouco a pouco sobre o fundo de um plural indiferenciado, que de fato o

---

* É o caso do romance *La Modification*, do próprio Michel Butor, dificilmente traduzível em português. (N. da T.)

"nous" é anterior ao "je", que é o "nous" que se divide em "moi" e "vous", o "vous" em "toi" e "eux" etc.

Todos nós já nos surpreendemos, sem dúvida, falando a um bebê, ou mesmo a um animal, e empregando para designá-lo a primeira pessoa: "Então, eu fiquei bonzinho essa manhã?" Tal emprego denuncia justamente a impossibilidade para a própria criança de fazer intervir um "eu" no meio da narrativa normal em segunda pessoa; é porque ela não sabe falar que lhe impomos a palavra a esse ponto, ou, mais tarde, porque aquilo que lhe dizemos é "sem réplica".

Todos os pronomes podem esfumar-se numa terceira pessoa indiferenciada, em francês o "on", cuja afinidade com a primeira pessoa do plural aparece claramente na linguagem familiar, onde se usa um "nous on" correspondendo exatamente ao "moi je".

6. O "ele" de César

Se, na linguagem corrente, deslocamos as pessoas para preencher um certo número de lacunas da gramática habitual, compreende-se bem que, na linguagem literária, tal fenômeno possa receber aplicações retóricas e poéticas consideráveis.

Tomarei dois exemplos de obras muito clássicas.

César, em seus *Comentários,* designa-se a si mesmo por uma terceira pessoa. É um deslocamento freqüente em numerosas literaturas, e sempre muito significativo. Para apreciar a eficácia retórica de tal emprego, basta imaginar que um dos homens de Estado ilustres de nosso tempo tenha redigido suas *Memórias* na terceira pessoa; tomemos, por exemplo, Winston Churchill.

Esse deslocamento, em César, tem um alcance político extraordinário. Se ele tivesse escrito na primeira pessoa, ter-se-ia apresentado como testemunha daquilo que conta, mas admitindo a existência de outras testemunhas válidas em condições de completar ou corrigir aquilo que diz. Empregando a terceira pessoa, ele considera a decantação histórica como terminada, a versão que ele dá como definitiva. Recusa assim, de antemão, qualquer outro testemunho e, como todos sabem bem qual é a primeira pessoa que se esconde sob essa terceira, não só ele o recusa mas o proíbe.

7. O "eu" das Meditações de Descartes

No *Discurso sobre o método,* o "eu" designa o indivíduo real Descartes, que nos conta sua história, mas nas *Meditações* há uma ficção, um romance, e o "eu" aí tem uma natureza bem diferente. Trata-se de uma segunda pessoa camuflada.

No começo da primeira *Meditação,* pode-se crer que o "eu" designa ainda Descartes ele mesmo:

...Mas, aquela empresa me parecia ser demasiadamente grande, esperei ter atingido uma idade que fosse tão madura que eu não pudesse esperar outra, depois dela, em que eu estivesse mais apto a executá-la etc.

Mas, muito rapidamente, vê-se que a história que nos conta Descartes não é sua própria história, que se trata de uma aventura destinada a ser vivida literalmente pelo leitor. Ele vai conduzi-lo passo a passo, ao longo dessas *Meditações,* como um anjo da guarda, um mentor.

Mas talvez, ainda que os sentidos nos enganem às vezes com respeito a coisas pouco sensíveis e muito afastadas, encontram-se entretanto muitas outras das quais não se pode mais duvidar razoavelmente, embora nós as conheçamos por meio daquelas: por exemplo, que eu estou aqui, sentado ao pé do fogo, vestido com um roupão, tendo este papel nas mãos, e outras coisas desta natureza.

Quem está sentado ao pé do fogo, vestido com um roupão? Descartes imagina a encenação, o cenário no qual se encontrará muito provavelmente seu leitor, e é nesse cenário assim imaginado que ele o instala.

No fim da primeira *Meditação,* ele lhe descreve o relaxamento que o leitor deve sentir depois desse primeiro exercício mental:

...Uma certa preguiça me arrasta insensivelmente à rotina de minha vida habitual... Assim, eu recaio insensivelmente, e por mim mesmo, nas minhas velhas opiniões...

E ele o conduz suavemente ao repouso. Somente no dia seguinte, se a encenação for respeitada, o leitor deverá abordar a segunda *Meditação:*

A meditação que fiz ontem encheu meu espírito de tantas dúvidas, que não me é mais possível esquecê-las...

A esta altura, é absolutamente certo que passamos à segunda pessoa, "insensivelmente", porque sabemos muito bem que ele, Descartes, não fez essa meditação no dia precedente. É o leitor que deve, docilmente, dia após dia, submeter-se a um desses exercícios espirituais.

Mas esse deslocamento sorrateiro mascara uma pergunta que Descartes, considerando-a como secundária, porque, para ele, desde que a argumentação esteja bem encaminhada (e para tanto basta um único homem, ele mesmo), tudo deve prosseguir necessariamente, desde que o cristal da razão tenha sido reencontrado, polido, nada mais poderá embaçá-lo, e que, por conseguinte, se o leitor não puder realizar ao pé da letra a experiência proposta, isso não deveria ter grande importância,

fica bem satisfeito de deixar na sombra,

a pergunta relativa à presença de um interlocutor, de sua própria presença, da presença de Descartes, como guia no interior de toda essa série de meditações, presença de que não se pode duvidar, efetivamente, sob pena de abandonar o livro.

O emprego do "eu", aqui, tenta pois fazer-nos esquecer a presença do narrador. Quando este é desvendado pela análise do processo de narração, desvenda-se ao mesmo tempo o caráter fenomenologicamente fundamental da segunda pessoa.

Quando passarmos da narrativa de Descartes à sua retomada por Husserl, esse ocultamento terá conseqüências muito graves: ele levará este último a fechar a consciência do indivíduo sobre ela mesma, e fará com que ele tropece, em sua quinta *Meditação*, em dificuldades inextricáveis, em sua tentativa de descrição do aparecimento radical de um outrem, exemplo típico daqueles falsos problemas dos quais ele nos tinha ensinado alhures a desconfiar.

8. Pronomes complexos

Temos aqui dois exemplos, em César e em Descartes, de pronomes pessoais complexos, e já vimos que, nos romances, os pronomes pessoais empregados são sempre complexos, associações das pessoas simples da conversa. O "eu" do narrador é evidentemente a composição de um "eu" e de um "ele", e pode haver assim arquiteturas de pronomes, superposições, por exemplo, de "eus" narrativos uns por cima dos outros, que servem ao romancista real para destacar de si aquilo que ele conta. Em Henry James, na *Volta do Parafuso*, encontra-se a superposição de quatro narradores diferentes; Kierkegaard, na novela *Uma Possibilidade*, que faz parte das *Etapas no Caminho da Vida*, utiliza uma arquitetura de quatro pseudônimos para narrar-nos uma anedota que reencontramos em seu *Diário*.

Está claro que se deve estudar sistematicamente a utilização de "todos" os pronomes pessoais no romance. Já que se empregam as três pessoas do singular e que se as compõem, pode-se tentar ver o que dariam aquelas composições primordiais que são as pessoas do plural. Existirá

56

uma situação, por exemplo, à qual possa corresponder uma narrativa em "nós"? A conversa mais familiar nos dá numerosos exemplos dessa possibilidade: assim quando, voltando das férias, contamos aos amigos aquilo que fizemos, aquele de nós que tomou a palavra emprega essa primeira pessoa do plural, mostrando que, no interior do grupo assim designado, o "eu" narrador pode passar a cada instante de um indivíduo a outro, que ele pode ser constantemente revezado.

Os grandes romances por cartas fornecem-nos um material considerável de exemplos para esse estudo; parece-me que *A Nova Heloísa* é particularmente rico a esse respeito.

9. Funções dos pronomes

O estudo de tais estruturas, a utilização metódica dos pronomes compostos, vai permitir-nos dar a palavra a agrupamentos humanos, a aspectos da realidade humana que geralmente não falam, ou pelo menos não no romance, que permanecem na obscuridade,

esclarecer a matéria romanesca ao mesmo tempo verticalmente, isto é, em suas relações com seu autor, seu leitor, o mundo em meio ao qual ela nos aparece,

e horizontalmente, isto é, as relações das personagens que a constituem, a própria interioridade destas.

São as "funções" pronominais que lhes permitirão falar, estruturas que poderão, no decorrer da narrativa, evoluir, permutar, simplificar-se ou complicar-se, espessar-se ou apertar-se.

No que concerne ao problema geral da pessoa, tais considerações e tais práticas obrigam a dissociar cada vez mais essa noção da de indivíduo físico, e a interpretá-la como uma função que se produz no interior de um meio mental e social, num espaço de diálogo.

6. INDIVÍDUO E GRUPO NO ROMANCE

Opõe-se freqüentemente o romance, no sentido moderno da palavra, isto é, tal como ela aparece no Ocidente digamos com Cervantes, à epopéia, dizendo que esta conta as aventuras de um grupo, e aquele as de um indivíduo; mas, pelo menos desde Balzac, está claro que o romance, em suas formas mais altas, pretende ultrapassar essa oposição, e contar, por intermédio de aventuras individuais, o movimento de toda uma sociedade, da qual, finalmente, ele não é mais do que um pormenor, um ponto notável; pois o conjunto que chamamos de sociedade, se quisermos propriamente compreendê-lo, não é formado só de homens, mas de toda espécie de objetos materiais e culturais. Portanto, não é somente a relação entre grupo e indivíduo no interior da narrativa proposta pelo romancista que eu gostaria de tentar esclarecer um pouco, mas correlativamente

59

a atividade de sua obra naquilo que concerne a tais relações, no interior do meio em que ela se produz.

A epopéia medieval, a canção de gesta, pertence a uma sociedade de antigo regime, forte e claramente hierarquizada, isto é, comportando uma nobreza. No conjunto dos indivíduos que a compõem, desenha-se um subconjunto perfeitamente delimitado, evidente para todos, conhecido por todos, que detém a autoridade. Aqueles que não estão nesse grupo são obscuros, isto é, eles só são conhecidos por seus próximos; pelo contrário, o nobre é saudado como tal por todos os indivíduos de seu país e dos países vizinhos. A autoridade do nobre repousa em sua ilustração, ele é aquela parte de nossa província que é famosa no exterior, pela qual, por conseguinte, estamos presentes para as pessoas dos outros países. Sem ele, recaímos na obscuridade, ninguém nos leva em conta. É preciso então que pertençamos a um outro nobre, que nos reunamos a uma outra província, não sabemos mais nos distinguir.

A hierarquia de antigo regime não é pois somente política, ela é antes de tudo semântica, as relações de força e de comando estão submetidas a relações de representação; o nobre é um "nome".

Sabe-se bem que a força nua, a violência, não pode conferir a nobreza. Se um camponês particularmente musculoso agride, num canto de floresta, seu jovem senhor, ele não é absolutamente saudado como seu sucessor por seus companheiros. Seu ato é simplesmente um crime absurdo. Para que a força possa manifestar-se propriamente, ela exige um meio de ilustração: campo de batalha, ou seu substituto, o torneio, um meio que lhe permita transformar-se em linguagem.

No campo de batalha, com efeito, aquele que bate mais forte poderá ajudar os que estão em volta dele, será o cabeça de um pequeno corpo que se dissolverá se ele for morto. Bastará dizer que certo indivíduo está resistindo, para saber que o grupo de seus companheiros também está resistindo.

É portanto através dele que todos os outros são designados. Quando ele fala em seu nome, fala em nome dos outros, é o mesmo. Não há meio de os distinguir uns dos outros, como unidades, sem passar por ele. Shakespeare chama Cleópatra de Egito, o rei da França de França, o Duque de Kent de Kent. Na relação de soberano a vassalo, o nome representa um papel de charneira: quando se diz o rei da França, a palavra França designa as pessoas e os bens, mas inversamente, se se diz as pessoas ou os bens da França, a palavra França designa o rei. É pois muito justamente que, em tal contexto, a história de um país será a história dos reis desse país, a narrativa de uma guerra, a dos feitos dos grandes generais.

Assim que se pronuncia o nome de um nobre, é tudo o que ele designa que aparece imediatamente por detrás dele, toda aquela terra habitada, aqueles homens devotados, tudo o que ele permite conhecer, que aparece como pano de fundo, como a sombra sobre a qual ele se destaca, luminoso. Mas também, todo aquele que se destaca de tal fundo, aquele que se ilustra, aquele que se identifica, que se torna conhecido, provoca uma segregação do conjunto. A luz que o indivíduo projeta sobre ele próprio repercute sobre aqueles que o cercam. Essa diferença que ele reclama não pode permanecer puramente individual, é a diferenciação de um grupo que até o momento não aparecia. Não pode haver um novo nobre sem o reconhecimento de uma nova província.

Tornando-se assim o nome de uma nova região, ele arrasta consigo tudo aquilo de que ele já era o nome, em particular sua família, que ele servia a designar. Conhecemos bem esses fenômenos, ainda hoje: no interior de uma grande família, para distinguir os subgrupos, tomar-se-á o nome do indivíduo mais próximo, mais conhecido: os avós, tios, tias, primos, pedirão uns aos outros notícias dos Henriques ou dos Carlos, e do outro lado "como vão" Madalena ou Genoveva. O herói que se ilustra arrasta em seu movimento de designação sua mulher e seus filhos. Enquanto não se conhecem os dos outros, os dele ficam conhecidos. Essa célula inteira toma a dianteira.

Assim, é toda a sociedade que se reestrutura na consciência de cada um; e, para que as coisas possam continuar, é indispensável que toda demonstração de poder num lugar nobre, num lugar de verdade, corresponda à imposição de um nome, que se enobreça todo bom soldado, e, por outro lado, que à posse de um nome corresponda a possibilidade de demonstrar um poder físico, um "valor", se não na guerra, pelo menos num torneio, ou em último caso num duelo. Em falta disso, não se compreende mais por que são essas pessoas que usam esses nomes. O nobre deve, por conseguinte, continuar a ilustrar seu nome; sua vida, seus feitos, devem alimentar constantemente a circulação metafórica que o liga àquilo que ele designa.

Vê-se muito bem, então, que papel a epopéia vai representar no equilíbrio de tal sistema. É indispensável, fora dos tempos de crise ou de glória, lembrar o que permitiu a tal família tornar-se o nome de um povo. Se durante demasiado tempo o cartaz de uma província, o duque, conde ou marquês, não fez com que falassem dele nas regiões vizinhas, é todo o seu povo que é esquecido; se seus vassalos não têm mais ocasião de falar dele entre si, eles não podem mais confiar nele, e se perguntarão forçosamente se algum outro não poderia designá-los melhor. Mas quando os feitos presentes estão em falta, os antigos podem substituí-los, e se a linguagem do narrador adquirir uma solidez suficiente, se as palavras estiverem aí bem encadeadas umas às outras por uma forma identificável, haverá mesmo uma vantagem, pois tal feito antigo, que no momento era comparável a cem outros, vai tornar-se, graças ao poeta que o tratou, aquele que se toma como exemplo, portanto aquele que é o mais conhecido, aquele ao qual se compararão os feitos presentes; se o trovador for bom, a família receberá, graças às suas canções, uma ilustração considerável.

Portanto, nos momentos em que a organização feudal corre o risco de se dissolver pela incapacidade de certos nobres, a epopéia pode salvar uma família da obscuridade, que ameaçaria engoli-la, e portanto um povo do caos, da inevitável guerra que seria a conseqüência de tal declínio. A *Jerusalém libertada* é um último e genial esforço para tentar devolver às famílias nobres o lustro que elas estavam perdendo.

Mas já na época de Tasso os temas clássicos da epopéia não bastam mais, pois eles não têm mais relação com aquilo que pode efetivamente tornar alguém conhecido, ou conferir-lhe poder. As qualidades físicas e morais do indivíduo não lhe permitem mais organizar um grupo em volta dele numa batalha, porque a arte da guerra se complicou de tal modo, tantos instrumentos se interpõem doravante entre o braço e a ferida, que mesmo o mais bravo está sempre à mercê de uma bala de canhão, de um tiro ao acaso, disparado por um inimigo invisível, que pode ser perfeitamente covarde e fraco. O combate singular, episódio nuclear da guerra e da canção de gesta medieval, seu ponto de mais alta significação, seu instante de verdade, não tem mais nenhum sentido. Doravante, o combate terá lugar na confusão e na obscuridade. Todos os feitos antigos estão fora de moda. Desde então, não há mais jeito de se conquistar ou de se conservar um nome por esse meio. A nobreza, com todas as vantagens que dela decorrem, começa a aparecer cada vez mais como uma injustiça, talvez necessária, mas tem-se cada vez mais a impressão de que não são os bons indivíduos que estão nos lugares certos, que sua situação só se deve a um acaso, um arbitrário, do qual se espera pelo menos que ele seja sobrenatural. É somente nesse momento, como se sabe, que se elabora a teoria do "direito divino".

Essas pessoas não podem mais tornar-nos conhecidos, nada mais as qualifica para tanto, e por outro lado nós não temos mais necessidade delas para sermos conhecidos. O desenvolvimento da instrução e do comércio nos dá uma consciência do universo, dos diferentes povos e Estados, que não passa mais pelos nobres. Outrora, o melhor meio de saber algo acerca da Inglaterra era ver seu rei; se ele era rico, o país era rico, se ele estivesse cercado por uma corte numerosa, era sinal de que o país estava bem organizado, que ele se comunicava precisamente com esse país. Todos esses sinais outrora tão claros, e nos quais se acreditava ainda no momento da entrevista do "Camp du Drap d'Or", estão agora esvaziados. Sabe-se bem que não há mais nenhuma relação entre as jóias que podem usar os soberanos e os recursos de suas nações, que se Luís XIV está cercado por uma corte tão numerosa, é justamente porque ele prefere dispensar o intermédio de sua nobreza para se comunicar com as províncias. O rei, por conseguinte, comanda ainda, mas não representa mais.

A nobreza comanda, mas não se sabe mais por que. Como ela não implica nenhuma qualidade, é preciso que ela seja ela mesma uma qualidade. Ela se fecha completamente: é impossível "tornar-se" nobre, é preciso ter "nascido". Dom Quixote se encontra diante desse muro; não há mais, na Espanha que ele habita, nenhum meio disponível de ilustrar-se. As lições que ele tira dos romances de cavalaria só podem torná-lo ridículo. Ele se chama a si mesmo de Don Quixote de la Mancha, mas é-lhe impossível encontrar uma ocasião em que assim o chamem, salvo por irrisão.

Mas se a nobreza não é mais uma linguagem, é porque existe uma outra, é porque há outras personagens representativas, das quais se deve falar ou que podem falar. Se eu sei que o rei da Inglaterra não representa mais seu país, é porque conheço marinheiros, comerciantes que me deram uma representação muito mais forte desse país, e aos quais até mesmo os nobres se dirigem hoje.

O herói romanesco é pois, na origem, alguém que sai de uma obscuridade popular ou burguesa, que escalará os degraus da sociedade, sem poder integrar-se na nobreza. Ele abre caminho com os "grandes", logo ele será tão conhecido, mais conhecido do que estes. Ele é, por conseguinte, a denúncia do fato de que a hierarquia atual da sociedade não é mais do que uma aparência. O tema fundamental do romance do século XVIII é o do *parvenu* (Fielding, Lesage, Marivaux): alguém nos mostra como ele chegou ali onde está, como ele chegou a poder escrever esse livro que lêem as damas. Ele é finalmente mais esperto do que todos aqueles nobres que não tiveram de fazer nada para atingir seu lugar. Por sua ascensão, ele proclama que a organização social conhecida esconde uma outra. A epopéia nos mostrava, nos momentos em que o púnhamos em dúvida, que a sociedade estava bem organizada como nos diziam; o romance, ao contrário, opõe à hierarquia patente uma outra, secreta.

O nobre não representa mais o que ele pretende representar; ainda mais, ele não comanda mais aquilo que ele parece comandar. Antes mesmo que o *parvenu* tenha conseguido impor sua vitória no plano romanesco, como *honnête homme*, homem de boa companhia, homem que fala a bela linguagem outrora reservada ao nobre, um singular herói romanesco tinha sucedido ao cavaleiro de outrora: o criminoso, cercado de toda uma contranobreza que o romance picaresco nos fazia descobrir.

Assim o *Lazarillo de Tormes* fazia com que o leitor penetrasse numa região fascinante e muito próxima, um mundo desconhecido, misterioso, onde tudo tomava outro sentido. Este deveria obedecer àquele; olhem melhor, e vocês verão que é o inverso. A nobreza era a união do poder e da luz. Ela não possui mais do que uma luz injusta; o poder é agora o apanágio da obscuridade. Enquanto os príncipes se pavoneiam, alguns desconhecidos, na sombra, sem que quase ninguém saiba, comandam, detêm o poder. É a eles que se deve dirigir aquele que deseja vencer, mas é melhor, evidentemente, nada dizer dessas relações. Só a ficção pode transmitir a senha. Eles são capazes de aplainar quase miraculosamente obstáculos que se acreditava insuperáveis.

O romance picaresco desvenda para o leitor as entranhas, os subterrâneos, os bastidores da sociedade. Todos conhecem a corte real, doravante fechada, sem dúvida, mas cujos fastos ressoam por toda parte; eis agora uma corte às avessas, mais semelhante, em certos aspectos, àquilo que deveria ser uma corte, àquilo que era outrora uma corte, do que a atual. Essa personagem esfarrapada que cruza meu caminho, e na qual eu não teria prestado a menor atenção antes daquela leitura: será ela, na verdade, o chefe de um grande exército? Possuirá ela tesouros escondidos em cavernas? Será ela capaz daqueles feitos que os nobres não podem mais realizar, de provocar em seus companheiros de armas fidelidades que não se conhecem mais? Desde então, esse mundo da noite, da mentira, não será ele menos mentiroso do que o da luz do dia? Seria esse o último refúgio da verdade, o último "teatro" onde possa brilhar a qualidade de alguém?

O acesso do aventureiro à luz e à linguagem se apresenta como o de um indivíduo cujas relações familiares se distendem, ao passo que os nobres que ele alcança, sem jamais poder tornar-se um deles, opõem-lhe sempre seu nascimento; mas vê-se bem que esse acesso se acompanha necessariamente de uma reorganização da consciência que a sociedade tem dela mesma. O aventureiro fica orgulhoso de ser lido pelas damas, mas ele se dirige antes de tudo a outros aventureiros em potencial; ele os encoraja, dá-lhes seu exemplo, ensina-lhes a procurar por detrás das relações de poder declaradas as relações reais, por detrás dos grupos reconhecidos, os verdadeiros. Ele esclarece, ensina a desconfiar, a fazer alianças. Ele substitui as lições vãs dos romances de cavalaria pela escola rude e discreta dos bandidos.

O tema da sociedade secreta torna-se fundamental na literatura romanesca do século XIX; o romancista começa então a tomar consciência do fato de que sua própria obra, desvendando os subterrâneos, destruindo as aparências, revelando segredos, vai constituir o núcleo de um agrupamento discreto, de uma sociedade entre seus leitores, que ele introduz uma nova associação positiva, eficaz, em meio àquelas que ele denuncia ou propõe como modelo. A alusão a tal personagem, a tal pormenor, permitirá que eles se reconheçam sem que outrem o saiba, que ele se distinga daqueles que ainda não leram, dos ingênuos, daqueles que ainda estão no logro. Ele será a origem de uma certa linguagem, de um agrupamento de conversas e de afinidades. Bem comum, referência comum, ele lhes mostrará o que eles têm em comum.

Esse tema, em Proust, revestir-se-á de uma forma particularmente notável, já que é a própria nobreza, isto é, aquela parte que era outrora a mais conhecida da sociedade, pode-se mesmo dizer a única verdadeiramente conhecida, que tomará esse aspecto. A relação entre o nome da pessoa e o nome de sua terra distendeu-se definitivamente, a aristocracia tornou-se pois totalmente obscura para o homem da rua. É uma lembrança. Mas nem por isso relações extremamente fortes de poder deixam de existir. Esse velho lamentável que cruza nosso caminho, como o mendigo de há pouco, fará desaparecer com uma simples palavra o muro com que nos deparamos, não somente no interior de seu meio extremamente fechado, mas também, graças ao esnobismo, à fascinação que o antigo lustro continua exercendo sobre indivíduos hoje muito poderosos, mas incertos de seu próprio valor, no interior de toda uma franja que a ele se agarra.

Derrubada, a nobreza toca esse mundo revirado, essa sociedade secreta por excelência que é o mundo dos invertidos. Já em Balzac a inversão sexual servia de metáfora dessa reviravolta da hierarquia social que é um dos momentos fundamentais da atividade romanesca: Vautrin é o Napoleão das prisões. Em Proust, Charlus, príncipe daquela sociedade secreta em que se transformou o *faubourg* Saint-Germain, é também o escravo de Morel.

É pois muito importante que o romance comporte ele mesmo um segredo. O leitor não deve saber, desde o início, de que modo ele terminará. É preciso que uma mudança aí se produza para mim, que eu saiba ao terminar algo que eu não sabia antes, que eu não adivinhava, que os outros não adivinharão sem ter lido, o que encontra uma

65

expressão particularmente clara, como era de se esperar, nas formas populares como o romance policial.

Vemos que o individualismo romanesco é uma aparência, que é impossível descrever a promoção de um indivíduo, um dos temas maiores do romance clássico, sem descrever ao mesmo tempo a arquitetura de um grupo social, ou mais exatamente, sem transformar a representação que esse grupo social tem de sua própria organização, o que, a longo ou curto prazo, transforma essa estrutura ela mesma. O romance é a expressão de uma sociedade em mudança; em breve, ele se torna a expressão de uma sociedade que tem consciência de estar mudando.

Os romances do século XVIII podiam transportar-nos de andar a andar, no interior do edifício social, sem que seus autores tivessem consciência de transformar sua superposição. Somente alguns aventureiros efetuavam o deslocamento, e o conjunto permanecia mais ou menos estável. Mas logo as transformações serão tão evidentes que será necessário tentar levá-las em conta e fazer com que se as leve em conta.

Enquanto a nobreza, mesmo desenraizada, permanece clara, bem conhecida, o romance pode ser construído em torno de um indivíduo isolado que se destaca de seu meio de origem para subir os degraus sem os destruir. Sua obra, ou sua história, acrescentará à representação que a sociedade tem de si mesma uma outra faceta, que completará a primeira. E é certo que a nobreza, o *beau monde*, terá toda vantagem em insistir sobre o isolamento do escritor ou de sua personagem.

Como é apaixonante o filho de um lavrador ou de um merceeiro que começa a freqüentar duques, que informa os duques acerca dos lavradores e dos merceeiros; com a condição, entretanto, de que os lavradores tomados no conjunto permaneçam lavradores, que sua submissão aos duques não mude. O aventureiro fará parte da casa, do "salão", se ele adotar sua linguagem, se ele perder o "cascão", se ele tomar os ares, a cultura admitida, por modelo, se ele puder disfarçar, se sua origem plebéia não for muito visível. Assim, a originalidade essencial de sua pessoa deve corrigir-se constantemente, "depurar-se" por um academismo cujas leis cada vez mais absurdas e severas o farão em breve reagir com violência.

O filho de um lavrador não deve mais falar como um lavrador, mas como deveriam falar os duques; em breve, será ele a única testemunha dessa linguagem, testemunha que eles querem manter em estado de pureza. Pois os duques eles mesmos, para mostrar que são espertos (e também que eles estão acima dessas leis), vão vulgarizar sua conversa, ornar seu estilo com expressões populares.

O divórcio entre a nobreza e sua linguagem, que o romancista aventureiro constata no próprio momento em que ele acede a seus "salões", o fecha em si mesmo. No plano do estilo, ele reencontra aquela contradição entre poder aparente e real. Constrangido pelos nobres a falar como eles mesmos não falam mais, condenam-se nele as expressões que traem sua origem e que eles, em compensação, empregam cada vez mais. Sob a autoridade lingüística proclamada, desmascara-se pouco a pouco sua queda. O verdadeiro poder está alhures, naquela região de onde ele vem, mas com a qual ele cortou cuidadosamente toda comunicação, a qual aliás não está preparada para ouvi-lo, que nem mesmo sabe ler ainda. O apoio da nobreza se revela cada vez mais enganador; ela desmorona de todos os pontos de vista, e disso desconfia cada vez mais. Ele se encontra portanto isolado, no meio de uma multidão que ainda não o compreende, e abandonado por uma nobreza que se recusa a compreendê-lo.

Assim, ao tema do aventureiro que sobe pouco a pouco os degraus de uma hierarquia, permanecendo entretanto fora dela, vai suceder pouco a pouco, no século XIX, o do indivíduo de essência, se não de nascimento nobre, opondo sua "qualidade" espiritual ao naufrágio da aristocracia, e perdido em face de uma multidão opaca, em face desse poder maciço, obscuro, que não tem representantes evidentes; e como a biografia de um indivíduo se tornou o exemplo típico da construção romanesca, o romancista tentará captar a multidão como um enorme indivíduo, mas um indivíduo forçosamente incompleto, já que não podemos nos dirigir a ele, já que ele não pode responder com palavras, portanto, não um homem coletivo mas um animal coletivo, não uma consciência comum mas uma inconsciência maciça, que não raciocinará, e só será capaz das reações afetivas mais elementares.

Na famosa descrição que nos dá Stendhal da batalha de Waterloo, no começo da *Cartuxa de Parma,* vemos bem que nenhuma façanha, nenhuma ilustração é mais possível (ao contrário das batalhas revolucionárias de alguns anos antes). Os exércitos estão reduzidos a multidões que obedecem passivamente a ordens cujas razões elas não podem compreender. E Fabrício, o espectador, que queria tornar-se ilustre, não é capaz nem mesmo de discernir as hierarquias:

Um quarto de hora depois, por algumas palavras ditas por um hussardo a seu vizinho, Fabrício compreendeu que um daqueles generais era o célebre Marechal Ney; entretanto, ele não pôde adivinhar qual dos quatro generais era o Marechal Ney...

O próprio Stendhal ressalta admiravelmente a distância que separa a guerra atual: choque de multidões passivas conduzidas por indivíduos escondidos, da guerra cavalheiresca:

Ele começava a se imaginar amigo íntimo de todos os soldados com os quais ele galopava há algumas horas. Via, entre estes e ele mesmo, aquela nobre amizade dos heróis de Tasso e Aristóteles...

Alguns instantes mais tarde:

Ele começou a chorar pesadas lágrimas. Ele desfazia um a um todos os seus belos sonhos de amizade cavalheiresca e sublime, como a dos heróis de *Jerusalém Libertada*...

Ao passo que, na epopéia, a linguagem percorre de ponta a ponta o espaço social, cada nobre em seu domínio podendo comunicar-se com o mais obscuro, e a conversa entre os nobres estabelecendo entre eles uma circulação ininterrupta de consciência, aqui o indivíduo, espiritualmente nobre, mas perdido na multidão, depara com um corte catastrófico. Todos parecem falar a mesma língua, e no entanto a comunicação se revela impossível entre o escritor ou seu herói, fechado em si mesmo, e essa multidão ameaçadora. Essas pessoas com as quais ele não se entende mais, e que são no entanto a origem de todo poder, ele bem o sabe, portanto o assunto por excelência de suas narrativas, deverão ser descritas como animais, e em breve como objetos. Essa tendência do romancista naturalista para uma total exterioridade, que não é finalmente senão o momento crítico do individualismo romanesco, aquele em que sua insuficiência explode, vai em breve torná-lo totalmente obscuro para ele mesmo. Obrigado a reconhecer que ele é, apesar de suas diferenças, uma dessas pessoas, ele será como que devorado pela estranheza absoluta que ele conserva com relação a elas. A distância que ele pretende manter com relação a tudo aquilo que não é ele mesmo introduzir-se-á fatalmente em seu próprio interior; ele correrá o risco de esvaziar-se numa espécie de fuga desvairada.

Quanto ao realismo socialista, ele se reduz infelizmente, muitas vezes, a uma simples justaposição de movimentos de multidão e de aventuras individuais, sem chegar a estabelecer entre esses dois pólos um meio-termo autêntico. Desse ângulo, ele permanece no nível de uma falsa epopéia, em que a ligação orgânica da nobreza foi abolida sem que nada a substituísse. Pula-se da biografia do dirigente insubstituível à descrição da multidão que ele comanda, sem poder captar uma continuidade. O único papel que pode representar tal literatura é o de manter a hierarquia que se estabeleceu, mas como ela não consegue, apesar de seus esforços, justificá-la claramente, como falta a ligação interna, essa hierarquia é constrangida a vigiá-la constantemente, ao passo que, naturalmente, nos tempos da epopéia, tal controle era perfeitamente inútil. O romancista do realismo socialista permanece quase sempre, apesar de suas boas intenções, um indivíduo perdido numa multidão estranha, e do qual os dirigentes desconfiam; o próprio fato de que ele aceite a censura, mostra que ele está consciente da defasagem.

Somente uma profunda renovação das estruturas narrativas pode permitir ultrapassar uma contradição tão grave, pode permitir, por conseguinte, ao romance, nos países em que o realismo socialista existe hoje, desenvolver sua atividade progressista fundamental. É óbvio que todas as grandes obras do passado nos darão as mais preciosas indicações nessa pesquisa.

É indispensável que a narrativa capte o conjunto da sociedade não do exterior, como uma multidão que se considera com o olhar de um indivíduo isolado, mas do interior, como algo a que se pertence, e de que os indivíduos, por mais originais, por mais eminentes que sejam, não poderiam nunca destacar-se completamente.

Toda linguagem é primeiramente diálogo, isto é, ela não pode ser a expressão de um indivíduo isolado. Toda palavra ouvida supõe uma primeira e uma segunda pessoa. Percebo o que dizem as pessoas umas às outras antes mesmo de saber quém elas são, e os dois pólos em presença se definem para mim correlativamente. A sociedade de que faço parte é um conjunto de diálogo, isto quer dizer que qualquer um pode chegar a dizer alguma coisa (não qualquer coisa) a qualquer outro, conjunto que se divide, que se organiza em subconjuntos: não falo do mesmo modo a todos os seus membros; há palavras que certas pessoas não conhecem, não compreendem, certas alusões, referências, ressonâncias que só funcionarão para alguns, em particular aqueles que tiverem feito as mesmas leituras que eu. É assim que a existência de um romance determinará automaticamente um grupo de diálogos possíveis, suas personagens, suas anedotas constituindo outras tantas referências, outros tantos exemplos colocados à disposição de seus leitores diretos ou indiretos (aqueles que tiverem lido uma resenha, tiverem ouvido falar dele etc.). A "linguagem" de um indivíduo será estritamente determinada pelos diferentes grupos a que ele pertence, no interior da sociedade; elementos de proveniência diversa poderão organizar-se, agregar-se de modo original, por vezes tão original que tal caso particular corre o risco de ser seu único interlocutor possível; se o indivíduo não conseguir ultrapassar essa barreira, sua "linguagem" se dissolverá em seus elementos, ou

69

causará sua destruição na loucura ou no suicídio; mas se, pelo contrário, ele conseguir fazer com que o ouçam, é que a configuração do grupo do qual ele é um exemplo característico é cada vez mais freqüente: a síntese, a invenção que através dele se realiza, vale para outras pessoas, vai reunir indivíduos análogos entre os quais ele instituirá um modo de comunicação, aos quais ele dará força, vai organizar um grupo social que poderá transformar profundamente a fisionomia da sociedade e toda a sua linguagem.

Assim como se começa a estudar geometria falando de pontos e dizendo que as linhas são feitas de pontos, já que se é obrigado a inverter as coisas e definir um ponto pelo encontro de duas linhas, do mesmo modo o pensamento romanesco começa por conceber os grupos como somas de indivíduos até o dia em que ele é forçado a reconhecer que um indivíduo só pode ser definido corretamente como o encontro de vários grupos.

Se eu começar uma narrativa declarando que tal indivíduo é filho de um lavrador, esses dois indivíduos não me aparecem ainda senão em sua relação comum, e sua situação comum no interior de um conjunto social ao qual eu também pertenço, tão vasto que será preciso defini-lo no espaço e no tempo; se eu acrescentar que ele é louro, é que essa qualidade o distingue de outros filhos de lavradores, ou pelo menos de outros membros desse conjunto, e que tal distinção deve ter sua importância, que há, no ambiente em que se desenrola o caso, quer uma vantagem, quer uma desvantagem em ser louro; que ele é alto, isto quer dizer mais alto que outros, ou mais alto do que nós etc.

Retomemos o exemplo do aventureiro num romance do século XVIII: esse filho de lavrador acabará por abrir seu caminho junto a um duque. Uma vez terminada sua ascensão, as palavras "lavrador" e "duque" conservaram mais ou menos o mesmo sentido, esses dois "estados" mantiveram mais ou menos a mesma distância. A hierarquia se apresenta, pois, como uma invariante com relação à qual se desloca um indivíduo cuja personalidade se enriquece pouco a pouco. Mas olhando de mais perto, vê-se que essa invariante é apenas uma abstração, e, cada vez mais, o número de aventureiros aumentando, seremos obrigados a levar em conta a deformação que se produziu durante a narrativa na própria hierarquia, de tal forma que aquilo que muda não será mais somente a posição do indivíduo que faz "carreira", mas a dos três indivíduos que nos servem de pontos de referência. Chamemo-los A, B e C; em breve, ser-me-á impossível fazer como se a distância entre B e C permanecesse constante. A aventura contada

70

não será mais a de A indo de B a C, mas a transformação da figura ABC em A'B'C'.

É preciso que haja condições muito particulares para que se possa seguir a evolução de um indivíduo passo a passo, assim como para que se possa observar os movimentos de uma multidão, do exterior. O caso geral é o da evolução conjugada de diversos indivíduos no interior de um meio em transformação mais ou menos rápida.

A uma construção romanesca linear sucede, por conseguinte, uma construção polifônica. O romance por cartas do século XVIII já nos mostra uma polifonia muito clara de aventuras individuais. Todos os grandes romances do século XIX acrescentarão, a esta, uma polifonia de fundos sociais.

Cada personagem só existe em suas relações com aquilo que a cerca: pessoas, objetos materiais ou culturais. A noção de lavrador, que se acreditava estável, não pode mais ser usada para caracterizar de uma vez por todas meu herói. Além disso, esse pai lavrador não é um lavrador como os outros, e é por isso que seu filho teve essa promoção, ou então ele é como os outros, e então todos os filhos de lavradores podem ter a mesma promoção, contanto que eles encontrem tal pessoa ou circunstância, a qual se torna então característica. O que equivale a dizer que é a carreira do aventureiro que nos esclarecerá acerca de suas origens, e por conseguinte a personalidade de seu pai, ou de qualquer outra pessoa, só será conhecida correlativamente à sua, e isto naturalmente em diversos graus, já que essa individualização se faz sempre progressivamente, com relação a um horizonte de multidão.

O que é claro e esclarecedor é essa figura, estável ou movediça, no interior da qual posso inserir-me como leitor, em tal ou tal lugar, considerando as coisas de um ponto de vista ou de outro. O indivíduo romanesco nunca pode ser inteiramente determinado, ele permanece aberto, ele me é aberto para que eu possa colocar-me em seu lugar ou, pelo menos, localizar-me com relação a ele.

Mas se podemos instalar-nos em diferentes pontos das figuras, o que está implícito numa escritura polifônica, disso não decorrerá que o percurso que nela realizo como leitor pode ser efetuado de vários modos? Assim como é raro que as aventuras de um indivíduo se destaquem a tal ponto com relação às outras que se possa escrever sua biografia linear, acompanhando mais ou menos a ordem cronológica, embora o caso geral seja o de indivíduos que evoluem uns com relação aos outros, ao mesmo tempo, do mesmo modo, se por vezes a ordem em que convém contar as aventuras pode impor-se absolutamente, não é freqüente, pelo contrário, que haja várias soluções igual-

71

mente boas, e que a decisão de contar isto antes daquilo seja finalmente arbitrária? A passagem de uma narrativa linear a uma narrativa polifônica não deverá levar-nos à pesquisa de formas móveis? Sabe-se que o progresso do pensamento polifônico na música contemporânea conduziu os compositores à mesma pergunta.

Imaginemos uma correspondência entre duas pessoas. Se cada uma esperar que a outra tenha respondido para escrever por sua vez, as cartas se disporão naturalmente em ordem cronológica, mas se elas se escreverem mais freqüentemente, enviando cada uma delas uma carta por dia, respondendo à do dia precedente, teremos duas séries intercruzadas, e será extremamente difícil encontrar cada vez uma justificação para colocar em primeiro lugar um dos dois textos contemporâneos. Isolar as séries seria apenas uma solução precária, já que se perderia a seqüência extremamente forte que formam as cartas de cada correspondente. É preciso pois dispor os textos de tal sorte que aqueles que foram escritos ao mesmo tempo apareçam ao mesmo tempo ao olhar do leitor, por exemplo, os de A no verso, os de B no reto, ao lado. Teremos então um "móbile" coerente, no qual cada leitor poderá variar seus percursos, lendo quer as páginas duplas em sua ordem habitual verso-reto, quer invertendo essa ordem, quer tomando a seqüência dos retos ou a dos versos.

Se aumentarmos o número de correspondentes, aquilo que era uma exceção se tornará a regra, haverá cada vez mais cartas contemporâneas ou intercaladas. O estudo das propriedades visuais desse objeto que é um livro permitirá trazer a tais problemas soluções inteiramente novas, que não só abrirão perspectivas imensas à arte do romance, mas colocarão à disposição de cada um de nós instrumentos para captar o movimento dos grupos de que fazemos parte.

7. PESQUISAS SOBRE A TÉCNICA ROMANESCA

1. A noção de narrativa e o papel do romance no pensamento contemporâneo

O mundo, em sua maior parte, só nos aparece por intermédio do que dele nos dizem: conversas, aulas, jornais, livros etc. Muito cedo, aquilo que vemos com nossos olhos e que ouvimos com nossos ouvidos só adquire sentido no interior desse concerto.

A unidade elementar dessa narrativa em que estamos constantemente mergulhados pode ser chamada de "informação", ou, como se diz, uma "novidade". "Sabe da novidade?" dizem-nos, "até agora se dizia isto ou aquilo, de agora em diante deve-se dizer outra coisa". Aquele que assiste a um fato inesperado torna-se portador de uma "novidade", que ele deve difundir a seu redor. A narrativa pública, o saber do mundo deve transformar-se.

Em certos casos, a "novidade" encontrará seu lugar, sem a menor dificuldade, no interior do que se dizia antes; ela implica somente uma correção de pormenor, deixando o resto intato. Mas quando o número e a importância dessas "novidades" aumentam, não sabemos mais onde as colocar, que fazer delas.

Desde então, torna-se impossível avaliar aquilo que deveríamos saber. Por mais que nossos olhos vejam e que nossos ouvidos ouçam, de nada nos servirá tudo isso. Seremos miseráveis em meio à nossa riqueza, que escapará quando desejarmos segurá-la, novos Tântalos, até o dia em que encontrarmos o meio de pôr em ordem todas essas informações, de organizá-las de modo estável.

A narrativa nos dá o mundo, mas ela nos dá fatalmente um mundo falso. Se quisermos explicar a Pedro quem é Paulo, contamos-lhe sua história: escolhemos dentre nossas lembranças, nosso saber, um certo número de materiais que arranjamos de modo a constituir uma "figura", e sabemos bem que no mais das vezes malogramos; numa medida variável, que o retrato que fizemos é, sob certos ângulos, inexato; que há variados aspectos dessa personalidade bem conhecidos por nós e que não "colam" com a imagem que dela transmitimos.

Não só quando falamos a outrem; o desajuste é igualmente grave quando falamos a nós mesmos. De repente, tomamos conhecimento de uma surpreendente "novidade" concernente a Paulo: "Mas como pode ser possível?" E em seguida a lembrança volta; não, ele não nos tinha ocultado essa intenção ou essa parte de sua vida, ele tinha até mesmo falado longamente a esse respeito, mas nós tínhamos esquecido tudo isso, nós o havíamos excluído de nosso "resumo", nós ignorávamos como ligá-lo ao restante.

Quantos fantasmas assim entre nós e o mundo, entre nós e os outros, entre nós mesmos e nós!

Ora, esses fantasmas podem ser nomeados e perseguidos. Sabemos bem que naquilo que nos contam há coisas que não são verdadeiras, não somente erros mas ficções, sabemos bem que a mesma palavra "história" designa ao mesmo tempo a mentira e a verdade, a própria consciência que temos do mundo em movimento, a "História universal", nossa vigilância, e os contos que inventamos para adormecer as crianças e aquela criança em nós que sempre tarda a adormecer; sabemos bem que o Pai Goriot não existiu do mesmo modo que Napoleão Bonaparte.

A cada instante, somos obrigados a fazer intervir nas narrativas uma distinção entre o real e o imaginário, fronteira porosa, instável, constantemente em recuo, pois aquilo

74

que ontem tomávamos por real, a "ciência" de nossos avós, o que nos parecia ser a própria evidência, hoje nos aparece como imaginação.

Impossível ceder à ilusão de que essa fronteira seria definitivamente imobilizada. Expulsem o imaginário, ele voltará a galope. O único meio de dizer a verdade, de ir à procura da verdade, é confrontar incansavelmente, metodicamente, aquilo que habitualmente contamos a nós mesmos com aquilo que vemos, ouvimos, com as informações que recebemos, isto é, "trabalhar" sobre a narrativa.

O romance, ficção mimando a realidade, é o lugar por excelência de tal trabalho; mas, desde que esse trabalho se fizer sentir suficientemente, portanto, desde que o romance conseguir impor-se como linguagem nova, impor uma linguagem nova, uma gramática nova, um novo modo de ligar entre elas as informações escolhidas como exemplos, para nos mostrar afinal como salvar aquelas que nos concernem, ele proclamará sua diferença com relação àquilo que se diz todos os dias, e aparecerá como poesia.

Existe certamente um romance ingênuo e um consumo ingênuo do romance, como descanso ou divertimento, aquilo que permite passar uma hora ou duas, "matar o tempo", e todas as grandes obras, as mais eruditas, as mais ambiciosas, as mais austeras, estão necessariamente em comunicação com o conteúdo desse enorme devaneio, dessa mitologia difusa, desse inúmero comércio, mas elas representam também um papel bem diferente e absolutamente decisivo: elas transformam o modo como vemos e contamos o mundo, e, por conseguinte, transformam o mundo. Tal "engajamento" não vale todos os esforços?

2. A seqüência cronológica

O contador original, o "aedo", que mantém, como se diz, o auditório "suspenso" a seus lábios, para melhor identificá-lo com seus heróis, deve apresentar-lhe os acontecimentos na ordem em que estes devem tê-los vivido. O tempo da narrativa aparece então como uma contração do tempo da aventura.

Digo bem os acontecimentos, pois fica imediatamente claro que não se pode descer abaixo de uma certa escala, que não se trata da ordem das palavras, nem mesmo das frases, quando muito da dos episódios. Entretanto, esse arranjo linear, mesmo grosseiro, choca-se com variadas dificuldades: o fio se quebra, volta atrás. Releiam a *Odisséia*.

Desde que haja duas personagens importantes e que elas se separem, seremos obrigados a abandonar por algum tempo as aventuras de uma delas, para saber o que fez a outra durante o mesmo período.

Toda personagem nova, olhada de um pouco mais perto, traz explicações sobre seu passado, uma volta atrás, e em breve o que será essencial para compreender a narrativa não será mais somente o passado de tal ou tal personagem, mas o que as outras sabem ou ignoram a seu respeito em determinado momento; será então preciso reservar surpresas, confissões, revelações.

Balzac, multiplicando as personagens e a elas voltando sem se cansar, encontrou-se naturalmente diante desse problema que ele trata longamente no prefácio a *Uma Filha de Eva:*

Encontramos no meio de um salão um homem que perdemos de vista há dez anos: ele é primeiro-ministro ou capitalista, nós o conhecêramos sem redingote, sem espírito público ou privado, admiramo-lo em sua glória, espantamo-nos com sua fortuna ou com seus talentos; depois vamos a um canto do salão e aí algum delicioso contador da sociedade nos revela, numa meia hora, a história pitoresca dos dez ou vinte anos que ignorávamos. Muitas vezes essa história escandalosa ou honrosa, bela ou feia, nos será contada no dia seguinte, ou um mês depois, às vezes por partes. Não há nada que seja feito de um só bloco, neste mundo, tudo é mosaico. Só podemos contar cronologicamente a história do tempo passado, sistema inaplicável a um presente que caminha.

Resolve-se geralmente essa dificuldade organizando a narrativa em torno de um fio cronológico bastante grosseiro, "forma" que qualquer precisão nas datas põe em perigo e à qual se aglomeram ao acaso referências, lembranças, explicações. Logo que se fixa a atenção sobre esse problema, percebe-se que na verdade nenhum romance clássico é capaz de seguir os acontecimentos de modo simples (aliás a poética humanista recomendava começar a narração ou o espetáculo *in media res*); é preciso pois estudar as estruturas de sucessão.

3. Contraponto temporal

Um esforço rigoroso por seguir a ordem cronológica estrita, proibindo-se todo e qualquer retorno, leva a verificações surpreendentes: toda referência à história universal torna-se impossível, toda referência ao passado das personagens encontradas, à memória, e, por conseguinte, toda interioridade. As personagens são então necessariamente transformadas em coisas. Só se pode vê-las do exterior, é mesmo quase impossível fazê-las falar. Pelo contrário, desde que fizemos intervir uma estrutura cronológica mais complexa, a memória aparecerá como um de seus casos particulares.

Apresso-me a dizer que as estruturas cronológicas de fato são de uma complexidade tão vertiginosa que os mais engenhosos esquemas utilizados, quer na elaboração da obra, quer em sua exploração crítica, nunca serão mais do que grosseiras aproximações. Eles projetam entretanto uma viva iluminação; é preciso começar pelos primeiros graus. Quando os episódios contados através de uma "volta atrás" ordenam-se eles também segundo a ordem cronológica, ocorre a superposição de duas seqüências temporais, como a de duas vozes em música. Encontra-se já um exemplo rigoroso desse "diálogo entre dois tempos" na "Narrativa de Sofrimentos" que faz parte das *Etapas no Caminho da Vida*, de Soren Kierkegaard. O narrador escreve aí um "diário" do ano precedente, entremeado de anotações sobre o presente:

As linhas que escrevo de manhã se referem ao passado e pertencem ao último ano; as que escrevo agora, esses "pensamentos noturnos", constituem meu diário do corrente ano.

É entre essas duas "vozes" que se manifesta uma "espessura" ou uma "profundidade" psicológica.

Aqui o paralelismo foi procurado com imenso cuidado. Está claro que podemos aumentar o número de vozes. Imaginemos que o narrador mantenha não só um duplo, mas um quádruplo diário; inevitavelmente, multiplicar-se-ão no interior da obra as inversões cronológicas. Vamos percorrer o tempo a contracorrente, mergulhando cada vez mais profundamente no passado, como um arqueólogo ou um geólogo que, em suas escavações, encontram primeiramente terrenos recentes e depois, um a um, alcançam os antigos.

A aparição de novos dados modificará por vezes a tal ponto aquilo que se sabia de uma história, que será necessário dizê-la duas vezes, ou mais.

Paralelismos, inversões, retomadas, o estudo da arte musical mostra que estes são dados elementares de nossa consciência do tempo.

Cada acontecimento aparece como podendo ser o ponto de origem e de convergência de várias seqüências narrativas, como um núcleo cujo poder é cada vez maior com relação àquilo que o cerca. A narração não é mais uma linha, mas uma superfície na qual isolamos um certo número de linhas, de pontos, ou de agrupamentos notáveis.

A essas voltas atrás precisamos acrescentar todos aqueles olhares para frente que são os projetos, esse mundo das possibilidades.

4. Descontinuidade temporal

Cada vez que abandonamos uma camada de narrativa em proveito de outra, o "fio" se rompe. Toda narração se propõe a nós como um ritmo de plenos e de vazios,

pois não somente é impossível contar todos os acontecimentos numa sucessão linear, como também dar toda a
série de fatos no interior de uma seqüência. Só vivemos
o tempo como continuidade em certos momentos. De
quando em quando, a narrativa procederá por fluxos, mas
entre essas ilhotas flutuantes, daremos, quase sem perceber,
enormes saltos.

O hábito nos impede de prestar atenção a essas fórmulas que pululam nas obras mais corridas, mais fluidas:
"no dia seguinte...", "algum tempo depois...", "quando
eu o revi..."

Como a vida contemporânea acentuou prodigiosamente
a brutalidade desse descontínuo, muitos autores começaram
a proceder por blocos justapostos, desejando fazer com
que sintamos bem os cortes; há nisso certamente um progresso, mas assim como, no mais das vezes, as voltas atrás
vinham ao acaso, no correr da pena, ao sabor da inspiração
do momento, sem controle, assim também esses cortes são
freqüentemente operados sem grande justificação.

Trata-se de precisar uma técnica da interrupção e do
salto, e isto estudando-se naturalmente os ritmos objetivos
sobre os quais repousa de fato nossa avaliação do tempo,
as ressonâncias que se produzem no interior desse elemento.
Ainda aqui, a atenção prestada àquilo que geralmente se
considera óbvio revela uma inesgotável riqueza.

Quando utilizo no começo de uma frase uma expressão
como "no dia seguinte...", remeto de fato a um ritmo
essencial de nossa existência, àquela retomada que se efetua
cada dia depois da interrupção do sono, a toda aquela forma
já tão prevista que é, para cada um de nós, um dia. O
tempo é então captado em sua marcação essencial. Não
só cada acontecimento será a origem de um inquérito sobre
aquilo que o precedeu, mas também acordará ecos, acen-
derá luzes em todas aquelas regiões do tempo que de antemão lhe respondem: a véspera ou o dia seguinte, a semana
anterior ou a seguinte, tudo o que pode dar um sentido
preciso a esta expressão: a vez precedente ou a vez
seguinte.

Cada data propõe assim todo um espectro de datas
harmônicas.

5. Velocidades

O branco, a justaposição pura e simples de dois parágrafos descrevendo dois acontecimentos afastados no tempo,
aparece então como a forma de narrativa mais rápida possível, uma velocidade que apaga tudo. No interior desse
branco, o autor pode introduzir uma marcação que forçará

o leitor a levar certo tempo para passar de um a outro, e sobretudo a estabelecer uma certa escala entre o tempo de leitura e o da aventura.

Na situação mais simples, a do contador, existe já uma superposição de dois tempos, o da narrativa sendo a contração do outro. Mas desde que se pode falar de um "trabalho" literário, e portanto desde que abordamos a região do romance, é preciso superpor ao menos três tempos: o da aventura, o da escritura e o da leitura. O tempo da escritura vai freqüentemente refletir-se na aventura por intermédio de um narrador. Supõe-se habitualmente entre esses diferentes escoamentos uma progressão de velocidades: assim o autor nos dá um resumo que lemos em dois minutos (que pode ter exigido duas horas para ser escrito), de uma narrativa que determinada personagem teria feito em dois dias, de acontecimentos espraiando-se em dois anos. Temos assim diferentes organizações de velocidades da narrativa. Sente-se toda a importância que poderão ter a esse respeito as passagens em que ocorre uma coincidência entre a duração da leitura e a duração daquilo que se lê, por exemplo em todos os diálogos, a partir dos quais se poderá pôr em evidência precisamente as acelerações ou as diminuições de velocidade.

No romance por cartas do século XVIII, encontra-se já uma introdução da leitura como elemento fundamental no interior do que é narrado. Nós, leitores reais, levaremos o mesmo tempo que Julie para ler a carta de Saint-Preux (mais ou menos); damos de fato a esse leitor fictício nosso diapasão, e tudo o mais se ajusta em seguida a partir daí.

O ideal da narrativa cotidiana é, certamente, o de reter apenas o importante, o "significativo", isto é, aquilo que pode substituir o resto, aquilo através do que o resto é dado e, por conseguinte, de deixar passar o resto em silêncio, e até mesmo, procedendo por graus, "demorar-se" sobre o essencial e "escorregar" sobre o secundário. Mas tal paralelismo entre o comprimento ocupado por um episódio e seu valor significativo, na maioria dos casos, é pura ilusão; uma palavra pode ter conseqüências maiores do que um longo discurso. Assistiremos portanto a inversões de estruturas. Poderemos sublinhar a importância de determinado momento por sua ausência, pelo estudo de seus arredores, e fazer sentir assim que há uma lacuna no tecido daquilo que se conta, ou algo que se esconde.

Isto só é possível graças a uma utilização metódica das marcações temporais, pois é somente quando tomamos o cuidado de dizer onde estava Pedro na segunda-feira, na terça-feira, na quinta-feira, na sexta-feira e no sábado que aparece a quarta-feira como um vazio (isto já se encontra no romance policial) ou por uma descrição cuidadosa das beiradas, dos cortes, o que nos impede nesse momento de saber mais.

6. *As propriedades do espaço*

O fluir, o correr do tempo, só é vivido por nós sob forma de levantamentos. Cada fragmento nos aparece certamente como orientado, como tendo uma duração, e como devendo orientar-se com relação a outros fragmentos, mas ele nos aparece sempre como um fragmento, apresentando-se sobre um fundo de esquecimento ou de falta de atenção.

De fato, para poder estudar o tempo em sua continuidade, e portanto poder pôr em evidência certas lacunas, é necessário aplicá-lo sobre um espaço, considerá-lo como um percurso, um trajeto.

Não é curioso que as metáforas empregadas por Bergson para tornar sensíveis certos aspectos "contínuos" de nossa experiência do tempo sejam justamente e sem querer metáforas eminentemente espaciais? A corrente da consciência, o rio, o cone da memória, ou ainda aquele torrão de açúcar que ele nos convida a observar enquanto este se dissolve pouco a pouco num copo d'água, experiência que só pode dar-nos tal sentimento de lentidão — "é preciso esperar que o açúcar derreta" — porque somos capazes de medir, verificando o que resta do volume primitivo, a velocidade do processo.

É deslocando o olhar sobre um espaço claramente imaginável que podemos verdadeiramente seguir a marcha do tempo, estudar suas anomalias. Mas o espaço no qual vivemos não é o da geometria clássica, assim como o nosso tempo não é o da mecânica que lhe corresponde; é um espaço no qual as direções não são equivalentes, um espaço sobrecarregado de objetos que deformam todos os nossos percursos, e onde o movimento em linha reta é em geral impossível de um ponto a outro, com regiões abertas ou fechadas, o interior dos objetos, por exemplo, e sobretudo um espaço que comporta toda uma organização de ligações entre os diferentes pontos: meios de transporte, referências, que fazem com que as proximidades vividas não sejam de modo algum reduzíveis às da cartografia.

Uma tentativa de aplicação de figuras geométricas simples ao espaço vivido nos permitirá desvendar várias espécies de propriedades deste espaço, das quais geralmente não se fala. Poderemos assim explorar metodicamente suas densidades, suas orientações, as influências dos diferentes lugares uns com relação aos outros. O deslocamento físico de um indivíduo, a viagem, aparecerá como caso particular de um "campo local", assim como se diz um "campo

80

magnético". Como os lugares têm sempre uma historicidade, quer com relação à história universal, quer com relação à biografia do indivíduo, todo deslocamento no espaço implicará uma reorganização da estrutura temporal, transformações nas lembranças ou nos projetos, naquilo que vem em primeiro plano, mais ou menos profundo e mais ou menos grave.

Notemos de passagem que, se é fácil encontrar pontos de relativa coincidência, no que concerne às durações, a forma habitual dos nossos livros não o permite tão diretamente, no que se refere aos espaços. É por isso que encontramos tal esforço, em certas obras contemporâneas, para impor "visões" inequívocas à imaginação do leitor, aquelas descrições minuciosas de objetos, com suas dimensões precisas e a situação dos pormenores: o que está acima, o que está à direita, esse novo realismo óptico que tanto tem surpreendido.

Essa atenção concedida aos objetos acarreta necessariamente a consideração acerca das propriedades do próprio livro como objeto, a utilização sistemática de seu espaço, o emprego de ilustrações etc.

7. Pessoas

Na leitura do mais simples episódio de um romance, há sempre três pessoas implicadas: o autor, o leitor, o herói. Este último toma normalmente a forma gramatical da terceira pessoa do verbo: é aquele de quem nos falam, cuja história nos contam.

Mas é fácil ver que vantagens pode haver para o autor em introduzir na obra um representante dele mesmo, aquele que nos conta sua própria história, dizendo-nos "eu".

O "ele" nos deixa no exterior, o "eu" nos faz entrar no interior, mas esse interior corre o risco de ser fechado como o gabinete escuro onde o fotógrafo revela seus clichês. Essa personagem não pode dizer-nos o que ela sabe de si mesma.

Eis por que se introduz por vezes na obra um representante do leitor, daquela segunda pessoa à qual o discurso do autor se dirige: aquele a quem se conta sua própria história.

Essa primeira e sobretudo essa segunda pessoa romanescas não são mais pronomes simples como os que utilizamos nas conversas reais. O "eu" esconde um "ele"; o "vós" ou o "tu" esconde as duas outras pessoas e estabelece entre elas uma circulação.

O romancista procurará tornar tão aparente quanto possível essa circulação, fazendo variar as relações entre pessoas verbais e personagens: assim, nos romances por cartas, cada personagem importante se tornava por sua vez "eu", "vós", "ele".

A essas permutações vão combinar-se superposições: o narrador que, como o romancista, "dá a palavra" e a primeira pessoa a outro alguém.

Realiza-se assim toda uma arquitetura pronominal que vai permitir introduzir num conjunto romanesco uma nova claridade e, portanto, explorar e denunciar novas obscuridades.

Um estudo mais aprofundado das funções pronominais mostraria sua estreita ligação com as estruturas temporais. Para tomar um único exemplo, um processo como o "monólogo interior" é a ligação de uma narrativa na primeira pessoa com a abolição imaginária de toda distância entre o tempo da aventura e o da narrativa, a personagem nos contando sua história no instante mesmo em que ela ocorre. Uma noção como a de "subconversa" permite quebrar a prisão na qual o monólogo interior clássico permanece fechado, e justificar de modo bem mais plausível os retornos e as rememorações.

O jogo dos pronomes não só permite distinguir as personagens umas das outras, mas é também o único meio que temos de distinguir adequadamente os diferentes níveis de consciência ou de latência que cada uma delas constitui, e de situá-las entre outras e entre nós.

8. A transformação das frases

Ligações dos tempos, dos lugares e das pessoas, estamos em plena gramática. Será preciso pedir ajuda a todos os recursos da língua. A pequena frase que nos recomendavam nossos professores de outrora, "leve e pouco vestida", não bastará mais. Assim que abandonarmos os caminhos conhecidos, será necessário precisar qual é a "conjunção" entre duas orações que se seguem. Não se poderá mais deixá-la subentendida. Desde então as pequenas frases vão reunir-se em grandes frases, quando for preciso, o que permitirá utilizar plenamente, como certos grandes autores de outrora, o magnífico leque de formas que nos propõem as conjugações.

Quando esses conjuntos verbais se tornarem demasiadamente consideráveis, eles se dividirão naturalmente em parágrafos, se escorarão em repetições, jogarão com todos os contrastes de cores que permitem os diferentes "estilos", por meio de citações ou paródias, isolarão suas partes enumerativas por uma disposição tipográfica apropriada.

Assim o pesquisador aperfeiçoa nossas ferramentas.

9. *Estruturas móveis*

Quando se dedica tanto cuidado à ordem na qual são apresentadas as matérias, coloca-se inevitavelmente a questão de saber se essa ordem é a única possível, se o problema não admite várias soluções, se não se pode e deve prever no interior do edifício romanesco diferentes trajetos de leitura, como numa catedral ou numa cidade. O escritor deve então controlar a obra em todas as suas diferentes versões, assumi-las como o escultor responsável por todos os ângulos sob os quais se poderá fotografar sua estátua, e pelo movimento que liga todas essas vistas.

A Comédia Humana já dá o exemplo de uma obra concebida em blocos distintos que cada leitor, de fato, aborda numa ordem diferente. Nesse caso o conjunto dos acontecimentos contados permanece constante. Qualquer que seja a porta pela qual entremos, é a mesma coisa que aconteceu; mas podemos ter a idéia de uma mobilidade superior, igualmente precisa e bem definida, tornando-se o leitor responsável por aquilo que acontece no microcosmo da obra, espelho de nossa humana condição, em grande parte sem que ele o saiba, está claro, como na realidade, cada um de seus passos, de suas escolhas, adquirindo e dando sentido, esclarecendo-o acerca de sua liberdade.

Um dia, sem dúvida, lá chegaremos.

II. OS ESCRITORES

8. BALZAC E A REALIDADE

I

É para mim particularmente agradável falar de Balzac justamente porque, na maior parte do tempo, usam-no como uma espécie de espantalho para tentar intimidar toda tentativa de renovação, de invenção, no romance contemporâneo. Opõe-se de um modo simplista o romance dito "balzaquiano" ao romance moderno, isto é, a todas as obras importantes do século XX; ora, é um brinquedo de criança mostrar que esse romance "balzaquiano" atual só se inspira, na realidade, em uma ínfima parte da obra de Balzac e que os únicos herdeiros legítimos deste grande homem, nos últimos cinqüenta anos, são Proust, Faulkner etc.

Infelizmente os críticos que brandem o nome de Balzac como uma espécie de escudo, os romancistas reacionários que pretendem escrever "à Balzac", conhecem-no manifestamente muito mal; leram dois ou três dos capítulos mais batidos da *Comédia Humana, Eugénie Grandet,* por exemplo, ou *O Cura de Tours,* e pararam por aí; a desgraça é que, por vezes, certos espíritos bastante abertos, bastante avançados, deixam-se intimidar por essa propaganda e declaram-nos querer sacudir a tirania de Balzac, querer escrever de um modo anti-Balzac, opondo-se a uma noção de Balzac ridiculamente insuficiente.

Certamente, trata-se de uma obra tão enorme que é extremamente difícil conhecê-la toda; cada um escolhe nela mais ou menos o que lhe convém. Muito raros, finalmente, são aqueles que leram Balzac todo, o que é entretanto indispensável para uma apreciação verdadeira. Encontram-se felizmente cada vez menos pessoas pretendendo julgar a obra de Proust tendo lido apenas dois ou três volumes, mas é ainda muito freqüente encontrar em espíritos bastante cultos esta reação: "Balzac, oh, naturalmente não li todo. — Sim, você não leu as obras da juventude que ele renegou, você também não leu provavelmente os *Contes Drolatiques* nem o teatro, mas pelo menos, já que você fala de Balzac, já que você opõe Balzac a nós, ou você se opõe a Balzac, você leu todos os fragmentos desse grande romance inacabado que é a *Comédia Humana?* — Li pelo menos cinco ou seis. — Como? E você fala de Balzac, e você tem teorias sobre Balzac, isso não é sério; você falaria de Baudelaire tendo lido somente cinco ou seis poemas dos quais você não sabe nem ao menos se foram bem ou mal escolhidos? Infelizmente, isso acontece!"

Em geral, as pessoas saem dessa declarando: Balzac é certamente um grande escritor mas um escritor desigual; é mais ou menos como se se dissesse: a basílica de Vézelay é um admirável monumento, mas todas as pedras que o compõem não são igualmente interessantes. Pouquíssimos leitores, mesmo hoje, são capazes de perceber o conjunto, e por conseguinte a justificação dessas partes que, consideradas isoladamente, não são com efeito mais apaixonantes do que as pedras reunidas nas colunas ou nas paredes de Vézelay.

Mas essa escolha, no interior da *Comédia Humana,* que isola dois ou três elementos para rejeitar o resto como esteticamente inferior, revelou-se no curso da história literária dos cem últimos anos como extremamente contingente; a linha de separação entre o bom e o mau na *Comédia Humana* não passava absolutamente no mesmo lugar para Paul Bourget, digamos, para Proust, e para Baudelaire ou Albert Béguin; já é portanto tempo de deixar de considerar a obra de Balzac aos pedacinhos e de enfrentá-la em seu movimento geral; no que concerne à relação de Balzac com as formas mais audaciosas do romance moderno, podemos

88

propor grosseiramente esta fórmula: se se tomar um romance, quase ao acaso, dentre aqueles que compõem a *Comédia Humana,* é bastante fácil mostrar o que o opõe à literatura atual, o que há nele de fora de moda e de ultrapassado, mas se se tomar a obra no seu conjunto, descobre-se que sua riqueza e sua audácia estão bem longe de terem sido até o presente apreciadas em seu justo valor, e que ela é, por conseguinte, para nós, uma mina inesgotável de ensinamento.

A obra de Balzac é incomparavelmente mais revolucionária do que pode parecer a uma leitura fragmentária e superficial; dentre as novidades que ela traz, algumas foram exploradas sistematicamente no decorrer do século XIX, outras só encontraram ecos nas obras mais originais do século XX, e esta fecundidade está bem longe de esgotar-se.

II

Comecemos por fazer notar a que ponto Balzac é voluntária e sistematicamente inovador, que consciência ele tem de sua originalidade como romancista, a que ponto ele considera sua técnica e sua invenção técnica como abertas, como suscetíveis de transtornos surpreendentes, bem longe de se imobilizar nesse academismo que lhe atribuem em conseqüência de um completo mal-entendido, e no qual se atolam seus falsos discípulos.

Há, como sabemos, na *Comédia Humana,* toda uma galeria de homens de gênio: pintores geniais, músicos geniais, criminosos geniais; era impossível, claro, que não houvesse lá um romancista genial. Cabe-lhe um papel bastante apagado nessa construção inacabada, mas ele tem apesar de tudo tempo suficiente para lançar uma proclamação em favor de um "novo romance". Ele se chama d'Arthez, e na segunda parte das *Ilusões Perdidas, Um Grande Homem de Província em Paris,* ele encontra o jovem Lucien de Rubempré, que desembarca de Angoulême trazendo sob o braço seu livro de sonetos *As Margaridas,* mas também o manuscrito de um romance histórico: *O Arqueiro de Carlos IX.* D'Arthez é o centro de um grupo de jovens gênios, de rapazes que estão em posse da verdade, e que se opõem ao mundo brilhante da imprensa, que vai tentar o jovem provinciano para acarretar finalmente sua perda. Lucien confia seu romance à leitura de d'Arthez, que lhe faz esta declaração:

Você está num belo e correto caminho, mas sua obra precisa ser remanejada. Se você não quer ser o macaco de Walter Scott, é preciso que você crie uma maneira diferente, e você o imitou. Você começa, como ele, por longas conversas para situar suas personagens; depois de elas terem conversado, você chega à descrição e à ação. Esse antagonismo necessário

89

a toda obra dramática vem por último. Inverta os termos do problema. Substitua essas conversas difusas, magníficas em Scott, mas desprovidas de cor no seu livro, por descrições às quais se presta tão bem nossa língua. Que em sua obra o diálogo seja a conseqüência esperada coroando os preparativos. Entre primeiro na ação. Tome seu assunto ora de través, ora pela cauda; enfim, varie seus planos para não ser nunca o mesmo... Cada reinado autêntico, a partir de Carlos Magno, exigirá pelo menos uma obra, e às vezes quatro ou cinco, como Luís XIV, Henrique IV, Francisco I. Você fará assim uma história da França pitoresca na qual você pintará as vestimentas, os móveis, os interiores, a vida privada, sempre mostrando o espírito do tempo, ao invés de narrar penosamente fatos conhecidos. Eis um modo de ser original mostrando os erros populares que desfiguram a maior parte de nossos reis. Ouse, em sua primeira obra, restabelecer a grande e magnífica figura de Catarina, que você sacrificou aos preconceitos que ainda planam sobre ela...

Sabe-se que o próprio Balzac esforçou-se por realizar o projeto de d'Arthez no espantoso tríptico *Sobre Catarina de Médicis*. É muito divertido notar nesse texto que muitos romances qualificados hoje como balzaquianos teriam sido considerados por ele como servis imitações de Walter Scott. É interessante sublinhar nele o que chamarei de princípio de variação e de exploração sistemática da forma. Mas a vitória definitiva de Balzac sobre seu grande precursor, sua libertação com respeito a ele, exprime-se por uma invenção extraordinária que vai transformar inteiramente a estrutura de sua obra, permitindo-lhe fazer do romance "à Walter Scott" um detalhe ou um capítulo daquilo que ele considera como seu romance. Trata-se da volta das personagens. Num texto admirável, cuja leitura é indispensável para qualquer pessoa que deseje ultrapassar a concepção escolar que se tem muito freqüentemente de Balzac, o *avant-propos* de 1824, ele retoma as idéias que tinha atribuído a d'Arthez, elaborando-as:

Walter Scott elevava pois, ao valor filosófico da história, o romance... Mas tendo menos imaginado um sistema do que encontrado sua maneira no calor do trabalho ou pela lógica desse trabalho, não pensou em ligar suas composições uma a outra de modo a coordenar uma história completa, da qual cada capítulo seria um romance, e cada romance uma época. Percebendo essa falta de ligação, que aliás em nada diminui o escocês, vi ao mesmo tempo o sistema favorável à execução de minha obra e a possibilidade de executá-la.

Em Walter Scott e nos outros romancistas para ele clássicos: Longus, Rabelais, Cervantes, o Abade Prévost, Richardson, Defoe, Lesage, Macpherson que ele considera como romancista, Rousseau, Sterne, Goethe, Chateaubriand, Madame de Staël, Benjamin Constant e Bernardin de Saint-

90

Pierre, ele descobre a possibilidade de representar uma época da história por uma personagem romanesca, portanto de representar toda a sucessão das épocas históricas por uma sucessão de personagens ligadas por aventuras; transpõe essa sucessão numa simultaneidade, descobrindo que essas personagens representam não só épocas mas "espécies" diferentes. Portanto, renunciando pouco a pouco àquele projeto de uma história geral da humanidade, ele se concentra na descrição da sociedade contemporânea, mundo cuja riqueza se desenvolve cada vez mais sob seus olhos, e cuja pintura se tornou possível graças à prática da volta das personagens, técnica que tem primeiramente a vantagem de ser de certo modo uma elipse romanesca, um meio de encurtar consideravelmente uma narrativa que seria de outro modo desmesuradamente longa.

Ele coloca assim o problema: "Como tornar interessante o drama de três ou quatro mil personagens que apresenta uma sociedade?"

É evidente primeiro que essa sociedade comporta mais de três ou quatro mil personagens, e em seguida, que seria impossível estudar em detalhe essas três ou quatro mil; é preciso pois que tal personagem seja representativa de toda uma classe e, quando ela tiver sido descrita em determinadas circunstâncias, possa servir em outras. Se se tiver necessidade, para apresentar certo drama, de um tabelião, por exemplo, inútil descrever de novo sua casa, sua vida conjugal, bastará referir-se a outra obra na qual ele já aparece.

O princípio de volta das personagens é pois primeiramente um princípio de economia, mas ele vai ter conseqüências extraordinárias que, pode-se dizer, transformarão fundamentalmente a própria natureza do trabalho romanesco.

Com efeito, cada uma das obras particulares vai abrir-se para outras obras, as personagens que vão aparecer em tal ou tal romance não ficarão nele encerradas, elas remeterão a outros romances nos quais encontraremos a seu respeito informações complementares.

Em cada um dos elementos desse conjunto, não nos será dado, com relação a cada personagem, mais do que o indispensável para uma compreensão superficial da aventura em questão; e ser-nos-á possível ir mais longe, graças à leitura dos outros livros nos quais essas mesmas personagens aparecem, de modo que a estrutura e o alcance de cada romance individual se transforma segundo o número de outros romances que tivermos lido; tal história que nos pareceu linear e um pouco simplista à primeira leitura, no momento de nossa ignorância do mundo balzaquiano, revela-se mais tarde como o ponto de encontro de todo um conjunto de temas já explorados em outra parte.

Encontramo-nos, por conseguinte, diante de um certo número de facetas ligadas umas às outras e entre as quais podemos passear.

Trata-se do que podemos chamar um "móbile" romanesco, um conjunto formado de certo número de partes que podemos abordar quase na ordem que desejarmos; cada leitor recortará, no universo da *Comédia Humana,* um trajeto diferente; é como uma esfera ou uma muralha com múltiplas portas.

Vê-se que a volta das personagens ou sua persistência de um romance a outro se revela, em Balzac, de um alcance bem mais vasto do que naquilo que se chama *roman-fleuve, À Procura do Tempo Perdido,* por exemplo, no qual as diversas unidades secundárias, os diversos tomos, seguem-se segundo a ordem do calendário, onde se retomam no volume seguinte as personagens no ponto, no momento de sua vida em que as tínhamos deixado no romance precedente.

Essa sucessão cronológica das aventuras, das unidades romanescas, não é para Balzac mais do que um caso particular das combinações possíveis, caso particular magnificamente ilustrado por essa espécie de espinha dorsal da *Comédia Humana* que forma a seqüência: *Ilusões Perdidas, Esplendor e Miséria das Cortesãs, A Última Encarnação de Vautrin.* Mas sabe-se bem que para apreciar verdadeiramente *Esplendor e Miséria,* é necessáro beneficiar da iluminação oblíqua dada pelo *Pai Goriot,* e da lateral dada pela *Casa Nucingen.*

Na redação da *Comédia Humana,* Balzac não segue de modo algum a ordem cronológica, explora pouco a pouco os aspectos de uma realidade que evolui sob seus olhos, e, para fazê-lo, usa freqüentemente o processo da volta ao passado; no que concerne ao leitor, é impossível encontrar um modo de leitura da *Comédia Humana* que satisfaça a uma cronologia simples; sabe-se aliás que, nos romances tomados individualmente, a seqüência temporal apresenta sempre complexidades. Se tomarmos as personagens principais do universo balzaquiano, veremos que qualquer que seja a ordem de leitura adotada, suas aventuras se apresentarão segundo seqüências diferentes, como dizia d'Arthez: ora de través, ora pela cauda. Do "Livro" com que sonhou Mallarmé, e que ele não pôde realizar no plano da poesia lírica, Balzac já havia dado um prodigioso exemplo no plano romanesco.

III

Mas o princípio da volta das personagens não tem somente a vantagem de provocar uma multiplicação e uma exploração quase automáticas das estruturas romanescas, ele traz também uma notável solução ao problema das relações do romance com a realidade, justificando perfeitamente a introdução de personagens reais no interior de um universo romanesco.

É preciso ver como as personagens balzaquianas se destacam progressivamente das personagens reais; como a ficção, nele, se constitui metodicamente no interior de um estudo da realidade.

Como se trata, para ele, de efetuar uma descrição datada historicamente, é-lhe indispensável fazer intervir de tempo em tempo personagens cuja individualidade está estreitamente ligada a tal ou tal nação ou a tal ou tal período. Querendo situar determinado episódio, é-lhe necessário falar de Napoleão, por exemplo, ou de Luís XVIII, e essas são referências tão comuns, tão conhecidas, que não podem de modo algum ser substituídas. São personagens históricas, e sua historicidade se exprime pelo fato de que é não só possível mas inevitável encontrar informações a seu respeito fora do romance particular ou do mundo romanesco da *Comédia Humana*.

Esta característica tem para o romancista uma enorme desvantagem: ele não está livre com relação a essas personagens, ele não pode atribuir-lhes, imaginar a seu respeito aventuras diferentes daquelas que ele efetivamente conhece, sob pena de ser desmentido por algum documento, sob pena, nos casos mais graves, de ser acusado de mentira ou de difamação; como elas são únicas, ele não pode batizá-las com um outro nome, sob pena de deformar a situação que elas deviam justamente designar.

No outro extremo da escala social, encontramos classes de indivíduos quase intercambiáveis: os porteiros, por exemplo, ou os tabeliães: é então extremamente fácil para o romancista inventar um tabelião que não existe nos registros civis e que seja entretanto perfeitamente verossímil, sobre o qual, por conseguinte, a imaginação romanesca pode desabrochar em toda sua liberdade e em toda sua força.

Temos pois dois pólos: de um lado, personagens como os reis e os imperadores, insubstituíveis porque é de sua natureza serem conhecidos individualmente como tais, mas sobre os quais, por conseguinte, o romancista não pode dizer grande coisa; do outro lado, as personagens obscuras das quais o romancista pode dizer tudo o que quiser, porque é de sua natureza serem substituíveis, porque elas são sem-

93

pre várias e porque é perfeitamente normal que não conheçamos os seus nomes.

Entre esses dois pólos se encontra uma região particularmente interessante, a das pessoas célebres, quero dizer as personagens cuja celebridade representará um papel na narrativa, por exemplo, os poetas ou os pintores; sua celebridade faz deles pontos de referência quase obrigatória, sua pluralidade permite que se lhes acrescente um colega romanesco que pode ser o duplo de um deles, uma personagem *à clef*.

Assim, quando Balzac fala do mundo literário que lhe é contemporâneo, é obrigado a mencionar Lamartine, Victor Hugo etc., senão o leitor não reconheceria esse mundo, mas se ele quer falar de um poeta individual, não pode tomar diretamente como exemplo Lamartine, ou para falar de uma romancista, George Sand, pois correria o risco, ao atribuir-lhe certas aventuras, de ser acusado de mentira; ele as substitui então por representantes: Canalis ou Camile Maupin.

Ora, essas cópias, esses duplos vão fatalmente desligar-se progressivamente de seus modelos reais, à medida que esses se tornam mais célebres, suas aventuras mais conhecidas do público, e cada vez mais, é claro, distintas das que lhe são atribuídas na *Comédia Humana*.

Pode-se portanto distinguir três etapas na constituição de tais personagens: elas são primeiramente um exemplo entre outros, um poeta como os outros, um poeta comum do mesmo modo que temos um tabelião comum, mas como o poeta possui justamente uma individualidade reconhecida, como o poeta comum seria justamente um poeta medíocre, é necessário atribuir-lhe uma originalidade que se molda primeiramente sobre uma originalidade existente: Canalis-Lamartine, mas logo a originalidade da personagem *à clef* se destacando da originalidade real. Canalis, destacando-se de Lamartine a tal ponto que pode aparecer ao lado deste numa enumeração, começa a representar não mais tal poeta existente, mas justamente uma possibilidade do poeta que não existe mais na realidade e que deveria existir, ele preenche uma ausência que se revela no real, e tem essa particularidade de ser bem mais claro do que seus colegas existentes, muito mais revelador. Assim, em várias passagens da *Comédia Humana*, Balzac substituirá, nas novas edições, Lamartine por Canalis, personalidade que se tornou ainda mais conhecida, palavra cuja significação é bem mais precisa.

Balzac escreve: "Vendo reaparecer no *Pai Goriot* algumas das personagens já criadas, o público compreendeu uma das mais ousadas intenções do autor, a de dar vida

94

e movimento a todo um mundo fictício cujas personagens subsistirão talvez ainda, quando a maior parte dos modelos estiverem mortos e esquecidos."

Assim, num dos romances tomados em particular, as personagens reais nos remetem a toda uma literatura, uma imprensa, uma conversa, as personagens imaginárias importantes nos remetem a outros romances, a uma literatura muito mais próxima; essas duas categorias de personagens formam como duas esferas concêntricas: a do real, muito mais vasta, onde eles são extremamente numerosos e onde reconhecemos Napoleão, Luís XVIII, Lamartine e Victor Hugo, a da *Comédia Humana,* onde todas as relações são de certa forma encurtadas, onde reconhecemos Vautrin, Rastignac, Canalis etc. Com relação a cada uma das faces dos estudos sociais, o conjunto constitui, por conseguinte, como que um real mais próximo: a relação daquilo que se diz de uma personagem fictícia num romance, com o que dela se diz nos outros, sendo exatamente a mesma daquilo que se diz de uma personagem real na *Comédia Humana* com o que dela se diz alhures.

IV

Essas relações inter-romanescas são muito complexas. As personagens fictícias só podem representar grupos de personagens reais porque, na própria realidade, os indivíduos e os objetos têm relações de significação. Os poetas imaginários de Balzac só podem nascer porque na própria realidade, por intermédio da celebridade, os poetas se representam uns os outros. Canalis só pode representar e suplantar Lamartine porque o próprio Lamartine representa e suplanta toda uma categoria de poetas, sem falar do fato de que ele representa uma quantidade de outros homens, dando-lhes de certa forma seu nome.

Existe pois toda uma organização do real com relação à sua representação, toda uma organização que o romancista somente leva mais longe: as divisões que Balzac introduziu no interior dos *Estudos Sociais* são como um reflexo ou uma transposição desta organização.

Com efeito, não se pode deixar de notar a aparência arbitrária dessa classificação: *Cenas da Vida Privada, Cenas da Vida de Província, Cenas da Vida Parisiense, Cenas da Vida Política, Cenas da Vida Militar, Cenas da Vida do Campo,* já que encontramos nas *Cenas da Vida Privada* passagens situadas em Paris ou na província, episódios militares ou políticos etc. É que cada uma dessas regiões está evidentemente em comunicação com todas as outras, e que os termos empregados designam antes de tudo a ênfase posta em certo tipo de relações, que encontram sua melhor ilustração em meios como a província, Paris ou o exército; é assim fácil ver que as *Cenas da Vida Privada* se dirigem ao leitor do modo mais simples possível, e que foi por isso que Balzac as colocou no começo de sua obra: girando todas em torno do tema do casamento, elas têm um alcance moral muito simples, elas procuram esclarecer a juventude e evitar que ela cometa erros fatais.

As *Cenas da Vida Privada* são, em toda a obra, as que mais se aproximam da vida cotidiana do jovem leitor médio. O cenário é situado ora em Paris, ora na província, conforme a conveniência da anedota contada.

Essa conveniência do cenário, da geografia, vai ser acentuada por Balzac nas *Cenas da Vida de Província*, que têm como principal objetivo informar o leitor parisiense sobre uma realidade que ele conhece mal; mas esse aspecto documentário é acrescido de um estudo muito mais profundo, pois cada uma das cidades de província consideradas se revela como sendo particularmente característica de um aspecto de todas as outras, cada uma é tomada, por conseguinte, ao mesmo tempo como uma cidade comum e como a cidade que convém à história contada, aquela onde essa história pôde ou poderia ter tomado sua forma mais significativa.

Se as cidades de província estão, de certo modo, em pé de igualdade, e se representam umas as outras, cada uma isolando de modo particularmente claro um aspecto de seu funcionamento, Paris se encontra, com relação a todas elas, numa situação privilegiada: não é uma cidade como as outras, não tem com as outras essa relação de significação recíproca, é de certo modo sua multiplicação, a figura concentrada do conjunto de suas relações. A cidade de Paris está, com relação ao resto da França, como os *Estudos Sociais* com relação ao real, ela é seu sonho ou seu romance, ela é, em seus recônditos, o seu próprio romance, ela é o romanesco real; nela poderão pois acontecer coisas inverossímeis, extraordinárias, não só para os estrangeiros, como são extraordinárias para o parisiense ignorante as *Cenas da Vida de Província*, mas até mesmo para o parisiense; depois de se ter reconhecido nas *Cenas da Vida Privada*, era preciso que ele espairecesse com as *Cenas da Vida de Província*, para poder finalmente enfrentar o estranhamento ainda maior que o espera em sua própria cidade.

Assim como a cidade de Paris reflete todas as cidades de província e é única para cada uma delas, assim um homem destacado representa os outros homens e é único para cada um deles, sendo portanto as *Cenas da Vida Política* o complemento necessário às *Cenas da Vida Parisiense* (já vimos que dificuldades de princípio encontra essa parte da obra); e assim como a cidade de Paris é não só a representação mas o sonho das outras cidades, há existências que são o sonho das outras, que são o desencadeamento daquilo que as outras só podem conter. Balzac declara: "Depois de ter pintado, nesses três livros, a vida social, restava mostrar as existências excepcionais que resumem os interesses de vários ou de todos, e que estão de certo modo fora da lei comum: daí as *Cenas da Vida Política*. Terminada e acabada essa vasta pintura da sociedade, não era preciso mostrá-la no mais violento de seus estados, saindo para fora dela, quer para defendê-la, quer para conquistá-la? Daí as *Cenas da Vida Militar*."

Viemos seguindo um estranhamento progressivo, desde as *Cenas da Vida Privada* até as *Cenas da Vida Parisiense, Política, Militar*, desde as existências habituais até existências cada vez mais excepcionais, supondo uma complexidade social cada vez maior, mas, particularmente nas *Cenas da Vida Militar*, encontraremos acontecimentos que despojam o indivíduo dessa complexidade social, que o fazem recair sobre a terra nua; pode existir, a partir da existência habitual do leitor, um outro estranhamento que o vai mergulhar numa generalidade bem mais profunda; ao invés de voltar a Paris, o caminho que passa pelas *Cenas da Vida da Província* pode afastar-se ainda mais, e levar-nos a uma região com relação à qual aquela em que vive o leitor já é romance e sonho, região cuja característica essencial será justamente o fato de aí ninguém ler, região, por conseguinte, à qual o romance não poderia de modo algum dirigir-se diretamente, e que representa para ele uma espécie de "outro" absoluto, o muro contra o qual ele se choca, e por isso mesmo, base inabalável de todos os julgamentos, referência derradeira, o real na sua última resistência à linguagem, aquilo que, próximo de nós geograficamente, está mais longe de nós mentalmente, o selvagem com quem cruzamos não na rua de uma cidade, mas numa estrada entre duas cidades: as *Cenas da Vida do Campo*.

V

Para dar a conhecer o real, Balzac conta histórias que não aconteceram; para nos fazer compreender as personagens reais, ele inventa outras semelhantes, que são uma amostra de sua espécie; mas essa amostra pode tornar-se tão notável que passará a constituir uma espécie nova, permitindo-nos captar muito melhor o funcionamento dos grupos e poderes. O problema concernente ao indivíduo se reencontra no nível dos grupos, e Balzac será então levado a constituir grupos imaginários e a explicar, para lhes dar certa verossimilhança, por que eles não são conhecidos. É assim que nas *Cenas da Vida Parisiense* e nas *Cenas da Vida Política*, um de seus temas fundamentais ou, se se preferir, um de seus instrumentos fundamentais será a sociedade secreta. Vê-se assim como o universo dos *Estudos Sociais* se desliga progressivamente do real, para constituir um universo fantástico que o completa e o esclarece.

Em todos os romances aos quais aludimos até o presente, o descolamento com relação ao real permanece no interior de certos limites. Por mais espantosas, por mais estranhas que sejam essas histórias, elas permanecem entretanto verossímeis, ao menos para Balzac, e isso não só porque elas obedecem às leis da natureza em geral, mas porque se enquadram nos limites daquilo que se pode contar num salão parisense; é no interior da conversa ou do jornalismo, das notícias que circulam, que todos esses acontecimentos estão inscritos. Essa história poderia nos ter sido contada por um de nossos amigos. Ela é pois não só possível, mas possível no interior de estreitos limites geográficos (a França e um pouco da Suíça, excepcionalmente, em *Albert Savarus*) e históricos (em grosso: depois da revolução).

Mas, da mesma forma que para falar de personagens reais, por vezes é melhor empregar personagens fictícias, assim, para falar de acontecimentos recentes é necessário fazer intervir acontecimentos antigos; para que se captem certos aspectos do cotidiano o melhor é, freqüentemente, instalar-se em pleno fantástico. Certas ligações, cujos pormenores seria difícil e longo mostrar, podem ser expressas numa abreviação impressionante. Assim como uma personagem inventada pode representar um grande número de personagens reais, um acontecimento manifestamente inventado pode resumir todo um estudo.

Essa contradição da realidade que se produz na primeira parte da *Comédia Humana* vai prosseguir na segunda, nos *Estudos Filosóficos* que têm todos, como traço comum, seu maior deslocamento com relação ao cotidiano.

Tomamos a imagem de duas esferas concêntricas para representar as relações do universo da *Comédia Humana* com o da realidade em meio à qual Balzac escrevia. No interior da *Comédia Humana*, essa relação se reflete, e o conjunto dos *Estudos Filosóficos* é como uma terceira esfera no interior da dos *Estudos Sociais;* representa, com relação a esta, o mesmo papel que esta com relação ao real: esclarecimento e contradição.

Vimos que as personagens imaginárias que povoam os *Estudos Sociais* são uma forma notável de elipse; os acontecimentos, fantásticos ou longínquos, que encontramos nos *Estudos Filosóficos* são também elipses, e ainda mais violentas. A relação entre os dois níveis da obra é particularmente clara e facilmente compreensível se considerarmos as personagens de artistas. Vê-se muito bem como Frenhofer ou Gambara, pintor e músico inverossímeis, resumem, esclarecem e levam até certo limite os pintores ou os músicos que aparecem na primeira parte.

O papel dos *Estudos Filosóficos* como núcleo de reflexão no centro da *Comédia Humana* explica alguns dos aspectos mais estranhos e até hoje menos conhecidos desta obra. Refiro-me à importância que Balzac concede a certas ciências consideradas hoje como falsas ciências: a fisiognomonia de Lavater ou a frenologia de Gall. As elipses balzaquianas, o fato de que toda uma categoria de personagem esteja representada numa única, portanto num só rosto, estreitam as ligações entre as aparências externas e a função, o temperamento etc. Na *Comédia Humana*, essas ligações obedecem a leis mais simples do que na realidade; as generalizações de Gall e Lavater, que nos parecem hoje totalmente infantis ou imaginárias, reencontram justamente todo seu valor na obra de Balzac enquanto ciência imaginária, codificando ligações interiores ao romance e cuja aplicação à realidade pode muito bem ter um valor apenas de figura. O mesmo acontece com a teoria do magnetismo animal, da eletricidade, da força material do pensamento. Tudo isso possui um grau de aplicação diferente conforme a região da *Comédia Humana* em que aparece. É muito fácil ver como essas ciências imaginárias e a filosofia imaginária de Swedenborg que coroa os *Estudos Filosóficos* em *Séraphita,* refletem as particularidades do universo balzaquiano, constituem uma elucidação provisória de suas relações com o real.

Para qualquer pessoa que se interesse pela teoria do romance, tudo isso constitui uma enorme mina de exemplos e de problemas quase inexplorada.

VI

Mas o movimento do pensamento balzaquiano não se detém nessa reflexão: depois dos *Estudos Filosóficos* vêm os *Estudos Analíticos*. Esta é certamente a parte mais negligenciada da obra e isto por uma razão muito simples: ela só existe em estado embrionário, mas é indispensável fazê-la entrar em consideração se se quer apreciar em toda sua amplitude o projeto balzaquiano.

Balzac declara no prefácio de 1842: "Enfim, depois de ter procurado, não digo encontrado, essa razão do motor social, não era preciso meditar sobre os princípios naturais e ver em que as sociedades se afastam ou se aproximam da regra eterna, do verdadeiro, do belo?" e mais adiante, depois de ter novamente descrito os *Estudos Filosóficos:*

99

"Em cima, se encontrarão os *Estudos Analíticos,* dos quais nada direi pois só um deles foi publicado, a *Fisiologia do Casamento.* Daqui a algum tempo, devo dar a público duas outras obras desse gênero. Primeiramente, a *Patologia da Vida Social,* depois a *Anatomia dos Corpos Ensinantes* e a *Monografia da Virtude.*" No prospecto de 1845, ele acrescenta um *Diálogo Filosófico e Político sobre as Perfeições do Século XIX.* Nada disso será publicado, e só possuímos um outro "estudo analítico": as *Pequenas Misérias da Vida Conjugal.* Os próprios títulos nos indicam que se trata de obras muito diferentes daquilo que comumente se chamam romances. As duas que temos são manuais humorísticos, com teoremas e axiomas ilustrados por pequenas cenas. São panfletos contra os costumes contemporâneos, no fim do inquérito sobre a sociedade o esforço para transformá-la. O movimento que conduziu até os *Estudos Analíticos* se inverte, e reencontra-se o cotidiano com uma intenção polêmica. Os dois livros que temos são *Cenas da Vida Privada,* mas contadas em tom bem diferente.

Para prestar contas da presença dos *Estudos Analíticos,* é necessário abandonar a imagem das esferas que se revela agora insuficiente, pois todo o conjunto da obra se põe em movimento, os *Estudos Analíticos* devendo apoiar-se nas *Cenas da Vida do Campo,* assim como os *Estudos Filosóficos* nas *Cenas da Vida Parisiense.* Eles deveriam ser a conclusão prática da obra, sua ponta de engajamento, sua ação imediata sobre os pontos nevrálgicos revelados, e é perfeitamente compreensível que esta parte tenha ficado em estado embrionário por causa da evolução que se produziu no interior do pensamento de Balzac enquanto ele se esforçava por realizar aquele plano ao qual era sempre preciso acrescentar novos itens.

Sabe-se que o pensamento político de Balzac é, na origem, o mais reacionário possível; seu desígnio era, como ele diz, "uma volta aos princípios que se encontram no passado pelo próprio fato de que eles são eternos", e ele declara sem ambigüidade o que são para ele esses princípios: "Escrevo à luz de duas verdades eternas, a religião e a monarquia, duas necessidades que os acontecimentos contemporâneos proclamam, e em direção das quais todo escritor de bom senso deve tentar trazer de volta nosso país."

Mas sabe-se também que o cristianismo de Balzac, mesclado de Swedenborg, teve cada vez menos a ver com o da Igreja oficial, e que a monarquia tal como era pareceu-lhe cada vez mais insatisfatória. Seu enorme trabalho romanesco teve por resultado colocar cada vez mais em questão esses princípios aos quais ele se declarava ligado, e que se revelaram a ele como cada vez mais afastados daquela verdade em busca da qual ele partira. A imensa novidade da obra provoca uma espécie de lavoura, de revolução da imagem do real que a leva bem além, politicamente, do objetivo proposto de início.

A obra de Balzac oscila sobre si mesma, e pode-se dizer que arrastou todo o romance posterior em sua reviravolta, que continuamos em sua trilha. É um trampolim sólido, podemos nos apoiar sobre ela, e há poucas invenções atuais que não possam nela encontrar seu anúncio e sua justificação. Poucas leituras, por conseguinte, são mais enriquecedoras para o romancista de hoje, introduzem melhor o leitor aos problemas do romance contemporâneo; mas cuidado com os mal-entendidos, estou falando de Balzac.

(1959)

9. OS "MOMENTOS" DE MARCEL PROUST

Os momentos mágicos que resplandecem em *À Procura do Tempo Perdido* podem ser classificados, segundo uma distinção proposta pelo próprio Proust, em dois grupos: as "impressões" e as "reminiscências". Nas últimas, a repetição perfeita de um pormenor aparentemente insignificante restitui todo o acontecimento passado do qual fazia parte esse pormenor, com uma perfeição, uma presença ainda maior do que no momento em que o fato se deu.

É bastante difícil fazer uma lista completa desses instantes de revelação e nela introduzir uma classificação rigorosa, mas alguns deles são célebres e sobre eles o autor insiste suficientemente para que formem, no curso da obra, como uma série de marcos luminosos. Gostaria de exa-

103

minar os principais, esforçando-me por seguir a ordem cronológica, de preferência àquela adotada por Proust.

Está claro que numerosas experiências similares se produziram numa época anterior àquela a qual remonta a exploração, como nos indicam algumas alusões disseminadas ao longo das reflexões sobre as mais recentes:

> Entretanto, eu descobria ao cabo de um momento e depois de ter pensado nessas ressurreições da memória que, de um outro modo impressões obscuras tinham por vezes, e já em Combray, no lado de Guermantes, solicitado meu pensamento, como essas reminiscências, mas elas escondiam não uma sensação de outrora, mas uma verdade nova, uma imagem preciosa que eu procurava descobrir por esforços do mesmo gênero que aqueles que fazemos para nos lembrar de alguma coisa... que, já em Combray, eu fixava com atenção diante de meu espírito alguma imagem que me tinha forçado o olhar, uma nuvem, um triângulo, um campanário, uma flor, uma pedra, sentindo que havia talvez sob esses sinais alguma coisa bem diferente que eu devia tentar descobrir, um pensamento que eles traduziam à maneira daqueles caracteres hieróglifos que se acreditaria representarem somente objetos materiais.

O que é curioso nesse texto, é que ele nos mostra que aquilo que essas impressões desencadeiam, é algo ainda mais próximo da "reminiscência" platônica do que aquilo que o próprio Proust designa por esse nome.

Nunca saberemos o que ele tinha pressentido através dessas pedras, desses triângulos ou dessas nuvens; ele não julgou conveniente insistir sobre essas antigas fissuras da casca das coisas; mas a palavra "campanário" nos remete ao começo de *Do lado de Swann*, e àquelas ruas de Combray que, diz-nos ele, "existem numa parte de minha memória tão recuada, pintadas com cores tão diferentes das que agora revestem o mundo para mim, que na verdade elas me parecem todas, assim como a igreja que as dominava na praça, ainda mais irreais do que as projeções da lanterna mágica, e que em certos momentos, parece-me que... poder alugar um quarto na rue de l'Oiseau..., seria entrar em contato com um além mais maravilhosamente sobrenatural do que conhecer Golo ou conversar com Geneviève de Brabant.

A primeira "impressão" que é descrita de forma mais ou menos longa é aquela embriaguez do cheiro dos espinheiros, que precede, como um sinal anunciador, a primeira aparição de Gilberte. O sentimento de pergunta feita de repente pelas coisas é sublinhado por uma espécie de brusca suspensão do tempo, comparável àquela que descrevem, a meu ver, os mais belos poemas de Pierre Reverdy:

Dividindo a altura de uma árvore incerta, um invisível pássaro procurava o jeito de fazer com que o dia parecesse curto, explorava com uma nota prolongada a solidão circundante, mas dela recebia uma réplica tão unânime, um choque devolvido tão redobrado de silêncio e de imobilidade, que dir-se-ia ter ele acabado de imobilizar para sempre o instante que ele procurara fazer passar mais depressa.

Marcel, acreditando que a menina cujo desprezo ele tanto teme partira, acaba de perceber alguns sinais de uma presença nesse domínio de Tansoville que lhe inspira um um respeito inquieto. Ele gostaria de ir avisar que o peixe mordera a linha que vira colocada, mas sua família, da qual ele se distanciara, o chama, espantada com seu atraso. É então que ele passa pelo caminho todo encantado pelo perfume das flores.

Ele procura "o que seu pensamento deve fazer com isso"; volta, esforça-se por tornar transparente essa sensação que lhe oferece indefinidamente o mesmo encanto com uma profusão inesgotável, mas sem se deixar aprofundar mais. Percebido através dessa grade, o olhar, que ele acredita zombeteiro, da menina inesperada, a quem ele tanto temia desagradar, proíbe-o de prosseguir sua investigação. Mas sabemos que alguns minutos antes ele passara diante de uma sebe de espinheiro não mais branca mas cor-de-rosa, e ele nos indica nessa passagem que o que lhe fora revelado pelas flores era o rastro, a esperança daquela festa que ele perseguirá em vão nas cerimônias mundanas, e da qual ele só conseguirá participar (com que distância e com que solidão) através de seu livro, empreendido depois de várias outras intervenções do acaso cúmplice.

No outono desse ano, durante longos passeios para os lados de Méséglise, ele só é capaz de responder a um apelo similar por uma explosão liberadora de vocábulos que não têm nenhuma relação expressiva com aquilo que lhe foi dado:

E vendo sobre a água e no rosto do muro um pálido sorriso responder ao sorriso do céu, gritei com todo meu entusiasmo, brandindo meu guarda-chuva fechado: "Zut, zut, zut, zut." Mas, ao mesmo tempo, senti que meu dever era não me contentar com essas palavras opacas e tentar ver mais claro em meu encantamento.

A primeira vez que ele se esforça por conquistar, graças à linguagem, essa realidade pressentida em "uma pedra onde brincava um reflexo, um teto, um toque de sino, um cheiro de folhas", a primeira vez que esse dever, já tão freqüentemente intimado, se reveste de um caráter absolutamente imperativo, é, como se sabe, quando, sentado perto

105

do cocheiro, ele percebe, durante seu passeio, os três campanários: as duas flechas de Martinville, às quais veio juntar-se a de Vieuxvicq, no entanto bem afastada no mapa e pela estrada:

Constatando, notando... o deslocamento de suas linhas, o aspecto ensolarado de suas superfícies, sentia que não estava indo ao fundo de minha impressão, que algo estava por detrás desse movimento, por detrás dessa claridade, algo que eles pareciam conter e furtar ao mesmo tempo... Logo suas linhas e suas superfícies ensolaradas, como se elas tivessem uma espécie de casca, rasgaram-se, um pouco daquilo que nelas estava escondido me apareceu, tive um pensamento que não existia para mim no instante anterior, que se formulou em palavras na minha cabeça, e o prazer que há pouco me causara sua visão se achou de tal modo acrescido que, tomado de uma espécie de embriaguez, não pude pensar em outra coisa.

Assim ele se põe a escrever uma descrição dessa paisagem móvel entrevista, depois liberto daqueles campanários, começa a cantar alto, mas se lemos o texto assim produzido, tão necessário e tão eficaz no próprio instante, só podemos experimentar uma decepção, pois aí não encontramos nada que se assemelhe a uma explicação, nada que o torne ativo para nós, nem para o próprio Proust quando ele o reencontra. Só temos diante dos olhos uma segunda descrição (segunda, do ponto de vista da ordem das linhas no livro, primeira segundo uma cronologia rigorosa) inutilmente mais carregada de imagens. É vão tentar procurar através dela o porquê da emoção do jovem Marcel, e a esse respeito, apesar de sua aparência descritiva, ela permanece tão opaca quanto o "zut" pronunciado em Méséglise; ela é um resultado da pergunta feita pelas coisas, não é ainda uma resposta.

E no entanto, Proust nos declara ter pressentido esse "porquê". Nós, que somos informados por toda a continuação da aventura e do texto, podemos, acredito, prolongar, conduzir até uma palavra mais esclarecedora, o que permanecia naquele momento ainda informulável.

A aproximação numa mesma vista, por um efeito de perspectiva, de dois objetos muito distantes no espaço, mas que aqui parecem formar um só, apesar do conhecimento que temos de sua separação geográfica, oferece evidentemente uma figura espacial daquilo que será a libertação com respeito às distâncias temporais fornecidas logo mais por aquilo que ele chama de "reminiscências". Os três campanários são destacados de suas servidões cotidianas como se se tivessem transformado em pássaros.

Mas através desse triângulo que se faz e se desfaz, através dessas três pontas de pedra que se misturam e se separam, não posso deixar de ver uma prefiguração daquelas três mulheres que povoarão, de modo fundamental, a vida de Marcel: Gilberte, Albertine e a Duquesa de Guermantes. O que é revelado nesse momento, não é pois somente uma possibilidade de libertação com respeito a certas limitações espaciais que se revelam ilusórias, já que a figura formada pelos três campanários aproximados tem algo de mais necessário do que sua separação comprovada por todos os viajantes, mas também uma possibilidade de libertação com respeito ao tempo do desgaste e do esquecimento, com relação ao tempo da ausência, já que Marcel nela projeta e pressente um dos hieróglifos dele mesmo, uma daquelas formas essenciais que regerão suas relações com os homens e com os objetos.

Resta saber se não se trata de uma repetição que se ignora, isto é, se o prazer experimentado por Marcel não vem, em parte, do fato de que sua visão lhe restitui obscuramente, sem que ele tome plena consciência, um momento mais antigo no qual essa descoberta já despontava, momento que se acha assim esclarecido; mas nada no texto nos permite dar a essa pergunta, que se coloca obrigatoriamente, uma resposta positiva e segura.

Pelo contrário, quando ele opõe "reminiscências" a "impressão", é sempre ao exemplo desses três campanários que Proust nos remete. Somos certamente tentados a abolir completamente essa distinção e, finalmente, pode-se dizer que *À Procura do Tempo Perdido* nos convida a fazê-lo, mas ela é absolutamente necessária num dado momento do discurso. Com efeito, trata-se finalmente de mostrar que o acontecimento passado, integralmente restituído numa "reminiscência", nos traz a seu próprio respeito uma verdade tão nova (pelo fato de que é só nesse momento que ele se torna verdadeiramente presente), quanto aquela que é desvendada numa "impressão". Seria um contrasenso completo reduzir a tentativa de Proust a uma espécie de refúgio na lembrança. Se se pode supor, para o "momento" dos três campanários de Martinville, um outro momento anterior que este englobaria, é necessário manter no espírito o fato de que no próprio texto, é o aspecto de novidade radical daquilo que nele é dado que constitui sua principal característica.

A ambigüidade será ainda mais acentuada nas duas revelações que marcam *À Sombra das Raparigas em Flor:* o cheiro de mofo no pequeno pavilhão de treliças verdes dos Campos-Elísios, onde Marcel é obrigado a acompanhar Françoise, e as três árvores na estrada de Hudimesnil, que nos remetem evidentemente aos três campanários.

A "reminiscência", pelo contrário, se produz com uma perfeita nitidez na passagem concernente à "Madeleine", e sobretudo nas páginas de *As Intermitências do*

107

Coração onde Marcel, destacando um botão de botina reencontra sua avó em toda a sua presença perdida (é nesse momento que ela morre para ele), a mesma pessoa que, no instante precedente, ocupava seu espírito através de algumas lembranças mentirosas:

Transtorno de toda a minha pessoa. Desde a primeira noite, como eu sofria de uma crise de cansaço cardíaco, tentando avaliar meu sofrimento, abaixei-me com lentidão e prudência para me descalçar. Mas mal toquei o primeiro botão de minha botina meu peito se inflou, cheio de uma presença desconhecida, divina, soluços me sacudiram e lágrimas rolaram de meus olhos.

Nas primeiras páginas do segundo tomo do *Tempo Reencontrado*, encontramos toda uma série de instantes desse tipo, de coincidências miraculosas, que só deixam no coração uma pergunta logo esquecida se as deixamos desaparecer, mas que se deixam aprofundar e graças às quais todo um passado pode se tornar enfim totalmente presente. Somente em casos muito raros ele se impõe imediatamente, irrompe com violência; em geral, ele só deixa transparecer sua promessa de ressurreição transfigurada; em geral, é preciso ajudá-lo pacientemente a afluir à luz. A nova aparição da criança que dorme no fundo de nós, coberta por um lençol tão espesso de decepções e de esquecimentos, exige atenção e silêncio.

Uma após outra, assistimos às grandes revivescências provocadas pela desigualdade das pedras no pátio da casa de Guermantes, o tilintar da colher no prato, o roçar do guardanapo engomado, o barulho estridente da água num cano e o título de *François le Champi*, a essas grandes revivescências que enchem Marcel de uma certeza capaz de fazê-lo desprezar a morte e tornar-se invulnerável a seu terror, essas grandes revivescências que já fazem dele, de certa forma, um morto.

Notaremos que nenhuma das sensações de onde parte o esforço de reminiscência é uma sensação visual, nem mesmo evidentemente a última, já que não é a forma das letras de *François le Champi* que importa, mas somente a palavra interior murmurada por aquele que as lê. Ao contrário, todas as "impressões" são ligadas a coisas vistas: os reflexos sobre uma pedra, os campanários ou as árvores.

No episódio da "Madeleine", é o paladar que está em jogo, no do pavilhão dos Campos-Elísios, o olfato, no do botão da botina ou da desigualdade das pedras do calçamento, o tato; em todos os casos, temos uma espécie de palavra dirigida pelos objetos e que deles se solta; esse desligamento atinge o máximo nas sensações auditivas. O trecho musical tocado numa sala não atrapalha nada, apa-

108

rentemente, e só possui, com os instrumentos visíveis que o produzem, uma ligação perceptiva bastante vaga. Quando um pires de fina porcelana cai sobre uma superfície ladrilhada, o ruído é o comentário de seu contacto, depois ele desaparece totalmente; não deixa vestígios. Pelo contrário, os fragmentos de louça quebrada permanecem. Os objetos visíveis e pesados são contínuos ao longo do tempo e colados às circunstâncias presentes; eles permanecem e se gastam; mas a intrusão do som em meio a um espaço silencioso pode produzir-se de modo totalmente descontínuo, assim como sua cessação; aparece, desaparece; ouvimo-lo, não o ouvimos mais; ele retorna idêntico a si próprio, e de novo não há mais nada. O som é, por excelência, o que é capaz de se reproduzir. A canção popular encontra sua base no refrão.

O próprio fundamento da música é essa continuidade nova, diferente da continuidade perecível das coisas vistas, que nos permite introduzir no tempo a regularidade de um "tempo", espécie de chão e de horizonte sonoro sobre o qual se destacarão e se afirmarão as formas rítmicas e melódicas.

Esse papel libertador do som, com relação à inércia e ao envelhecimento, culmina no *Septuor* de Vinteuil. Muitas revelações se produziram no instante de um raio, mas desapareceram quase que em seguida, vencidas pelo hábito e pela urgência vã. Na música do velho senhor de sua infância, o que é dado é o caráter de certeza e de verdade de todas essas "impressões", o que lhe é oferecido é a oportunidade de torná-las novamente presentes.

"Nada se assemelhava mais do que certa frase de Vinteuil àquele prazer particular que ele havia experimentado por vezes em sua vida, por exemplo, diante dos campanários de Martinville, certas árvores de uma estrada de Balbec, ou mais simplesmente, no começo desta obra, bebendo certa xícara de chá."

Mas ele só aproxima esses três exemplos para distingui-los cuidadosamente, logo depois:

Enquanto na lembrança, essa vaga impressão pode ser se não aprofundada, pelo menos precisada, graças a um levantamento de circunstâncias que explicam por que certo sabor pode lembrar-nos sensações luminosas, as vagas sensações dadas por Vinteuil vinham não de uma lembrança mas de uma impressão (como a dos campanários de Martinville); seria preciso encontrar, para a fragrância de gerânio de sua música, não uma explicação material, mas o equivalente profundo, a festa desconhecida e colorida (da qual suas obras pareciam os fragmentos desunidos, os fragmentos de arestas escarlates), o modo segundo o qual ele apreendia e projetava fora dele o universo.

109

Através das sonoridades vermelhas do *Septuor*, passa o mesmo pressentimento de uma festa que passava através dos espinheiros de Tansonville. Ele aí está refletido por um outro, de um ponto de vista sobre o mundo sensível que suas obras permitem atingir:

Asas, um outro aparelho respiratório e que nos permitissem atravessar a imensidão, para nada nos serviriam, pois se fôssemos a Marte ou a Vênus conservando os mesmos sentidos, eles revestiriam com o mesmo aspecto das coisas da terra tudo o que pudéssemos ver. A única viagem verdadeira, o único banho de juvência, não seria ir para novas paisagens mas ter outros olhos, ver o universo com os olhos de um outro, de cem outros, ver os cem universos que cada um deles vê, que cada um deles é; e isso nós podemos fazer com um Elstir, com um Vinteuil.

Será preciso ainda um certo tempo para que Proust perceba que ele próprio é esse outro, esses cem outros, mas é a partir desse momento que ele começa a compreender como, pela obra de arte, ele conseguirá enfim segurar, fixar, possuir o que até então lhe tinha sido quase sempre retirado logo após ter sido dado.

Assim, é através do próprio livro que lemos que ele atingirá aquela mulher inutilmente perseguida ao longo da vida que contam essas páginas, em suas três grandes encarnações: Gilberte, Albertine e a Duquesa de Guermantes.

Para não me deixar arrastar aos labirintos da psicologia anedótica, deixo de lado a transposição que devem sofrer essas personagens se se quiser ligá-las à vida singular do autor. O que eu desejo é desembaraçar um pouco melhor as próprias linhas deste texto escrito através do qual ele quis que ouvíssemos sua voz.

Ele sublinhou longamente a íntima ligação dessas três mulheres, principalmente graças a dois detalhes que não podem deixar qualquer dúvida sobre sua significação.

A primeira carta que Marcel recebe de sua amiga dos Campos-Elísios é assinada de modo tal, como nos é indicado pelo desvio sorrateiro de uma oração subordinada, que "Françoise se recusou a reconhecer o nome de Gilberte porque o G enfeitado, apoiado sobre um *i* sem ponto parecia um A, enquanto a última sílaba era indefinidamente prolongada com a ajuda de um traço rendilhado".

Sabemos bem que nome Françoise tinha lido através dessa assinatura, embora essa palavra "Albertine" não pudesse ter ainda nenhuma significação nem para ela nem para o menino de quem ela cuida, já que é só mais tarde, aliás em casa dos Swann, que este ouvirá falar pela primeira vez da pequena Simonnet.

110

Da mesma forma, depois da morte desta, ele receberá um telegrama de Gilberte que o correio terá ortografado "Albertine".

É divertido constatar que se acrescentarmos às letras desse nome o *G* e o *i* incriminados da assinatura ambígua, obtém-se um anagrama da palavra "libertinage".

As últimas páginas do romance nos revelam afinal que a neta de Tansonville se tornou Duquesa de Guermantes.

Essa Hécata escapava sempre após o instante do encontro, como se a verdade vislumbrada naquele amor nascente fosse muito pesada para que nela se pudesse acreditar por muito tempo. Pouco a pouco, seus gestos, suas mentiras a negavam, trazendo-lhe uma perturbação à qual em vão ele tentava escapar:

De repente eu me disse que a verdadeira Gilberte, a verdadeira Albertine, eram talvez aquelas que se revelaram no olhar do primeiro instante, uma diante da sebe de espinhos rosados, a outra diante da praia. E era eu que, não tendo sabido compreendê-lo, só o tendo retomado mais tarde em minha memória — depois de um intervalo em que, por minhas conversas, toda uma intermitência de sentimentos lhes fez temer serem tão francas como nos primeiros minutos — tinha estragado tudo por minha inabilidade.

Em toda essa série de aventuras apaixonadas e cheias de complicações, Proust vê desenhar-se sempre a mesma curva fatal da qual ele não consegue se livrar. A pequena frase da *Sonata* de Vinteuil tinha sido o hino triunfal do amor de Swann e de Odette, cuja decepcionante evolução serve de paradigma à dos amores de Marcel, e, como todos os outros temas do músico, ela é retomada no *Septuor,* onde ela parece revestir-se afinal de sua verdadeira significação. É então que o menino de Combray compreende que mesmo esse amor tinha sido para ele somente um esboço, retomado como todos os seus próprios vãos esforços relativos às mulheres em sua paixão por Albertine, paixão que se trai, que se desmente constantemente na realidade e se desligará dele próprio até o terrível desaparecimento da jovem, e o ainda mais terrível sentimento de indiferença com relação a ela que virá após o luto.

Graças à grande série de "reminiscências", graças ao *Septuor,* graças à busca que ele empreende, ele encontrará o segredo desse duplo que estava alojado nas profundezas de seu coração desde a ferida de Balbec; graças a este livro que lemos, ele consegue afinal representar, com relação à figura de lanterna mágica que se tornou Albertine, o papel que aquela personagem do vitral de Saint-André-des-Champs, que não se chamava sem razão Gilbert le Mauvais (Gilberto o Mau), representava com relação àquela Duquesa de Guermantes, da qual ele só conhecia então o nome; graças a este mesmo livro que lemos, e cuja realização, nos diz ele, não somente lhe deu de modo durável e sólido esse poder de indiferença em face da morte que só lhe fora revelado momentaneamente nas "reminiscências", mas também a própria morte:

Antes que eu tivesse começado meu livro... acharam-me um dia mais bem disposto do que outrora, espantaram-se de que eu tivesse conservado todos os meus cabelos negros. Mas eu escapei três vezes de cair na escada... Eu sentia que não era mais capaz de nada, como acontece aos velhos... que podem levar ainda algum tempo em sua cama uma existência que não é mais do que uma preparação mais ou menos longa a uma morte doravante inelutável.

Já é seu próprio fantasma que conta sua aventura. Ele só se lança seriamente em sua grande obra mágica no momento da primeira crise grave, essa grande obra que é um modo não só de morrer mas de sobreviver em meio a todos esses vivos de aparência, a todos esses cegos mundanos, que desejariam cativá-lo. No sarau da Princesa de Guermantes, os bolos que ele come, "aquela comida infecta", são tão funerários quanto os que a Derma, abandonada até mesmo por seus filhos, toca com a ponta dos dedos nos salões onde ninguém respondeu a seu convite:

E no entanto, algo de mais misterioso do que o amor de Albertine parecia prometido no início desta obra, nos seus primeiros gritos de aurora.

Com efeito, quão mais misterioso, quão mais vivo, quão mais revelador para nós do que esse amor ele mesmo, que falha constantemente até a morte da jovem e mesmo para além dela, é este sinal de presença, este sinal de libertação com respeito ao desgaste e ao exílio, que ele de repente revestiu.

(1950-1955)

10. SOBRE OS PROCEDIMENTOS DE RAYMOND ROUSSEL

a Michel Leiris

A leitura de *Como escrevi alguns de meus livros* corre à primeira vista o risco de causar uma grave decepção a alguém que se tenha encantado com os sortilégios de *Impressões da África.*

Roussel nos declara: "Eu escolhia duas palavras quase semelhantes. Por exemplo, *billard* (bilhar) e *pillard* (assaltante), depois eu acrescentava, a estas, outras palavras, iguais mas tomadas em dois sentidos diferentes, e obtinha assim duas frases quase idênticas... Encontradas as duas frases, tratava-se de escrever um conto podendo começar pela primeira e terminar pela segunda:

113

Ora, era na resolução desse problema que eu colhia todos os meus materiais... Amplificando em seguida o procedimento, eu procurava novas palavras relativas à palavra *billard*, para tomá-las sempre num sentido diferente daquele que de chofre se apresentava, e isso me fornecia cada vez uma criação a mais.

O procedimento evoluiu e fui levado a tomar uma frase qualquer, da qual eu tirava imagens por deslocamento, um pouco como se se tratasse de extrair desenhos de uma carta enigmática.

Como, dirão alguns, todo esse sonho prodigioso não é senão o resultado de uma engenhosa mecânica funcionando sobre o vazio? Mas então ele não conseguiria revelar nada. Podemos divertir-nos por um momento com o curioso arabesco produzido, como reflexos sobre a água, mas não mais do que um instante, porque é vão procurar neles um sentido ou uma intenção.

Roussel seria certamente o primeiro a protestar contra tal interpretação. Seu modo de inventar, diz-nos ele, é essencialmente poético: trata-se com efeito do procedimento da rima extraordinariamente desenvolvido e como que explodido.

Ele nos deu uma imagem muito clara de seu método numa das histórias que servem de temas aos quadros vivos apresentados no "teatro dos incomparáveis": *Haendel compondo o "Oratório Vesper"*. Durante uma conversa com um de seus amigos, o Conde de Corfield, Haendel, velho e cego, declara que ele se empenha em escrever um oratório inteiro, digno de ser citado na lista de suas obras, "até mesmo sobre um motivo construído mecanicamente, segundo um procedimento fornecido pelo simples acaso".

Para provar o que diz, o compositor toma então sete galhos de azevinho, aos quais amarra sete fitas das cores do arco-íris, cada uma correspondendo a uma nota da escala. Identificando-os pelo simples tato, ele isola um em cada vinte e três degraus da escadaria que desce, e inscreve a nota assim ditada sobre a rampa, com a ajuda de uma pena:

Tratado por ele, esse tema de contornos fantásticos toma um ar interessante e belo, graças a engenhosas combinações de ritmo e de harmonia. A mesma frase de vinte e três notas, reproduzindo-se incessantemente sob um novo aspecto, veio a constituir sozinha o famoso *Oratório Vesper,* obra poderosa e serena cujo sucesso dura ainda.

Ele nos revela a origem mecânica dessa história: a busca de um equivalente fonético ao verso de Victor Hugo: *"Un vase tout rempli du vin de l'espérance"* ("Um vaso repleto do vinho da esperança"). Ele só se lembra, infelizmente, de uma parte de seu trampolim: "...*sept houx rampe lit... Vesper*" ("...sete azevinho rampa leito... Vesper"); sem ir mais adiante, pode-se fazer notar a distância fonética existente entre essas duas séries de palavras e verificar que é perfeitamente possível encontrar outros equivalentes igualmente plausíveis, que poderiam servir para formar histórias bem diferentes.

Assim como Haendel compõe o *Oratório Vesper* com a ajuda de uma única frase inicial, Roussel poderia, no fim de contas, escrever um livro inteiro usando apenas um verso de Victor Hugo, mas ele próprio nos explica que a simples elaboração dessas equivalências tomava-lhe um tempo enorme; às vezes era preciso um dia inteiro para chegar a uma única homonímia.

Isto porque, evidentemente, ele só parava quando seu achado parecia abrir-se para alguma coisa. Surdas intenções o dirigem na escolha desses ecos, e seu aprofundamento permite trazer à luz paisagens imaginárias às quais sua educação, sua situação social, sua personagem, pareciam proibir-lhe para sempre o acesso.

O que aparece desde logo como fundamental nessa prática é a atenção concedida às próprias palavras, e esse desejo de exploração metódica de seu emprego: "Tomá-las sempre num sentido diferente daquele que se apresentava em primeiro lugar."

Nas séries que ele faz derivar do acaso cúmplice, nessa espécie de leitura alucinatória que consiste em se perguntar, com relação a qualquer texto, se não é possível compreendê-lo diferentemente, ele se empenha não a trazer as acepções a associações habituais, cotidianas, o que implicaria seu amortecimento, o que as tornaria vagas e facilmente substituíveis por termos grosseiramente sinônimos, mas pelo contrário a dar-lhes toda a sua precisão e plenitude; ele se esforça por tirar o máximo de suas tensões e de suas particularidades; ele as obriga a abrir diante dele domínios que elas lhe faziam entrever, e dos quais elas são a chave.

Leiamos com um olhar mais curioso o que Roussel nos diz da gênese de *Impressões da África* e atingiremos ao vivo o modo como ele integra um a um esses achados, numa construção que só se revela pouco a pouco, e onde elas perdem aquela aparência arbitrária devida às suas origens, ao fato de elas terem sido sistematicamente "encontradas". Não há episódio, por mais estranho ou fútil que possa parecer à primeira vista, cuja situação no interior do livro seja indiferente. Toda a feira de Roussel está organizada por um sentido que ela nos convida a buscar.

Uma das particularidades mais notáveis de *Locus Solus* e das *Impressões da África* é o fato de que todas as

115

cenas são aí contadas duas vezes. Assistimos a elas primeiramente, como a uma cerimônia ou a uma peça de teatro, e em seguida elas nos são explicadas, desdobradas por sua história. Isto é particularmente nítido em *Impressões da África*, onde o autor tomou o cuidado de nos indicar, na pequena frase sobre papel verde introduzida posteriormente, que "os leitores que não tenham sido iniciados na arte de Raymond Roussel terão vantagem em ler este livro primeiramente da página 212 à página 455, em seguida da página 1 à página 211".

Não são os encontros de palavras que explicam a abundância de repetições e de aparelhos reprodutores que encontramos nesses textos; pelo contrário, é essa obsessão que nos pode fazer compreender que força invencível, que instinto justo e profundo levou Roussel a escolher, para escrever suas obras, esses procedimentos singulares e não outros.

Que o primeiro livro publicado por Roussel, livro que ele compôs num extraordinário estado de exaltação, seja intitulado *La Doublure* (a duplicação, ou o forro de uma vestimenta), eis algo que já é bastante significativo. E que não se venha dizer, depois do que sabemos do papel que representam as homonímias em sua criação literária, que se trata aí de uma coincidência. É um romance em alexandrinos, cuja maior parte consiste numa descrição fastidiosa à força de minúcia, do carnaval de Nice. Um outro livro, *La Vue* (A Vista) leva ainda mais longe essa preocupação de reprodução do pormenor: são necessários centenas de versos para descrever a etiqueta de uma garrafa de água mineral.

Nesse ínterim, ele tinha escrito um certo número de contos, começados e terminados por uma série de palavras idênticas, com a diferença de uma letra. *Impressões da África* e *Locus Solus* são como que tecidos em filigrana de uma multidão de repetições disfarçadas.

Aquela reprodução do pormenor que ele tinha tentado em *La Doublure* ou em *La Vue*, e que encontrava em contos como *Chiquenaude* (Piparote) uma ilustração tão curiosa, é levada pelos aparelhos que povoam o prodigioso mundo imaginário ao qual ele nos introduz, a um singular ponto de perfeição. Seria muito longo enumerar todos os exemplos; eis aqui alguns particularmente notáveis:

Sobre o manto que tece prodigiosamente o tear do inventor Bedu e que "tornava abordável a execução de tecidos feéricos análogos aos quadros dos mestres", pode-se admirar a representação do dilúvio, "e tão grande era o engenho das fabulosas engrenagens da máquina, que o resultado resistia à comparação com as mais finas aquarelas; os rostos, cheios de expressão bravia, tinham admi-

116

ráveis tons de carne, desde o moreno queimado do velho e o branco leitoso da jovem, até o rosado juvenil da criança; a onda, esgotando a gama dos azuis, cobria-se de reflexos cintilantes e variava, segundo os lugares, seu grau de transparência".

O escultor Fuxier apresenta imediatamente depois certas pastilhas azuis que, ao derreter, desenham imagens na água. Uma delas é uma cena de festim, e lemos que "o desenho líquido era tão apurado que se distinguia, em certos lugares, a sombra das migalhas sobre a toalha".

Depois, é um fogo de artifício que projeta no céu traços de chama "de uma notável execução". Com efeito, num deles "um cavaleiro impecável montado num cavalo de trote saudava respeitosamente, ao passar, alguma amazona invisível".

São as páginas 124 e 140 das *Impressões da África*. Estudando sua situação no interior do livro, ver-se-á aparecer cada vez mais claramente seu sentido.

No geral, a obra conta uma festa de libertação. Um barco naufragou e todos os seus passageiros caem prisioneiros do cruel rei negro Talou, que já retém em seu poder a jovem exploradora Louise Montalesciot e seu irmão Norbert. No dia 25 de junho, assistimos sucessivamente ao coroamento de Talou por ele mesmo, ao suplício de grandes culpados, e a uma espécie de programa de *music-hall* superior: "a festa de gala dos incomparáveis". Quando chega a noite, o povo inteiro vai em direção ao rio e as festividades noturnas começam por uma espécie de milagre: um feiticeiro devolve a vista à filha do rei. É então que assistimos às três demonstrações que citei; quando o silêncio volta, depois das deflagrações de foguetes, reboa no céu uma trovoada, prelúdio a três acontecimentos sobre os quais vale a pena insistir mais longamente.

O primeiro é a execução de Djizmé na imensa praça dos troféus, no coração de Ejur, capital do império. Tirada da prisão, ela é levada, em meio à multidão silenciosa, até um leito com pára-raios onde ela se deita sem opor dificuldades. Ela toma em suas mãos um mapa de pergaminho e o contempla com uma expressão de alegria e orgulho. Depois seu olhar encontra, pela primeira vez desde seu encarceramento, o de seu muito engenhoso amante Nair, imobilizado sobre um pedestal por um delicado trabalho de entrançamento e, no momento em que, novamente, seus braços se estendem para ele, o raio imobiliza numa inalterável expressão de ternura seus olhos muito abertos, dos quais Nair não pode mais se desligar. Depois dessa execução, o céu recupera sua pureza.

Depois o hipnotizador Darriand, que conseguiu aperfeiçoar consideravelmente sua arte, tenta uma experiência

117

com Seilkor, pobre negro louco. Uma parede branca serve de tela para uma série de projeções que o espectador designado a tal ponto confunde com a realidade, graças aos eflúvios de certas plantas oceânicas colocadas sobre sua cabeça, que a visão de uma paisagem hiperbórea faz baixar imediatamente a temperatura de seu corpo.

Fazem com que ele reviva episódios de sua infância: "Em breve, produzida por alguma película colorida colocada diante da lâmpada, uma imagem desenhou-se na tela branca, oferecendo aos olhos de Seilkor uma encantadora menina loura de uns doze anos, cheia de graça; em cima do retrato, liam-se estas palavras: A jovem Candiote". Esta visão perturba profundamente o rapaz que exclama: "Nina... Nina." Pois a causa próxima da loucura de Seilkor é, certamente, um ferimento na cabeça depois do qual ele não foi mais capaz de reconhecer as pessoas, mas esse ferimento não fez mais do que entregá-lo sem defesa a uma causa de perturbação mais antiga. Por volta dos dez anos, ele se apaixonara por uma menina cuja morte ele causou, involuntariamente. Fugiu então dos pais desta menina e de todos os lugares de sua antiga intimidade, levando como única lembrança uma fantasia de papel que ela confeccionara e que ele usava na última vez em que a viu. São esses ouropéis, agora muito pequenos para ele, que ele arvora sem interrupção desde o dia de seu ferimento.

Um após outro são devolvidos ao doente os episódios de sua vida comum. Seilkor "desembaraçado por Darriand de seus ouropéis de papel, olhou subitamente a seu redor como um homem adormecido que desperta, depois murmurou baixinho: "Oh, eu me lembro... Nina... Trípoli... O vale de Oo..." O pobre louco desvairado de há pouco reconhece agora todos os rostos no estado de graça de sua cura.

E é então que ocorre a sensacional apresentação da cena final de *Romeu e Julieta* em sua versão reconstituída. Eis como Roussel conclui o drama shakespeariano:

Contrariamente à tradição, os dois heróis se reencontram antes de morrer. Julieta desperta antes que o veneno tenha produzido seu efeito em Romeu. "Os dois amantes, nos braços um do outro, trocaram carícias várias, abandonando-se a uma alegria fremente."

Romeu orna Julieta com um colar de brasas ardentes que não lhe causam nenhuma queimadura, mas como ela sabe bem que o rapaz só tem alguns instantes de vida, bebe o resto do frasco para morrer com ele. Cada um deles, por sua vez, vai ser vítima de alucinações nas quais assistirão às cenas que lhes foram narradas na infância para incitá-los à virtude.

118

A esse texto bastante modificado, como se vê, é preciso introduzir um duplo prólogo: de um lado, os discursos edificantes do sábio monge Valdivieso ao jovem Montecchio, de outro lado os contos graciosos ou terríveis da ama à pequena Capuletto.

Essas aparições têm todas um caráter acusador, em meio à cena tornada ainda mais macabra pela luz esverdeada das chamas que se levantam por detrás do leito dos amantes. Julieta parece tomada de pavor, e no momento em que ela vê, descendo em sua direção, um segundo Romeu "personificando a alma leve e viva do cadáver inerte estendido a seu lado, vindo buscá-la, sorridente, para conduzi-la às imortais paragens", aparentemente privada de razão, ela volta a cabeça com indiferença, e cai morta ao lado do corpo inanimado.

Reencontrando-se, os dois amantes reencontram sua infância, e é importante notar que, em *Impressões da África*, eles são interpretados por duas crianças de sete e oito anos.

Essas alucinações aterradoras que parecem trazer-lhes a prova de sua condenação, de seu castigo por terem transgredido as leis do monge Valdivieso, não impedem que Romeu volte sorridente para buscar sua companheira e levá-la às "imortais paragens". Sua morte, como a de Djizmé cujo sorriso o raio eterniza, é ao mesmo tempo uma transfiguração, uma passagem ao outro lado do espelho, uma vitória absoluta contra o desgaste do tempo. Mas por que Julieta não aceita este augúrio de confiança? É que ela não pode crer que ele esteja realmente voltando, enquanto ela vê o cadáver a seu lado, e que ela afirma sua fidelidade a este último, contra tudo o que poderia ser apenas uma falsa aparência. Não tenhamos dúvidas, ela superou vitoriosamente essa última prova.

A cena inteira é enquadrada pelo "dó agudo que, cheio de perfeição e de pureza, vibrava claramente na noite", produzido pelas rodas do carro romano que serve de teatro. As pontuações sonoras têm grande importância na estrutura dos textos rousselianos.

Fuxier trouxe sua contribuição a esta última cena, realizando algumas das alucinações, e uma vez que o dó se calou, ele intervém uma terceira vez para apresentar um cacho de uvas cujos grãos contêm minúsculas reproduções, resultantes de manipulações sobre a semente de origem.

Roussel nos declara que o assunto de algumas de suas esculturas vegetais provêm do deslocamento do título de um romance de Cherbuliez: *As Inconseqüências do Senhor Drommel*, mas sente-se muito bem a passagem que se efetua da palavra *uva* até a palavra *grão*, tomada primeiramente em seu sentido de fruta, elemento do cacho,

119

e depois no sentido de *semente* que provoca a reprodução, função vital preenchida pela sexualidade, e também imagem fiel de alguma coisa. Temos aqui um admirável exemplo da constituição de um objeto metafórico a partir da cintilação semântica de uma palavra.

O cacho de uvas de Fuxier sublinha assim a relação estreita das três reproduções com as três histórias de amor nas quais intervém, a cada vez, um processo de reprodução: o entrançamento de Nair, a lanterna mágica de Darriand, as segundas pastilhas de Fuxier.

Depois dessa curiosa realização, assiste-se à grande demonstração do jovem Fogar, que é certamente o coração do livro, mas da qual só reteremos, por enquanto, um elemento: a planta fotográfica descoberta pelo rapaz no fundo do mar. Num momento preciso de sua maturação, ela fixa as imagens que lhe são apresentadas e as reproduz, dali por diante, indefinidamente, em sua ordem de impressão. Vê-se que a vinha de Fuxier forma como que um primeiro esboço desse misterioso vegetal. Fogar termina sua exibição por uma trovoada artificial que responde à trovoada verdadeira anunciando a execução de Djizmé.

Uma única atração é reservada para o dia seguinte: ao nascer do sol, será posta em funcionamento a máquina de pintar, enfim perfeita, na qual trabalhava há muito tempo Louise Montalescot, o mais bem acabado dos processos de reprodução que as *Impressões da África* nos dão a conhecer:

A obra, em seu conjunto, dava uma impressão de colorido singularmente poderoso e permanecia rigorosamente conforme ao modelo, o que qualquer um poderia verificar por um simples olhar lançado ao próprio jardim.

Este acontecimento significará a libertação de todos os prisioneiros brancos que poderão, agora, voltar juntos para sua pátria. Depois da retomada geral de todos os episódios esclarecidos por sua história, repassando tudo pela memória do narrador, como as cenas da infância repassavam ante os olhos de Seilkor, ou de Romeu e Julieta: "Não inteiramente distraído por meu trabalho puramente mecânico, eu não podia me impedir de pensar, no grande silêncio matinal, nas múltiplas aventuras que durante três anos tinham preenchido minha vida."

Um último pormenor insiste ainda no mesmo sentido: o último prisioneiro, o jovem Carmichael, que havia incorrido em desgraça junto ao rei por não ter sabido, na véspera, cantar exatamente as estrofes para ele ininteligíveis da epopéia *A Batalha do Tez,* será libertado assim que tiver conseguido realizar uma nova execução sem erro.

Esse tema da recitação, já o tínhamos encontrado nas primeiras páginas do livro, com aquela recitação muda que acompanha o entrançamento de Nair: "Semelhante a uma estátua viva, ele fazia gestos lentos e pontuais, murmurando com rapidez uma série de palavras aprendidas de cor... As frases que ele recitava sem voz serviam para regulamentar suas manigâncias perigosas e precisas; o menor erro poderia causar ao conjunto um prejuízo irreparável e, sem a ajuda automática fornecida por certo formulário repetido palavra por palavra, Nair jamais teria atingido seu objetivo". É preciso notar que é graças à sua arte e, por conseguinte, a essa recitação sem erro, que ele salva sua vida, assim como a *execução* sem erro de *A Batalha do Tez* devolverá a Carmichael a liberdade.

Vê-se que Roussel organiza os episódios que lhe são "dados" não numa sucessão arbitrária, mas num desenvolvimento metafórico e musical que, de certa forma, exalta todas as suas possibilidades e todo o seu sentido O tema fundamental implícito de toda essa festa é o tema da salvação, da cura, da libertação, provocados pela repetição exata de alguma coisa, e a música é a expressão por excelência dessa repetição, que se traduz na linguagem por uma versificação, em particular pela repetição do som na rima, e finalmente por essa rima levada ao extremo que é o processo de invenção utilizado na obra.

Se consultarmos agora *Locus Solus*, aí encontraremos novas variações do mesmo tema: o doutor Canterel, depois de ter mostrado a seus hóspedes a imensa gaiola de vidro onde oito cadáveres reproduzem o momento decisivo de suas vidas, diante dos olhos incansáveis e maravilhados de seus parentes postados ante a parede transparente, leva-os a um pavilhão onde ele recolheu o infeliz Lucius Egroizard, artista e cientista de gênio, enlouquecido pela morte horrível de sua filha Gilette. Por meio de procedimentos cuja estranheza é de tal ordem que é impossível descrevê-los em menos palavras do que o faz Roussel, ele repete indefinidamente as circunstâncias do assassinato. Ele não pode decidir-se a aceitar esse acontecimento, como o provam seus incansáveis esforços para constituir um enxoval de bebê.

No momento em que ele parece ver pela primeira vez os visitantes que lhe traz seu médico, pronuncia esta simples palavra: "Cantem!" Ora, entre eles se encontra a cantora Malvina que executa, de boa vontade, o começo da ária da confidente em *Abilemech*, "recente ópera bíblica". Depois das primeiras notas: "Oh, Rebeca", o estranho ouvinte lhe pede que interrompa e recomece. Por meios evidentemente os mais inesperados possíveis, ele grava essa voz na qual percebera como que uma lembrança do balbucio de sua filha, depois ele a deforma sistematicamente como um músico eletrônico. Afinal, "do extremo fundo do alto-falante, saiu, sobre a vogal *a*, uma longa sílaba jovial que, lembrando os primeiros sons das crianças ávidas de falar, assemelhava-se muito ao modelo fornecido pelo fim do motivo: "Oh Rebeca". Ele grita então: "Sua voz... É a voz de minha filha... És tu, minha Gilette, eles não te mataram."

"E, entre essas frases entrecortadas, o esboço de palavra, que ele reproduzia sem cessar, voltava como uma resposta." A partir desse momento, o doente avançará em grandes passos para a cura.

Os dois capítulos seguintes descrevem cenas e aparelhos que apresentam estreitas analogias de estrutura com a demonstração de Fogar; mas eu queria chegar logo ao fim do livro, que acentua a importância do capítulo que acabamos de evocar. Momentos antes de deixar *Locus Solus*, os convidados assistem à confecção de uma renda metálica a partir de certo rolo, que é o último de sua espécie, o operador ignorando totalmente como fabricar outro igual. O sacrifício dessa preciosa matéria consagra de certa forma esse dia, isolando-o de todos os outros.

Ora, os cadáveres em sua gaiola de vidro são indestrutíveis, e pode-se fornecer-lhes quantas vezes se quiser os acessórios necessários à repetição de seu instante decisivo; o mosaico rendado que executa a máquina aérea prossegue, e seu acabamento é deixado por Roussel num futuro voluntariamente vago etc... O único acontecimento que se produziu verdadeiramente nesse dia foi a cura de Lucius Egroizard pelo canto de Malvina.

Os episódios desses dois livros, como se vê, encadeiam-se numa elucidação figurada; ligados a certos temas fundamentais, eles constituem complexos de parábolas que se esclarecem mutuamente: assim, da repetição indefinida dos instantes decisivos realizada pelos cadáveres no interior da gaiola de vidro, passamos, na história de Lucius Egroizard, à repetição como instante decisivo, libertando ao mesmo tempo da morte e daqueles vãos retornos perpétuos mas perpetuamente imperfeitos.

Um dos mais belos trechos das *Impressões da África* nos permite interpretar muito precisamente essa ligação. Trata-se da lenda dos enfeitiçados do lago Ontário, cujo episódio final serve de tema a um dos quadros vivos realizados por Soreau, na "festa de gala dos incomparáveis".

A jovem Úrsula é detestada por sua madrasta que, ajudada por sua irmã e por seus dois irmãos, deseja livrar-se dela afogando-a nas águas do lago. Sua velha empregada, a devotada Maffa, indignada, dirige-se ao feiticeiro Nô para lhe expor a situação e pedir sua ajuda. No momento em que os cúmplices "balançavam o corpo de Úrsula para atirá-lo às ondas", ele pronunciou uma terrível fórmula mágica que provocou uma quádrupla metamorfose:

Gervaise, a madrasta, transformou-se numa mula imobilizada diante de uma mangedoura de farelo que ela não podia comer, porque sua queixada estava fechada por um fio de seda, e do qual ela não podia fugir, porque uma grade de ouro barrava-lhe sempre o caminho, em qualquer direção que fosse,

Agathe, sua irmã, tornou-se uma gansa correndo perdidamente, perseguida pelo vento do norte,

um de seus irmãos teve a cabeça transformada em cabeça de javali e fugiu em linha reta, perseguindo um ovo, uma luva e um pedacinho de palha que, contra sua vontade, faziam constantes malabarismos em suas mãos,

o outro foi projetado num lago onde se pôs a dar voltas sem fim, transformado em carpa.

Úrsula pergunta então ao feiticeiro se não haveria um meio de livrar esses infelizes que, em sua opinião, não mereciam um castigo eterno. Nô lhe responde que, uma vez por ano, no dia do aniversário, as trajetórias dos quatro malditos se cruzariam. "Esse encontro não duraria mais do que um segundo, e nenhuma parada seria permitida aos desgraçados fugitivos; se, durante esse instante quase imperceptível, uma mão generosa armada de um engenho qualquer conseguisse pescar a carpa e projetá-la sobre a margem, o encanto se quebraria imediatamente e a forma humana seria devolvida aos quatro malditos; mas a menor imperícia no gesto libertador podia adiar para o ano seguinte a possibilidade de uma nova tentativa."

Assim, um ano mais tarde, as personagens são reunidas, e a jovem, armada com uma rede, tenta a prova. Mas as malhas, embora finas e sólidas, abriram passagem ao cativo que caiu de novo n'água e recomeçou sua louca corrida:

O malabarista e o ganso, um instante reunidos perto da mula, cruzaram-se sem diminuir a velocidade e logo desapareceram em direções divergentes.

Segundo toda evidência, o malogro de Úrsula se devia a uma influência sobrenatural, pois depois do acontecimento nenhum rasgão aparecia nas malhas intatas da rede.

Somente na quinta tentativa ela teve "um gesto tão hábil e tão rápido que a carpa atingiu a beiradinha da margem sem ter tido o tempo de escorregar através da trama aprisionadora". Imediatamente o encantamento cessa e os quatro infelizes retomam forma humana.

É inútil insistir sobre o fato de que reencontramos aqui o tema do grande ano, do eterno retorno com suas conjunções de ciclos. O que é ainda mais notável é a expressão dada à noção de imitação: cada ano, o acontecimento tenta conformar-se ao modelo ideal proposto pelo feiticeiro, e malogra a cada vez. O que se reproduz naturalmente é um perpétuo malogro; o acontecimento se esboça e se desfaz antes mesmo de ocorrer; é exatamente isso que se passa na gaiola de vidro onde cada um dos acontecimentos decisivos, que se reproduzem à vontade, são na verdade malogros decisivos, erros que levam à morte; e só é possível superar isso, o acontecimento só intervém verdadeiramente na medida em que ele inclui o que Kierkegaard chamava de *repetição,* na medida em que a segunda instância inclui uma consciência absoluta da precedente; só então aquele acontecimento que malogra sempre, que desaparece sempre no exato momento em que se imaginava que ele ocorria, torna-se sólido, torna-se um ponto de apoio a partir do qual se pode mudar definitivamente; instaura-se um melhoramento do mundo, o chumbo se transforma em ouro; é o que legitima a comparação feita por Breton da aventura de Roussel com a grande obra alquímica.

Toda a literatura de Roussel é pois, como a de Proust, uma busca do tempo perdido, mas essa recuperação da infância não é absolutamente uma volta atrás, ela é, se me permitem a expressão, uma volta à frente, pois o acontecimento reencontrado muda de nível e de sentido.

Conhece-se muito pouca coisa da vida deste homem; mas existe um documento de considerável importância: é o artigo que Pierre Janet lhe consagrou em *De l'Angoisse à l'Extase,* e que nos dá, em particular, precisões sobre a crise que o escritor atravessou por volta dos vinte e sete anos:

Eu tinha a glória, dizia ele... o que eu escrevia estava cercado de irradiações; eu fechava as cortinas, de medo que a menor abertura deixasse escapar para fora os raios luminosos que saíam de minha pena, eu queria retirar o véu de repente e iluminar o mundo. Deixar soltos esses papéis seria provocar raios de luz que chegariam até a China, e a multidão fascinada se abateria sobre a casa. Mas por mais que eu tomasse precauções, alguns raios de luz escapavam de mim e atravessavam as paredes, eu trazia o sol em mim e não podia impedir aquela formidável fulguração de mim mesmo...

Janet nota que Roussel, ou, como ele o chama, Martial, "tinha conservado o desejo intenso, a paixão desvairada de reencontrar, mesmo que por apenas cinco minutos, aquele sentimento". "Ah, dizia ele, aquela sensação do sol moral, nunca mais pude reencontrá-la, eu a procuro e a procurarei sempre. Eu daria todos os anos de vida que me restam para reviver, por um instante, aquela glória."

Suas obras estão crivadas de representações desse estado glorioso, em particular a metáfora do ouro sob todas

124

as suas formas. Este esforço com vistas a uma glória literária, que parece à primeira vista tão vão e pueril, não era, na verdade, mais do que um dos meios de recuperar aquilo de que seu êxtase lhe havia dado o pressentimento, recuperá-lo definitivamente, e é assim que não só toda a obra mas toda a vida de Roussel se encontra sob o signo de uma repetição ativa.

Vê-se que os procedimentos de que ele nos fala em *Como escrevi alguns dos meus livros* estão intimamente ligados a toda a sua temática, que eles são um de seus elementos. Releiamos, para terminar, algumas réplicas de *A Estrela na Testa:*

Ele farejou o criptograma?
— ... e redobrou a atenção. E logo as palavras, à razão de uma por linha, formaram sobre a folha uma espécie de diagonal, espessa e imperfeita.
— Faltava preencher a página com frases que lhes dessem um asilo correto.
— Tarefa longa e dificultosa...
— As palavras primitivas traçadas em viés concerniam exatamente às jóias desaparecidas...

(1950)

11. PEQUENO CRUZEIRO PRELIMINAR PARA UM RECONHECIMENTO DO ARQUIPÉLAGO JOYCE

Se alguém quisesse sondar as origens, a primeira história de James Joyce, seria suficiente referir-se ao *Retrato do Artista quando Jovem*, ou ainda melhor, ao fragmento de uma versão anterior, mais estritamente autobiográfico, publicado por Theodore Spencer sob o título *Stephen Hero*. É a história de um jovem irlandês educado pelos jesuítas, inteligente, até mesmo brilhante. Seus mestres tentam fazer dele um padre, desejosos de vê-lo ingressar em suas fileiras e de utilizar esse espírito de escol para a obra comum que os ocupa. Eles quase o conseguem, mas a vocação do jovem nada tinha de sólido. O terror da vida reclusa e a brusca revelação da vida exterior e da sexualidade, destroem de um só golpe o fruto de uma lenta educação. O herói rompe com sua juventude, violentamente, e esta deixa nele uma chaga, um imenso vazio, "mordida do em-si". Ele quer sair do labirinto, esta é a significação simbólica de seu nome: "Stephen Dedalus". É daí que vem toda espécie de ressentimento que animará Joyce durante sua vida contra a Igreja Romana, e também a enorme influência do pensamento católico sobre o seu, de seu simbolismo e de sua liturgia.

"Irlandês, sou excessivamente irlandês." Dublinense até a morte, embora rejeitado pela Irlanda, ele aceitará toda a sua herança e principalmente a obsessão do domínio inglês, que todo irlandês abriga em seu coração, mesmo hoje que o Eire é livre. Sua obra, cuja parte mais importante foi escrita em Trieste, Zurique e Paris, obra de exilado e de fora-da-lei, é antes de tudo a de um habitante de Dublin, antiinglês embora falando inglês, de cultura católica, com aquele velho fundo celta e legendário, todo de magia pagã e verde, visionário, mas contrabalançado pelo violento humor que já era a arma do deão Swift. No fim do *Retrato,* pode-se ler o diário do jovem desenraizado e o triplo juramento que ele faz a si mesmo, de exílio, astúcia e silêncio, enquanto promete que, durante sua Viagem, produzirá, dentro de dez anos, uma obra. Ele termina por essas linhas:

Abril 26 — Minha mãe está arrumando minhas novas roupas de saldo. Agora ela reza, dizendo que posso aprender, em minha própria vida e longe de casa e dos amigos, o que é o coração e o que ele sente. *Amém.* Assim seja. Bom dia, ó vida! Vou reencontrar pela milionésima vez a realidade da experiência e forjar na forja de minha alma a consciência incriada de minha raça.

Abril 27 — Velho pai, velho artesão, mantém-me agora e sempre no devido lugar.

É certo que o *Retrato* não é exatamente uma autobiografia, mas antes um manifesto inspirado a Joyce por sua própria vida. Ele não escreveu *Retrato de um Artista,* mas *do Artista;* ele dá ao desenho que traça um alcance mais geral. Assim ele condensou, suprimiu ou transformou muitas coisas: para comprová-lo, basta comparar o texto definitivo com *Stephen Hero.* Mas Joyce assume todas as afirmações de sua personagem, e esta última representava, a seus olhos, a imagem que, em sua juventude, ele podia oferecer a seus amigos.

Depois, é a vida de estudante, uma primeira estadia em Paris, os meios literários irlandeses, o movimento de renascimento celta, com seu claro-obscuro e os primeiros poemas de *Yeats.* No meio de tudo isso, o rapaz, com sua falta de respeito, sua arrogante perspicácia crítica. Escreve ensaios, os poemas de *Chamber Music.* Mas os aborrecimentos começaram quando Joyce quis publicar seu primeiro livro importante, as novelas de *Os Dublinenses*. O autor conta ele mesmo, numa carta dirigida em 1932 ao editor americano de *Ulisses:*

O senhor deve estar a par das dificuldades que encontrei para publicar tudo o que escrevi, desde o primeiro volume de prosa que tentei publicar: *Os Dublinenses*. Tanto os editores como os tipógrafos pareciam ter chegado a um acordo, quaisquer que fossem as divergências de seus pontos de vista em outras matérias, de não publicar nada meu tal como eu tinha escrito. Nada menos do que vinte e dois editores e tipógrafos leram o manuscrito de *Os Dublinenses*, e quando afinal ele foi impresso, uma pessoa muito bem intencionada comprou a edição inteira e a queimou em Dublin, num novo e particular auto-de-fé.

Embora acabado há muito tempo. o livro só pôde aparecer em 1912.

"Sem a colaboração de *The Egoist Press*, dirigida por Miss Harriet Weaver, o *Retrato* poderia ser ainda um manuscrito", continua ele. Todos se aliam, ao que parece, para forçar Stephen Dedalus a manter seu triplo juramento. Numa peça escrita em Trieste imediatamente depois do *Retrato* — *Exílios* —, Joyce descreve sua própria situação e as razões que tinha para deixar seu país, renunciar a um futuro de professor de línguas românicas numa universidade de língua inglesa, já que ele não queria renunciar àquela sinceridade de tom que tanto feria os ouvidos de seus compatriotas, e escolher sua existência de estrangeiro perpétuo, professor da Escola Berlitz.

Ele conta:

O senhor pode bem imaginar que, quando cheguei a Paris no verão de 1920, com o volumoso manuscrito de *Ulisses,* tinha chances ainda menores de encontrar um editor, devido à supressão, depois de sua publicação, do décimo-primeiro episódio na *Little Review,* dirigida por Miss Margaret Anderson e Miss Jane Heap. Esses dois editores, como o senhor provavelmente se recorda, foram perseguidos pelas instâncias de alguma sociedade. O resultado foi que toda publicação ulterior em revista foi proibida. Os exemplares existentes foram confiscados, e, acho, tomaram as impressões digitais dessas duas senhoras... Meu amigo Ezra Pound e minha boa sorte me puseram em contato com uma pessoa muito inteligente e muito enérgica, Miss Sylvia Beach, que tinha mantido durante os anos precedentes uma pequena livraria inglesa e uma biblioteca de empréstimos em Paris, sob o nome de *Shakespeare et compagnie*. Essa mulher corajosa correu o risco que os editores profissionais não ousavam correr, tomou o manuscrito e fê-lo imprimir.

A tradução francesa logo apareceria. O livro fez o efeito de uma bomba, inúmeras controvérsias se travaram em torno dele. Era imediatamente a glória mundial, em

129

meio a um grande escândalo. Considerado como pornográfico, foi proibido em todos os países de língua inglesa:

A publicação de *Ulisses* no continente mostrou ser somente o começo das complicações no Reino Unido e nos E.U.A. Alguns exemplares de *Ulisses* foram expedidos para a América e para a Grã-Bretanha, e como resultado foram todos apreendidos e queimados pelas autoridades alfandegárias de Nova York e Folkestone. Isto criou uma situação muito particular. Por um lado, eu não podia mais adquirir o *copyright* nos Estados Unidos, porque eu não podia preencher as obrigações da lei americana de *copyright,* que exige a republicação nos Estados Unidos de qualquer obra inglesa publicada alhures, num prazo de seis meses, e, por outro lado, a demanda de *Ulisses,* que aumentava a cada ano pelo fato de o livro ter penetrado em círculos mais vastos, forneceu a certas pessoas pouco escrupulosas a ocasião de imprimi-lo e vendê-lo clandestinamente.

Entretanto, a situação de Joyce se consolidava. Em Paris, um círculo de amigos devotados o cercava, enquanto ele empreendia o *Finnegans Wake.* Ele os recebia cantando para eles; todos os irlandeses, ao que dizem, têm paixão pelo canto. Sua visão diminuía, mas pouco a pouco as complicações se arranjavam. Decisões jurídicas logo permitiram a impressão de todos os seus livros na Inglaterra e nos Estados Unidos. E a última obra ia avançando, causando um espanto cada vez maior. Foi publicada em 1939, ao mesmo tempo em Londres e em Nova York. Alguns meses depois, era a guerra; o grande escritor, completamente cego, refugiava-se na Suíça. Seu filho cantava, ao que parece, tão bem quanto ele, mas sua filha era meio louca. Quase na miséria, muito doente, ele morreu em Zurique na mesa de operação.

A obra completa de Joyce se compõe pois, ao todo, de seis volumes e alguns fragmentos. Aos primeiros poemas ele acrescenta, pouco depois do aparecimento de *Ulisses, Poems Pennyeach,* o que quer dizer: poemas a um tostão cada, ou mais exatamente, a um *penny* cada. Com efeito, o livro custava um *shilling* e continha treze poemas, uma dúzia de treze. Ele reuniu essas duas obras em seus pouco volumosos *Collected Poems,* acrescentando a elas um único texto novo, o mais belo de seus poemas curtos: *Ecce Puer,* escrito por ocasião do nascimento de seu único neto, Stephen.

Eu deveria deter-me mais nos *Dublinenses,* pois essas poucas novelas são extremamente bem sucedidas e marcam uma data importante na literatura inglesa. Muito rentes à realidade, muito reais, com poucos acontecimentos no interior de cada uma delas, e somente os acontecimentos mais normais. Numa delas, *Os Galantes,* a intriga é simplesmente sugerida pelas conversas que se travam depois e antes de seu desenrolar. Que tinham pois essas histórias de tão escandaloso? Algumas linhas sobre o rei da Inglaterra, talvez, mas isso ainda não era nada. Seu grave pecado era que o autor tinha insistido absolutamente em que suas narrativas se desenrolassem em lugares reais, e que ele as tinha povoado de personalidades de Dublin, sem querer disfarçar seus nomes. Os burgueses da capital irlandesa tiveram um grande desprazer ao se verem assim representados nesses retratos tão vivos, tão parecidos, tão indubitavelmente reconhecíveis. Mas a qualidade dessa primeira obra é mascarada pelo brilho ofuscante daqueles dois monumentos que são *Ulisses* e *Finnegans Wake.*

O *Retrato* e *Exílios* são daquelas obras que têm como principal interesse aquilo que o autor escreveu depois. São obras de transição, menos bem sucedidas do que *Os Dublinenses,* pois os limites dentro dos quais elas se mantêm começam a não mais bastar a Joyce. Seus problemas pessoais cada vez mais urgentes fazem explodir seu primeiro modo de ver o mundo.

Joyce escrevia ao editor de *Os Dublinenses* que ele havia procurado um estilo de escrupulosa exatidão. No seu novo livro, o próprio estilo vai modelar-se segundo a evolução do protagonista. Passe-se de uma visão infantil das coisas a uma narrativa cada vez mais subjetivada, que termina na firmeza do diário íntimo. É ali que, pela primeira vez, o famoso "monólogo interior" foi empregado por Joyce em grande escala. Do mesmo modo, é nos *Exílios* que ele volta às unidades aristotélicas de tempo e de lugar. O *Retrato* é uma passagem do mundo de *Os Dublinenses* para o de *Ulisses;* muitas das personagens descritas nas novelas aí reaparecem, como vão reaparecer na epopéia de Leopold Bloom, enquanto se assiste ao crescimento de Stephen Dedalus, que será seu introdutor. O assunto de *Ulisses* apareceu primeiramente a seu autor como o de uma das novelas do primeiro livro, é portanto possível que o *Retrato* seja, intencionalmente, apenas um prefácio à obra que devia vir em seguida.

Ulisses, antes de ser qualquer outra coisa, é um romance. A primeira página nos mergulha em pleno centro de uma conversa. Pouco a pouco, compreendemos que é de manhã cedo, e que a cena se passa no topo de uma torre, sobre a baía de Dublin. É a morada de dois jovens: Stephen Dedalus e Buck Mulligan. Já conhecíamos o primeiro, o outro é um estudante de medicina, boa vida e muito crente. Sente-se que ele exaspera Stephen, mas que este, de certa forma, se apega a ele. É Stephen quem paga o aluguel, mas Buck Mulligan exige guardar a chave. Assistimos a seu desjejum em companhia de um terceiro malandro, Haines, convidado de Buck, estudante de Oxford, muito convencido e muito insignificante.

Stephen mudou, desde as últimas páginas do *Retrato*. Viajou. Foi a Paris e diversas lembranças dessa cidade continuam a persegui-lo, seu quarto, a atmosfera da Biblioteca Sainte Geneviève, algumas aventuras. Sobretudo, sua mãe morreu. É um momento trágico que pesa sobre ele, desorientando-o ainda mais. No momento em que ela sentira que ia partir, chamara Stephen para perto dela e lhe tinha pedido que ele rezasse por ela e por seu repouso; ele havia recusado, não podendo admitir entre sua mãe e ele qualquer mentira, naquele momento. Ela morreu no desespero. O remorso o devora ao longo desse dia que começa, ele não consegue livrar-se desse fantasma.

Vemo-lo dar sua alma, depois passar pelo escritório de seu diretor para receber seu magro salário. O aluno Stephen agora é professor, sem muita convicção. E finalmente, vemo-lo errar ao longo da baía de Dublin, onde ele vê entrar um barco.

Na segunda parte, começa o dia de uma outra personagem, Leopold Bloom. Casado com uma cantora que o engana e que ele engana, judeu convertido, vago jornalista, é aparentemente um triste indivíduo. Tem fotografias obscenas em suas gavetas e transporta em seu bolso um livro intitulado: *As Doçuras do Pecado*. Um homem comum, talvez, mas certamente não qualquer homem comum. Sob essa aparência muito mesquinha, veremos que se esconde uma pessoa humana bem sucedida, em meio ao absurdo de um mundo que começa a se decompor. Seguimo-lo de seu quarto até a farmácia, em seu banho etc., todo o seu dia é analisado ao microscópio, todo esse dia está ali, aberto diante de nós, palpitante e dissecado, um dia como os outros, afinal; mas ele nos prova que cada um dos nossos dias é uma miséria e uma imensidão.

Na mesma hora que Stephen, Leopold Bloom vê o mesmo barco entrar na baía de Dublin. Ele encontra, na biblioteca municipal, o rapaz engajado numa brilhante conversa acerca de *Hamlet*. Ele o encontra ainda na sala de redação de seu jornal. Tinha aliás vislumbrado sua silhueta de manhã, seguindo um enterro em companhia de seu pai, Simon Dedalus. Enfim, depois de todos esses cruzamentos, os itinerários dos dois heróis se juntam num jantar de estudantes na clínica-maternidade de Dublin. Stephen tinha sido convidado por seus amigos, Bloom ali entrou por acaso, tendo vindo para ter notícias de uma mulher em trabalho de parto. Terminado o jantar, todos os participantes, mais ou menos bêbados, precipitam-se, na maior excitação, em direção de uma casa da zona.

De repente Stephen, como que tomado de pânico, quebra um lampião de gás. Obscuridade, desordem. Todos fogem. Interpelação de agentes. Stephen é ferido, cai e fica abandonado na calçada. É Bloom quem o ajuda a levantar-se, leva-o a um bar para tomar um café e o conduz a sua própria casa. Lá, ao deitar-se, ele acorda sua mulher que não volta a adormecer senão nas primeiras horas da manhã.

Muito grosseiramente, tal é a intriga de *Ulisses*, do ponto de vista mais exterior, tais são os "acontecimentos" que preenchem suas oitocentas páginas. Um dia, através do qual passeamos por todos os bairros da capital da Irlanda católica. Mas, ao invés de assistirmos a ele apenas do ponto de vista do narrador, que aparece entre suas criações, vivemos, esse dia, em grande parte "através" das três personagens principais, Stephen, Bloom e Marion Bloom. Através de Stephen, nos três primeiros capítulos, através de Bloom (mais freqüentemente) na segunda parte. No fim dessa segunda parte (é o episódio do bordel), numa dramatização alucinada, vemos ao mesmo tempo através de Bloom e de Stephen. Enfim, o livro se termina pela imensa frase sempre recomeçada e nunca terminada, o interminável monólogo que Marion Bloom se conta a ela mesma, entre o momento em que o marido a acordou e aquele em que readormece.

Os modos como as três personagens lêem seu próprio livro são muito diferentes uns dos outros. Stephen e Bloom monologam verdadeiramente. O primeiro, sobretudo, é um intelectual, e mesmo um escolastizante, e sua inclinação pelo raciocínio é acentuada pela perpétua ruminação de lembranças que o atormentam. É um pouco como se um fonógrafo tivesse gravado sua linguagem, já articulado mas não sonoro. Quanto a Marion Bloom, trata-se de outra coisa. Mais fêmea do que feminina, seu discurso interior não é pontuado, nem formulado, quase que nem articulado. Ele exprime algo que está um pouco abaixo do nível da linguagem. É antes um esforço de descrição do fluxo da consciência do que uma tentativa de reprodução. Sabe-se o partido que William Faulkner soube tirar de tal processo num livro como *O Som e a Fúria*.

O autor dispõe assim de um instrumento espantosamente variado, explorando agilmente uns após outros todos os níveis de suas personagens; sabe-se que ele não se detém aí. Disseram que a principal personagem de *Ulisses* é a linguagem, e há nisso algo de profundamente verdadeiro. Pouco a pouco, à medida que penetramos no corpo do livro, esse "meio" toma uma independência cada vez mais notável. Cada um dos episódios tem seu estilo, seu tom musical, seus procedimentos próprios ditados pelo próprio assunto, e seu

133

lugar no conjunto. Os tempos e as orquestrações de cada um deles se chamam uns aos outros, encadeiam-se ou contrastam-se como os movimentos de uma sinfonia.

A Irlanda é uma pátria de cantores, Joyce tinha muito orgulho de sua voz, e não é por acaso que Marion Bloom é cantora. A memória de Bloom é povoada de fragmentos de *bel canto*, enquanto as melodias gregorianas perseguem a de Stephen. Um dos episódios se passa numa sala de concerto e é construído como uma fuga, depois de uma abertura de duas páginas que parecem à primeira vista ininteligíveis, mas nas quais, logo percebemos, todos os temas posteriormente desenvolvidos são anunciados. A conversa de duas moças, a entrada de Bloom e seu monólogo, as entradas das outras personagens, todas essas "vozes" se juntam em contraponto umas às outras, evoluindo em imitação umas com relação às outras, e ritmadas por uma bateria de onomatopéias, até a nota final: *done* (está feito).

No capítulo seguinte, a intriga exposta através da gíria de uma conversa não será mais do que uma sugestão que vai ser comentada e ampliada de todas as maneiras com uma extraordinária virtuosidade paródica, aproveitando todas as dicas que lhe oferece o fio da realidade. Toda espécie de resenha, todos os exemplos de estilo "jornal" por aí passam, separados e reunidos pela conversa no cabaré. Há principalmente uma extraordinária narrativa de uma execução capital, que se pode considerar como um dos mais belos exemplos de humor negro.

Por contraste, o novo episódio começa do modo mais ironicamente banal, uma cruel "vigília campesina". Moças na praia com crianças, e os desejos que uma delas pode inspirar a Bloom no fim da tarde. A sátira se torna cada vez mais áspera, o sentimento cada vez mais forte, depois se acalma com a caída da noite, enquanto os pensamentos de Bloom giram novamente em torno de sua mulher.

Para descrever o banquete na maternidade, o estilo, primeiramente de uma obscuridade impenetrável, passa por todas as fases do desenvolvimento da língua inglesa, tomando o modo de se exprimir ora a Sir Thomas Malory, ora a Chaucer, Bunyan, Addison, Sterne, Carlyle etc., até a secura científica e uma explosão final, gritante de caos modernista, e isto à medida que, na sala de operações, ao lado, a criança acaba de nascer, penosamente. Disso resultam efeitos de um cômico irresistível, por exemplo, a descrição de uma lata de sardinhas em inglês do século XV, mas sente-se bem que não se trata simplesmente de escrever "à maneira de", mas de um uso muito mais profundo do pastiche. Realmente, nessa passagem, vê-se a própria linguagem evoluir em contraponto com o dia que continua, viver sua vida própria de linguagem, desde longínquas origens até este 16 de junho de 1904.

134

Essa espessura de transposição é utilizada ao máximo no que se chamou a *Walpurgisnacht* de *Ulisses* (não sem razão, pois as referências a Fausto são constantes), o episódio do bordel onde, aproveitando a excitação de suas personagens, ele mistura o imaginário e o real numa prodigiosa e terrível fantasmagoria, e apresenta através do duplo drama de Stephen e de Bloom uma grande dança macabra e burlesca.

Poder-se-ia prosseguir por muito tempo o estudo da composição musical de *Ulisses* e o emprego que aí se faz da linguagem, desse ponto de vista. O complicado crescendo da parte central é enquadrado por duas suítes simétricas. Na primeira (consagrada a Stephen), as relações entre os estilos dos três episódios contêm, em potencial, as que existem entre os três últimos. Assim como o décimo-sexto é uma narrativa, o primeiro também o é, com uma utilização somente parcial do monólogo, mas é uma narrativa mais ou menos como a que poderia fazer Leopold, cansado, nessa hora avançada da noite. O décimo-sétimo é tratado inteiramente em perguntas e respostas, como um catecismo, mas, olhando-se mais de perto, nota-se que o segundo se desenrola também quase que inteiramente sobre as perguntas que Stephen faz a seus alunos ou as que lhe faz em seguida o diretor. Enfim, o terceiro e o décimo-oitavo são os únicos inteiramente monologados. As diferenças levemente marcadas que existem entre os três primeiros capítulos se encontram desenvolvidas ao extremo entre os três últimos.

Joyce tinha amplificado sua linguagem pela integração de dialeto, gíria, farrapos de línguas estrangeiras, pelo emprego constante de onomatopéias. Ele tinha a mania de chamar as coisas por seus nomes e obtinha assim uma notável crueza de expressão, tão sensível hoje como em 1922. Que barulho se fez em torno da obscenidade de *Ulisses!* Desejando dar uma visão completa daquele dia, e, através dele, do homem, ele descreve coisas que geralmente calamos. Pelo processo do monólogo interior, ele quer visitar em todos os seus recônditos os subterrâneos de suas personagens. Nada lhes será deixado, nenhum segredo lhes será consentido, nem um recanto de sombra em que ele não queira passear sua impiedosa lanterna. Elas estão ali, expostas, inteiramente abertas, entregues como no dia do julgamento final. No último monólogo, essa penetração é particularmente sensível pelo fato de a personagem ser mulher. A escavação é tão profunda que ficamos constrangidos, como se tivéssemos penetrado em algum segredo proibido. Molly Bloom se desvenda, se vira pelo avesso como se vira uma luva ou uma roupa. Vêem-se todas as costuras, todos os remendos, todas as migalhas nos fundos dos bolsos, todos os fios que pendem por entre a poeira.

135

Coisa horrível e suja, mas também coisa magnífica e viva, que continua uma aventura extraordinária em meio à tristeza deste mundo.

Com efeito, os métodos de investigação de *Ulisses* nos dão a impressão de penetrar num mundo que desmorona. A ilusão teatral é dissolvida, somos introduzidos por detrás dos cenários, nessa maquinaria desvendada que pode revelar-se mais bela, afinal, do que o espetáculo que tentavam mostrar-nos. Os universos intelectuais de Stephen e de Bloom perderam o apoio de uma certeza ou de uma transcendência, são mal-assombrados pelos restos dos velhos sistemas. E, em meio a esse aturdimento, esse lento desmoronar camuflado pelos gracejos cotidianos, os homens perdidos e isolados tentam viver apesar de tudo, e se buscam uns aos outros. No meio dessa paisagem de ruínas desprovidas de graça, a verve das pessoas de Dublin continua sua grande aventura, e os mesmos problemas humanos continuam a colocar-se, como eram colocados através dos grandes mitos de outrora. Mortes e nascimentos continuam.

Stephen Dedalus, o filho perpétuo, parece ter rompido com toda a sua ascendência intelectual, a Igreja. Está pois à procura de um apoio, e tenta encontrá-lo em Buck Mulligan. Mas a juventude deste último não lhe permite compreender essa busca de um pai. Stephen recusa a idéia de que o parentesco seja um fato puramente fisiológico, e seu pai segundo a carne, Simon Dedalus, é para ele um estranho. Merece ele o desprezo que lhe dedica o filho? Provavelmente não, mas este rompeu com a família inteira, até o presente.

Por seu lado, Leopold Bloom é atormentado pela idéia da morte de seu filho Rudy. Ele tem uma filha, Milly. Mas esta é o retrato de sua mãe e não pode representar aquele filho no qual ele poderia durar. É essa ânsia de paternidade que o impele ao adultério e que faz com que ele espere notícias de Mrs. Purefoy no hospital. Ao longo do livro, acompanhamos os pensamentos desses dois homens que se buscam sem saber e esses pensamentos revelam, apesar de suas profundas diferenças, um verdadeiro parentesco. E é no momento do jantar de estudantes, enquanto espera notícias do parto iminente, que Bloom realiza pela primeira vez a aproximação entre Rudy desaparecido e Stephen, por quem ele começa a experimentar uma grande piedade.

No fim da grande fantasmagoria do bairro escuso, quando Stephen fica abandonado depois de sua crise, Bloom o recolhe e o toma sob seus cuidados, enquanto no seu espírito aparece o fantasma de Rudy. Encontro provisório, assim o sentimos; que restará dele no dia seguinte? As duas vidas se separarão novamente; ter-se-ão elas, a bem dizer, realmente se encontrado? E, no entanto, sentimos que

136

os acontecimentos desse dia deixarão uma pegada profunda nos dois caminhos.

Molly, em meio a essas idas e vindas, é aquela que liga os dias, imagem de "Gé, a terra", diz-nos textualmente Joyce. Sua mudança é apenas de superfície; nas profundidades, seu ser é de fidelidade. Ela volta a dormir, numa aquiescência lírica à realidade; este livro, do qual se disse apressadamente que ele só continha a destruição, termina por um triplo *sim;* mas é certo que Molly era a única pessoa do livro que poderia proferi-lo.

Assim, é em torno do problema central das relações entre pai e filho que se trava toda a dialética de *Ulisses,* e não é certamente por acaso que, desde as primeiras páginas do livro, se fazem referências a *Hamlet.* As relações entre os dois temas são evidentes. O príncipe da Dinamarca, como Stephen, é consumido por essa mordedura do em-si, *agenbite of invit.* Ambos são responsáveis pelo desespero de sua mãe, porque, apesar das súplicas desta última, eles não podiam se separar da personagem que representavam. Dos dois lados, presença de um "falso" pai, cheio das melhores intenções do mundo para com esse filho que os recusa. Mas o que é mais interessante é a própria interpretação que Joyce dá à antiga tragédia, através da brilhante conversa de Stephen, na biblioteca. Para ele, a personagem principal é o espectro, o pai verdadeiro que vem em busca do filho, e Shakespeare não se teria representado na figura do estranho príncipe mas na do fantasma do velho rei. Do mesmo modo, à primeira vista, sobretudo se nos fiarmos no *Retrato,* Stephen é o retrato e o porta-voz do próprio Joyce. Mas, na realidade, Bloom o é igualmente e, na existência, é preciso que o filho se torne pai, por sua vez. A maior parte dos amigos de Joyce, no momento da publicação de *Ulisses,* pensou que Ulisses era Stephen. Sabe-se que, no *Retrato,* o aluno Joyce, através de Stephen, responde a um professor que lhe perguntara qual era seu herói preferido: "Ulisses." A que o professor retruca: "Mas não é um herói." Ora, é preciso se render à evidência: Ulisses é Bloom.

Pode ter parecido estranho, com efeito, que não tenhamos ainda falado desse título, à primeira vista misterioso. Desde as primeiras páginas, evidentemente, *épi oinopa ponton* é uma citação da *Odisséia,* e fala-se talvez incidentalmente do poema homérico em determinadas conversas, porém não mais do que de muitas outras coisas. Na realidade, como todos sabem, esse título é uma chave que Joyce nos dá para penetrar nos mistérios de sua fabricação. O dia de Bloom era primeiramente o assunto de uma novela. Tendo visto suas relações com a epopéia grega, o autor delas se serviu para ampliá-la e aprofundá-la. O mundo da *Odisséia* é o arcabouço que permitiu cons-

137

truir o de *Ulisses*. Joyce persegue sempre vários objetivos ao mesmo tempo, conduz várias ações, faz cantarem várias vozes. Stephen é Telêmaco à procura de Ulisses Bloom. Molly é Penélope. Cada um dos capítulos de *Ulisses* corresponde a um dos dezoito episódios principais da *Odisséia*, e é a partir de cada um destes que Joyce diversificou suas preocupações e seus métodos, utilizando, para construir seu livro, um esquema prévio, que não interessa conhecer antes de se ter lido a própria obra e que pode ser encontrado no livro notável de Stuart Gilbert: *James Joyce's Ulysses*. Eis por que se dão em geral aos capítulos de *Ulisses* os títulos dos episódios da *Odisséia* que lhes corresponde.

Num dia de Dublin, é possível reencontrar toda a *Odisséia*. Em meio à estranheza contemporânea, reencarnam-se os velhos mitos, e as relações por eles expressas permanecem universais e eternas. Stuart Gilbert, creio, foi o primeiro a assinalar a importância tomada pela palavra *metempsicose* no decorrer do livro. No momento em que seu marido se levanta, Molly Bloom lhe pergunta a significação dessa palavra, que ela deforma. E ao longo de todo o dia, essa palavra ou palavras associadas ressoarão no espírito do jornalista. Através desse velho sonho de volta, exprime-se a dura necessidade de durar, de escapar à fatal erosão do tempo. Ele pode ser considerado como uma má interpretação daquela sede de estruturas fundamentais presidindo às idades e a seus desvios. "A história é um pesadelo do qual tento despertar", declara Stephen. Isto não bastaria para persuadir-nos de que *Ulisses* tem intenções mágicas ou gnósticas?

Nenhum livro começa de modo mais abrupto; desde as primeiras linhas, somos atingidos pela voz de Buck Mulligan parodiando. *Introibo ad altare Dei*. O tom blasfematório se acentua, torna-se cada vez mais violento, até o episódio de "Circe" (o do bairro escuso). *Ulisses* é uma missa negra, desde o *Introibo* até o *Amém* final de Molly Bloom. Stephen entra na casa pública salmodiando: *Vidi aquam egredientem* etc. E o tema é retomado e condensado em sua imaginação desvairada, pelo desenrolar tradicional do sacrilégio, cujo *Introibo ad altare diaboli* responde à paródia do começo. Ao longo de todo o livro transparecem obscuras alusões à santa ceia, no jantar, à ressurreição, no episódio de "Circe". Mas estejamos atentos ao fato de que, para James Joyce, como ele declara em *Stephen Hero,* toda obra de arte é uma "epifania", uma revelação da divindade. Todas as coisas revelam Deus.

"A história é um pesadelo do qual tento despertar", declara Stephen a seu diretor Mr. Deary. Este responde: "Os caminhos do Criador não são os nossos caminhos, toda a história se move em direção a um grande objetivo, a manifestação de Deus". Stephen volta então seu polegar para a janela e diz: "Isto é Deus. — O quê? — Um barulho na rua". O próprio diabólico não é mais do que a inversão do divino; podemos ler, logo depois do episódio da missa negra em "Circe", estas linhas:

THE VOICES OF ALL DAMNED
tengier tnetopinmo Dog Drol eht rof, Aiulella
(Form on high the voice of Adonai calls.)
ADONAI
Doooog.
THE VOICES OF ALL THE BLESSED
Alleluia, for Lord God omnipotent reigneth.
(From on high the voice of Adonai calls.)
ADONAI
Goooood*.

Assim, através da inversão e da aparência fraturada do mundo, nos delineamentos de nossa solidão, revela-se entretanto uma figura eterna, esboça-se apesar de tudo um certo destino divino.

A partir de 1922, James Joyce lançou-se numa obra cujo aparecimento fragmentário em *Transition* provocou ao mesmo tempo os comentários mais entusiásticos e os mais inquietos. Em 1927, quando apenas um quarto do texto tinha saído, Shakespeare and Company publicou: *Our Examination round his Factification for Incamination of Work in Progress,* uma coletânea de doze ensaios e duas cartas de protesto. Antes mesmo de que se conhecesse seu verdadeiro título, a obra tinha desencadeado em torno dela todo um clima de discussões e exegeses. É preciso dizer que um leitor não-prevenido que tivesse visto sair *Finnegans Wake* e tivesse folheado algumas de suas páginas, teria provavelmente evitado insistir. Mas, graças a Deus, o autor tinha arranjado as coisas de tal modo que não podia haver leitor não-prevenido.

Certamente *Ulisses,* pela amplitude de suas perspectivas, sua vida, sua verdade, sua variedade, pela perfeição de sua escritura e seu paradoxal classicismo, representava um acabamento. Mas assim como o *Retrato* conduzia de *Dublinenses* a *Ulisses, Ulisses* forma a passagem necessária entre o mundo dos *Dublinenses,* inserido na tradição inglesa, e o de *Finnegans Wake.* Sobrevoando rapidamente este livro, quis trazer à luz alguns dos pontos pelos quais ele anuncia o seguinte. Os episódios do primeiro serviram *a posteriori* como cadernos de experiências.

* AS VOZES DE TODOS OS DANADOS / tengier tnetopinmo Dog Drol eht rof, Aiulella / (Do alto, a voz de Adonai chama.) / ADONAI / Cãããão. / AS VOZES DE TODOS OS ELEITOS / Aleluia, pois o Senhor Deus todo-poderoso reina! / (Do alto, a voz de Adonai chama.) / ADONAI / Deeeeus. (N. da T.)

A obra começa no meio de uma frase, por uma palavra que não se encontra em nenhum dicionário: *riverun,* mas que é imediatamente compreensível como uma compressão de *"river* = rio" e *"to run* = correr":

Riverum, past Eve and Adam's from awerve of shore to bend of bay brings us by a *commodius vicus* of recirculation, back to Howth Castle and Environs*.

Somos imediatamente surpreendidos por um ritmo estranho, a língua inglesa toma realmente um novo jeito, com aquelas duas palavras latinas metidas lá no meio. Nos três parágrafos seguintes, as dificuldades se acumulam, as línguas se misturam, as palavras sofrem transformações surpreendentes. Uma imensa onomatopéia de cem letras, com uma tremenda ribombância de consoantes enquadram "trovão" e *thunder* acompanha a *pfsqueda* de Finnegans. Depois de espantosos ruídos de batalha, chegamos ao fim do quarto parágrafo, onde as coisas se acalmam um pouco: "To a setdown secular phoenish", que pode ser traduzido por: "Até o poente de uma secular esfinge". É então que uma história começa.

Essa linguagem propriamente inédita dá ao livro um ar de impenetrabilidade quase absoluta, e no entanto, pouco a pouco, essas páginas pululantes se esclarecem. Sobre o velho fundo da língua inglesa, Joyce integra todos os provincianismos e todos os defeitos de pronúncia, multiplica os neologismos e as expressões de gíria, amontoa as palavras e as contrai, obtendo assim uma vertiginosa densidade de expressão. Ele era um extraordinário poliglota: falava alemão, italiano e francês tão bem quanto o inglês. Encontram-se por vezes frases inteiras em francês, por exemplo, esta citação de Edgar Quinet:

Aujourd'hui comme au temps de Pline et de Columelle, la jacinthe se plaît dans les Gaules, la pervenche en Illyrie, la marguerite sur les ruines de Numance, et pendant qu'autour d'elles les villes ont changé de maîtres et de noms, que plusieurs sont entrées dans le néant, que les civilisations se sont choquées et brisées, leurs paisibles générations ont traversé les âges et sont arrivées jusqu'à nous, fraîches et riantes comme aux jours des batailles**.

---

* "riocorrente, depois de Eva e Adão, do desvio da praia à dobra da baía, devolve-nos por um *commodius vicus* de recirculação de volta a Howth Castle e cercanias." (Cf. Augusto e Haroldo de Campos, *Panaroma do Finnegans Wake,* São Paulo, Editora Perspectiva, 1971, p. 35. (N. da T.)

** Hoje, como no tempo de Plínio e de Columelo, o jacinto se compraz na Gália, a pervinca na Ilíria, a margarida sobre as ruínas de Numância e, enquanto em torno delas as cidades mudaram de dono e de nome, enquanto muitas desapareceram no vazio, enquanto as civilizações se chocaram e se destruíram, suas pacíficas gerações atravessaram as eras e chegaram até nós, frescas e sorridentes como nos dias das batalhas. (N. da T.)

Ou em latim. Mas através de todo o texto aparecem palavras emprestadas de pelo menos dezessete línguas, sobretudo francês, italiano e alemão, mas também grego, sânscrito, irlandês antigo, russo etc., e, ainda mais, Joyce realiza contrações de várias palavras de línguas diferentes e introduz, pela simples mudança de uma ou duas letras uma palavra, uma referência a alguma língua estrangeira. Ele leva suas técnicas de contraponto verbal até as últimas conseqüências, acumulando, através das deformações, várias significações superpostas numa mesma frase, escrevendo com palavras inglesas paródias de textos estrangeiros, por exemplo: "Wallalhoo, Wallalhoo, mourn is plein", através do que ouve-se imediatamente em francês: "Waterloo, Waterloo, morne plaine" ("Waterloo, Waterloo, sombria planície") e que quer dizer ainda: "Wallalha, Wallalha, o luto é completo" ou ainda: Wallalha, Wallalha, la lune est pleine" ("Wallalha, Wallalha, a lua é cheia"). A linguagem começa a viver de modo inquietante. Palavras fermentadas, como diz o próprio Joyce. Pela variação indefinida das superimpressões e das desarticulações, ele possui assim em seu vocabulário de "fora-da-lei" um meio de expressão cuja obscuridade ou clareza ele pode graduar a seu bel-prazer.

O autor de *Finnegans Wake* sabia muito bem que ninguém conheceria todas as línguas necessárias para a perfeita compreensão de seu livro em sua literalidade. Mesmo se alguém as conhecesse, não poderia ter em seu espírito ao mesmo tempo todas as associações drenadas por essas frases. Pertence à própria essência dessa obra o fato de ela só ser legível e compreensível gradativamente. É uma aparência de caos, e cada um pode entrar no interior de sua organização pelas vias que lhe são próprias. Em certas passagens, não é forçosamente a mesma significação literal que cada um de nós pode perceber em primeiro lugar. Isto saltará aos olhos de alguns, enquanto outras coisas ficarão ocultas, segundo seus conhecimentos e a configuração de seu espírito. As dimensões e as dificuldades são tais que é impossível acabar de ver todos os pormenores. Compreende-se então que uma tradução, por mais hábil que seja, só possa ser fragmentária; traduzir-se-ão todas as palavras umas após outras, mas de cada uma delas só se traduzirá uma parte, pois por mais engenhosidade que nisso se ponha não se pode "executá-las" do mesmo modo em qualquer língua. Emprego intencionalmente a palavra "executar". *Finnegans Wake* é antes de tudo uma sinfonia. A linguagem é aí tratada, de ponta a ponta, como uma matéria musical no interior da qual se desenrolam temas e variações. A sonoridade das palavras se reveste de uma importância considerável e o ritmo das frases é particularmente estudado e diversificado; feito por

141

vezes de uma sucessão dialogada de palavras curtas, por vezes, ao contrário, estendendo-se em imensos períodos de várias páginas sustentadas por palavras indefinidamente longas.

Através dessa espessura, vemos transparecer uma história. Desde o quinto parágrafo do primeiro capítulo, ficamos cientes da queda e da morte aparente de Finnegan, herói de uma balada irlandesa. Mas que estranha narrativa! Vemos o corpo estendido e ouvimos o lamento: "Mac Cool, Mac Cool orra why did ye die?" ("Mac Cool, Mac Cool dizei por que estais morto?"). Finnegan é confundido com a mais célebre das personagens lendárias da Irlanda, Finn Mac Cool. A cena se desintegra e se revela como sendo, ao mesmo tempo, a paisagem da baía de Dublin. Caímos nas mãos de um guia que nos leva a visitar um museu consagrado a Napoleão e a Wellington. Lendas se mesclam a esse conjunto, que parece ter recuado a um passado indefinidamente longínquo. As personagens mudam de nome, de lugares e de épocas, duma frase a outra. E o capítulo se termina pela narrativa do despertar de Finnegan (*Finnegans Wake*) no momento em que ele ouve gritar *usqueadbaugham,* isto é, *úisque* na ortografia irlandesa, enquanto ele vê chegar do mar uma outra personagem destinada a suplantá-lo, que será o sinal de uma outra obscuridade aumentada pela configuração perpetuamente oblíqua da narrativa. O livro está à procura de sua própria história, que aparece e se transforma através de estranhas substituições, através de pesquisas escolares indefinidamente arriscadas, de uma peça para teatro de marionetes, da anotação de uma lição de casa, da balbúrdia de um cabaré misturada à audição do rádio etc., através dos ruídos da noite.

Havia chaves para *Ulisses,* e a principal era o próprio título. Há certamente chaves para este último livro, basta ver as palavras pelas quais ele quase termina: "The keys to. Given!" ("As chaves para. Dadas!"). Todos os elementos para a compreensão estão em nossas mãos. Quando Louis Gillet perguntou a seu amigo se sua "obra em progresso" se assemelhava a *Ulisses,* este respondeu: "De modo algum. *Ulisses* e a *Obra em Progresso* são o dia e a noite." Sabia-se que *Ulisses* era o mundo e seus problemas vistos através do dia de alguns dublinenses. *Finnegans Wake* é igualmente o ruído do mundo ouvido através da vida noturna e dos sonhos de um cabaré da capital irlandesa. Freqüentemente se tem ressaltado o extraordinário apego de Joyce a sua cidade natal. Não há nenhum de seus livros cuja ação se situe alhures. É através dos edifícios e dos nomes das ruas de Dublin que sua infância se povoa de imagens. É através das primeiras formas desse mundo infantil que são organizadas suas aquisições futuras. Qualquer acontecimento histórico ou mítico é por ele associado aos acidentes dessa cidade-mãe. É através do parque de Dublin, Phoenix Park, que ele imaginará o jardim do Éden. Desde o aparecimento de *Ulisses,* Joyce perdia progressivamente a visão, até se tornar completamente cego. O mundo visual tornou-se para ele pouco a pouco um mundo de lembranças, onde as da infância predominavam necessariamente. Ele assumiu conscientemente aquilo que a maior parte dos homens simplesmente aceita.

Toda a obra está situada no plano do sono e dum sonho do qual todas as coisas participam, um sonho quase sempre assustador, por vezes atroz, repleto de um riso que mascara uma profunda ansiedade. É um pesadelo que vai terminar num despertar. "A história é um pesadelo do qual tento despertar." Toda a história passa pelo pesadelo de *Finnegans Wake* e por sua grande alegria, toda a história misturada, obscurecida, aparentemente absurda, mas através da qual certos temas reaparecem insistentemente e algumas figuras se impõem com vigor. A linguagem de *Finnegans Wake* é certamente o maior esforço jamais tentado por um homem para transcender a linguagem a partir dela mesma, mas o peso da linguagem é apenas uma expressão do próprio peso da história sobre nós, e o mito de *Finnegans Wake* é certamente uma das maiores tentativas de transcender a história através da própria história.

Joyce ilustra essa intenção do modo mais claro possível, na versão que ele nos dá da fábula da cigarra e da formiga, em *The Ondt and the Gracehoper.* A cigarra representa o próprio autor:

> The gracehoper was always jigging ajog, hoppy on akkant of his joyicity*.

A formiga esconde todos os críticos de *Ulisses,* homens exclusivamente diurnos, que a exploração da noite escandaliza. E a fábula termina por estas palavras que lhe dirige a cigarra:

> Your feats end enormous, your volumes immense,
> (May the graces I hoped for sing your ondtship
> [song sense)
> Your genus it's wordwide your spacest sublime!
> But, holy Saltma'rtin, why can't you beat time?**

Em outra passagem, ouvimos um professor perguntar a um aluno mais ou menos isto: se um ser humano adormecido pudesse encarar toda a história ao mesmo tempo,

---

* "A cigarra estava sempre gingando a ginga, felizperançosa de sua jovicidade". (N. da T.)
** Teus feitos acabam enormes, teus volumes imensos, / Possam as graças com que conto cantar o sentido canto de tua formigueza / Teu gênioro é universal, teu espaço sublime! / Mas, bendita Samaritana, por que não podes marcar-vencer o ritmo-tempo? (N. da T.)

143

a que se assemelharia mais nessa grande visão? E a resposta é: "A collideorscape" palavra na qual se pode ler ao mesmo tempo um caleidoscópio (o próprio *Finnegans Wake*) e um corredor por onde fugir, e além disso uma idéia de choques e batalhas (*to collide*) *.

É esse "conhecimento do tempo" que será nossa libertação. Num livro que, apesar de seus defeitos, é mais ou menos indispensável ao leitor estrangeiro para vencer as primeiras dificuldades do texto, *A skeleton Key to "Finnegans Wake"*, Joseph Campbell e Henry Morton Robinson ressaltaram admiravelmente o fato de que cada uma das partes desse livro corresponde a uma das modalidades do instante. A primeira corresponde ao passado legendário e histórico que transparece através dos mitos e que se tenta reconstituir com a ajuda de documentos, a segunda é o próprio presente. É a parte mais real e ao mesmo tempo a mais difícil, como é normal, já que não se tem o recuo necessário para reconstruir a realidade tal qual a conhecemos. Esta parte é consagrada principalmente às crianças. A terceira delineia a presença do futuro enquanto imaginário, são as esperanças que o pai deposita nos filhos e a fatalidade que, através de seu sonho, as ameaça. A quarta é a passagem do instante ao instante seguinte. Ela nos traz ao dia e ao despertar, ao silêncio das verdades noturnas na ação real de cada manhã.

Desde o primeiro parágrafo da primeira página, a palavra *vicus* anuncia um nome que vai revestir-se de particular importância a longo do livro, o do filósofo italiano João Batista Vico. Foi a leitura da *Scienza Nuova* que deu a Joyce a idéia de empreender *Finnegans Wake*. O fundador da Filosofia da História exerceu uma influência semi-oculta mas considerável sobre os teóricos do progresso e os filósofos alemães do século XIX. Foi ele o primeiro, desde os gregos, a colocar filosoficamene os problemas da linguagem, da mitologia e da evolução das sociedades. Algumas de suas idéias conhecem hoje um desenvolvimento considerável, sem que se atribua sempre essas idéias a seu verdadeiro inventor. A linguagem, desenvolvimento do gesto, nasceu do medo causado ao homem pela natureza, medo levado ao máximo pelo ruído do trovão. Com esse medo, a linguagem é a mãe das sociedades humanas, cuja instituição se caracteriza pelo casamento e pela sepultura. Estas sofrem uma inevitável evolução em quatro estágios principais: teocracia, aristocracia, monarquia, democracia anárquica, aos quais correspondem linguagens e escritas particulares, instituições, morais sancionadas por justiças específicas. É sobre as ruínas das velhas civilizações e por

---

* Na tradução de Augusto e Haroldo de Campos: "Um caliduo escapo!" (N. da T.)

meio destas que as novas se edificam e percorrem novamente o mesmo caminho. A história inteira é esse fênix, essa queda e essa ressurreição, essa repetição de cursos e recursos (*corsi e ricorsi*), que se respondem e se entrelaçam.

Os mitos, longe de serem deformações arbitrárias de fatos acidentais, encontram-se, como algumas variantes superficiais, em todas as civilizações. Formam uma primeira e eterna razão nunca completamente revelada. "Os heróis — nos diz ele — são verdadeiros ideais poéticos." Depois de ter comentado a história de Hércules, ele conclui magnificamente:

> Eis aí um importante fragmento daquela história ideal e eterna de que desenhamos os traços e que se deve ler usando nossa arte crítica, as etimologias que distinguimos e o dicionário universal que concebemos acima. (*Scienza Nuova*, I, 256.)

Essa frase poderia ser pronunciada pelo próprio Joyce após a publicação de cada um dos fragmentos de sua obra em progresso.

Um universo num grão de areia. Joyce condensa todas as mitologias e toda a história na noite de Humphrey Chimpden Earwicker (H. C. E., Here Comes Everybody, Aí Vem Qualquer Um), dono de cabaré em Dublin, e de sua família. Podemos compreender agora a verdadeira significação do título: *O despertar de Finnegans*. Depois dos quatro primeiros parágrafos que, como a "abertura" do capítulo das Sereias em *Ulisses*, anunciam a maior parte dos temas em seguida desenvolvidos, o primeiro capítulo nos conta sua fantástica história, até que ele seja suplantado por H.C.E. Ela representa, com relação ao livro, o mesmo papel que este representa com relação à realidade. Aquele burlesco mistério de morte e de ressurreição recobre o mito dos mitos. Ele corresponde àquela história anterior projetada atrás de si pelo homem que começa, H.C.E., a história legendária cujo tempo é sempre antes da história.

Vico declara que a família primitiva contém em si a estrutura de todas as sociedades futuras. Do mesmo modo, para Joyce, é através dessa primeira realidade que o sonho do homem pode compreender aquela grande unidade que é o mundo, e aquele grande dilaceramento. Os problemas da família de H.C.E. encontram uma correspondência não só na história humana, mas na própria natureza, nas relações entre os rios e as árvores, nos problemas de geometria, na teologia mística e na série dos números. A casa de H.C.E. está situada à margem do rio Liffey. O galho de um olmo bate em sua janela. Em todo o livro, ele é chamado por nomes diferentes, que conservam sempre as três mesmas iniciais. As de sua mulher são A.L.P., em

145

geral Anna Livia Plurabelle, nome no qual se reconhece *amnis livia,* o rio Liffey.

O casamento de H.C.E. e de A.L.P. alcançava um perfeito equilíbrio. Mas, a essa dualidade pacífica, vai suceder a de seus dois filhos Shem e Shaun, irmãos inimigos cujas batalhas ressoarão através de toda a história, ocasionadas no mais das vezes pelo desejo de preeminência junto à pequena Isolda, em quem A.L.P. se perpetua. H.C.E. corresponde a Bloom, Shem a Stephen Dedalus (os capítulos que lhe são consagrados são uma verdadeira caricatura do *Retrato* e portanto do próprio Joyce) e Shaun a Buck Mulligan. Mas Shem representa também o irlandês, Shaun todos os invasores, principalmente a Inglaterra e a Igreja Romana. A dualidade tomará, no decorrer da história, todas as formas possíveis. As frases do livro são tecidas com trocadilhos sobre as oposições: Nicolas de Cues-Giordano Bruno, Swift-Sterne, Napoleão-Wellington, Tweedledum e Tweedledee (de Lewis Carroll) etc. Na primeira parte o professor comenta, num dado momento, uma fábula traduzida do javanês: *The Mookse and the Gripes,* ao mesmo tempo *The Mockturtle and the Gryphon* (A Tartaruga Hipócrita e o Grifo, de Lewis Carroll) e *The Fox and the Grapes* (A Raposa e as Uvas). O *Mookse* corresponde evidentemente a Shaun, o *Gripes* a Shem. Na segunda, assistimos, com as crianças da casa, à representação do *Mimo de Mick, Nick e das Maggies* que, como era de se esperar, nos apresenta, transformada, a mesma história de sempre. Os atores correspondem a todas as personagens da "família" de H.C.E., o produtor é o Sr. João Batista Vico, Mick é o arcanjo São Miguel e Shaun; Nick é Lúcifer e Shem; as *Maggies* são Isolda e suas coleguinhas de classe. No terceiro, *The Ondt and the Gracehoper* (*The Ant and the Grasshopper,* A cigarra e a formiga) transpõe uma vez mais a oposição.

Temos ainda Kate a cozinheira, Saunderson o garçon, e, além disso, quatro velhos que comentam o que vêem e correspondem aos quatro evangelistas, quase sempre acompanhados por um asno. (Lembramo-nos todos dos *graffiti* sacrílegos dos primeiros séculos, representando um asno crucificado.) Enfim, o público, os clientes da taberna, geralmente em número de doze ou de um de seus múltiplos.

I. Procura-se primeiramente reconstituir o passado de H.C.E. Vemos que toda esta história é a do seu pecado (correspondente à queda de Finnegans). Que pecado? Não sabemos quase nada a esse respeito, mas o que é certo é que há um pecado. Uma noite, H.C.E. encontrou duas jovens no *Phoenix Park* e foi visto por três soldados. Que se passou, exatamente? Há tantas versões diferentes

146

dessa história! Ela se espalhou por Dublin como um rastilho de pólvora. De tal modo deformaram, acrescentaram, aumentaram, que não se pode saber a verdade. As pessoas o olhavam na rua com um sorriso cheio de subentendidos, seu orgulho se degradava, e no entanto aquela gente nada sabia com certeza, a não ser que algo havia. Nada mais do que um diz-que-diz-que, um boato que encontra sua última expressão na balada satírica de Perse O'Reilly (*Earwicker* quer dizer fura-orelha).

Uma noite, H.C.E., passando de novo pelo parque, foi abordado por um guarda que lhe perguntou a hora. Ele se perturbou, imaginou que tudo tinha sido descoberto e que queriam prendê-lo. Ao invés de responder, começou a gritar que tudo aquilo era falso, que não era ele, que ele não era responsável. Isto bastou para que efetivamente o prendessem. Foi submetido a um inquérito cerrado pelos juízes (quatro) e pelo juri (doze). Tudo isso é reconstituído por um professor em meio a enormes dificuldades. Certas versões contam a detenção de H.C.E. numa prisão submarina onde ele é dado por morto, e o aparecimento de seu fantasma em diversos campos de batalha. Outras perpetuam o julgamento, mas sob a figura de H.C.E. transparece a de seu filho Shaun, acusado por seu outro filho Shem, *the penman* (o escritor). Fala-se de um documento novo, essencial. É uma carta perdida, escrita por A.L.P., enterrada no estrume e encontrada por uma galinha. Foi Shem quem a recopiou, mas foi Shaun quem a roubou e a deu a público, fazendo-a passar por sua própria obra. O professor descreve longamente esse manuscrito que acaba por ser o próprio *Finnegans Wake,* e interroga seus alunos sobre os problemas que ele pode suscitar. Termina sua aula por uma exposição da vida de seu autor, Shem o escritor. É então que ouvimos a voz de Anna Livia, através do diálogo de duas lavadeiras, ao cair da noite. É ela que liga o tempo, que assegura a passagem, que faz escorrer um no outro o presente e o passado, como, no fim do livro, fará escorrer um no outro o futuro e o presente:

O
Tell me all about
Anna Livia! I want to hear all
about Anna Livia. Well you know Anna Livia? Yes of course we all know Anna Livia. Tell me all. Tell me now. You'll die when you hear. Well, you know when the old cheb went futt and did what you know... *

---

* Ah / fala-me de / Ana Lívia! Quero ouvir tudo / sobre Ana Lívia. Bem, você conhece Ana Lívia? Mas claro, / todo mundo. Fala-me tudo. Quero ouvir já. É de matar. Ora, / você sabe, quando aquele malandro fez baque e fez o que / você sabe / (Augusto e Haroldo de Campos, *op. cit.,* p. 55.)

...I fell as old as yonder elm. A tale told of Shaun or Shem?
All Livia's daughtersons. Dark hawks hear us. Night! Night!
My ho head halls. I feel as heavy as yonder stone. Tell me
of John or Shaun? Who were Shem and Shaun the living sons
of daughters of? Tell me tell me tell me elm! Night! Night!
Telmetale of stem or stone. Beside the rivening waters of, rither
and thithering waters of. Night!*

II. A segunda parte nos introduz diretamente no
presente desta história, fala-nos de Shem e de Shaun. As
crianças assistem primeiramente ao espetáculo de marionetes, depois voltam para casa para fazer suas lições. Este
capítulo, uma imensa paródia de todas as ciências humanas,
é certamente o mais denso de todos e o mais difícil. Elas
jantam, deitam-se e começam a dormir, enquanto através
do assoalho se ouve o vozerio confuso da taberna. O
fundo da conversa, onde se julga o velho processo contra
H.C.E., as histórias que contam fulano e sicrano, através
das quais se rebate a eterna e incognoscível história, misturam-se a um *sketch* berrado pelo rádio, ainda mais complicado por interferências e estáticas. Toda a gente vai embora, tudo se acalma; H.C.E., bêbado, cai morto de cansaço
sobre o assoalho e começa a sonhar. A.L.P. agora está velha.
Isolda é a moça, e H.C.E. sonha que ele é o rei Mark
suplantado junto desta por Shaun, *Tristram violer d'amores*.
Partem sobre o mar. Quatro gaivotas sobrevoam seus barcos. Reconhecemos rapidamente os quatro velhos que comentam os acontecimentos.

III. H.C.E., em seu leito, continua sonhando. Shem
é o filho inquietante do qual o próprio presente é o processo, Shaun, aquele no qual o pai deposita todas as suas
esperanças. Enquanto seu sono se torna cada vez mais
profundo, e Shaun empalidece cada vez mais em Jaun (don
Juan) e Haun, e depois em Yawn, H.C.E. o imagina cres-
cido, político falando ao povo, mas eis que esse povo
também lhe pede contas de suas relações com Shem e por
isso o censura. Como Don Jaun pregador ele faz um sermão
a Isolda e suas companheiras, mas é logo substituído junto
delas por Shem. Cada vez mais, sente-se que Shaun também
não escapa a seu processo. Deitado no centro da Irlanda,
vítima do inevitável interrogatório, aquele que condenava
Shem é agora, ele próprio, inevitavelmente condenado.
Pouco a pouco ele se desintegra e finalmente é sempre

* Sinto-me tão calma como aquele olmo. Um conto contado de
Shaun ou Shem? Todos os filhos filhas de Lívia. Falcões da escuridão
ouvi-nos. Noite! Noite! Minha ah cabeça dói. Sinto-me tão lerda quanto
aquela pedra. Fala-me de João ou Shaun? Quem foram Shem ou Shaun
os filhos ou filhas vivos de? Tudo treva! Fala-me, fala-me fala-me
álamo! Noite noite! Fala-me-fala de planta ou pedra. Os riocorrentes
águas de, as indo-e-vindo águas de. Noite! (*Ibidem*, p. 62.)

148

H.C.E. que é o acusado e tenta defender-se e explicar-se diante dos juízes.

Os quatro velhos inquisidores estão lá, nos quatro cantos do leito onde dormem H.C.E. e A.L.P. Eles observam os últimos acontecimentos da noite. Ao mesmo tempo que seu pai, Jimmy (Shem) estava sonhando. No ponto crítico do pesadelo, ele grita em seu sono e acorda sua mãe que vai vê-lo, torna a deitar-se e a dormir. O galo canta. É a aurora.

IV. Retomando uma última vez todos os temas do livro para lhes dizer adeus, a última parte dá lugar ao dia.*

(1948)

---

* Cf. tradução de Augusto e Haroldo de Campos, p. 77:
"Tão maviosa manhã, a nossa. Sim. Leva-me contigo, paizinho, como daquela vez na feira de brinquedos! Se eu o vir desabar sobre mim agora, asas branquiabertas, como se viesse de Arkanjos, eu pênsil que decairei a seus pés, Humil Dumilde, só para lauvá-los. Sim, fim. É lá. Primeiro. Passamos pela grama psst trás do arbusto para. Psquiz! Gaivota, uma. Gaivotas. Longe gritos. Vindo, longe! Fim aqui. Nós após. Finn é quem! Toma. Bosculaveati, mememormim! Ati mimlênios fim. Lps. As chaves para. Dadas! A via a uma a uma amém a mor além a". (N. da T.)

12. ESBOÇO DE UM LIMIAR PARA FINNEGANS

Não, para responder a uma pergunta que me fizeram vinte vezes, principalmente depois que eu declarei ter assumido a responsabilidade de escrever esta introdução, não, nunca li *Finnegans Wake,* no sentido que vocês dão à palavra ler; não, é claro, eu também jamais consegui, depois de tê-lo atacado desde a primeira linha, prosseguir até a última sem pular uma só palavra, evidentemente, nem mesmo uma só frase, evidentemente, nem mesmo páginas inteiras.

Recomecei não vinte vezes, mas talvez cem, abrindo o texto aqui ou ali, ao acaso, parando quando algumas palavras, algumas frases, alguma história ou algum sonho se delineava para mim, me atraía, jogando com essas palavras jogos de uma linha a outra, de uma página a outra, nunca por muito tempo de cada vez, já que a bruma das

151

letras se espessava muito depressa depois dessa abertura, voltando às mesmas páginas, às mesmas frases, alguns dias, algumas horas mais tarde, e descobrindo nelas novos jogos, outras imagens, outras histórias, outros pensamentos, evasivos, ondulantes, cintilantes, como algas no interior de um lago enrugado por correntes de ar.

Portanto, há sem dúvida neste *Finnegans Wake* dezenas e dezenas de páginas nas quais, por assim dizer, jamais consegui ler alguma coisa, mas isso não me impede de modo algum, está claro, de ter tido *lots of fun at "Finnegans Wake"*, de me ter verdadeiramente divertido muito na *Vigília de Finnegans*, como diz a balada de Tim Finnegan, o pedreiro que caiu do alto de seu andaime, que deram por morto, que seus amigos velaram esvaziando numerosos copos em sua memória, e que um pouco de uísque, lançado durante uma briga que se armou entre eles, acorda ao atingi-lo em pleno rosto, reanima-o ao escorrer em sua boca.

Diverti-me e, mais do que isso, tirei dele um grande proveito e não há outro modo de o ler.

O que se precisa saber, evidentemente, é o que se entende precisamente quando se emprega este verbo "ler". Ora, o modo particular de leitura que exigem de nós as particularidades de *Finnegans Wake* é, ao contrário do que poderia parecer, menos diverso daquele que aplicamos à maior parte dos livros de ficção. A última obra de Joyce, proibindo-nos de ter a seu respeito a ilusão de uma leitura integral (e é isso que se quer dizer quando se declara que ele é ilegível), desmascara essa ilusão naquilo que concerne às outras, que nunca conseguimos ler tão integralmente quanto imaginamos, saltando muitas vezes páginas inteiras, relaxando nossa atenção, pulando linhas, esquecendo letras, tomando uma palavra por outra e adivinhando o sentido daquelas que não conhecíamos, sem nos dar o trabalho, no mais das vezes, de verificá-lo.

A primeira característica de *Finnegans Wake*, com efeito, é que uma incrível proporção de palavras aí encontradas não se encontra no dicionário inglês. Alguns chegaram mesmo a dizer que Joyce tinha inventado uma nova língua, e declararam naturalmente que esperariam, para lê-la, que um homem devotado tivesse a paciência de consagrar tempo suficiente a esse novo idioma, e pudesse dar a sua tradução em inglês normal. Mas esse modo de ver as coisas, que torna absurdo o trabalho de Joyce, é um erro completo sobre o sentido de seu esforço e sobre a própria natureza da linguagem que ele usa.

Na medida em que a tradução deve ser um equivalente que produza, tanto quanto possível, o mesmo efeito sobre o leitor que o texto original, é certamente justificado que se submeta a língua francesa a um tratamento

152

paralelo àquele que Joyce aplicou ao inglês, mas é absolutamente impossível dar-lhe um equivalente em inglês normal; é preciso então contentar-se com interpretações, com leituras individuais que podem facilitar consideravelmente a nossa, mas nunca substituí-la.

A verdade é que, numa certa medida, o leitor inglês se encontra diante do texto de *Finnegans Wake* como diante de um texto escrito numa língua estrangeira que ele conhece mal e cujo sentido ele deve reconstituir.

A LINGUAGEM DO SONHO

De onde vêm essas palavras que não estão no dicionário? Como descobrir sua significação? A que desígnio correspondem elas?

"Now, patience, and remember patience is the great thing, and above all things else we must avoid anything like being or becoming out of patience." ("Agora, paciência, e lembrem-se de que a paciência é a grande coisa, e que acima de tudo devemos evitar tudo o que se assemelhe a ficar sem ou a perder a paciência"), como diz o professor Jones, no quinto capítulo, falando do manifesto de Ana Lívia, isto é, do próprio *Finnegans Wake*.

Se abrirmos as páginas de *Ulisses,* encontraremos já um elevado número de palavras excluídas do inglês corrente. Dentre os processos empregados por Joyce para estender seu vocabulário, aparece em primeiro lugar a onomatopéia. Cada vez mais sensível aos ruídos à medida que se tornava cego, ele vai ter cada vez mais prazer em transcrevê-los. Ele deforma assim a ortografia das palavras a fim de exprimir as particularidades de pronúncia de suas personagens, como Balzac, quando faz falar Nucingen.

Quando uma palavra estrangeira não tem tradução exata em nossa língua, quando ela tem uma nuança especial, acontece-nos adaptá-la. Assim os franceses dizem: *tramway, wagon, corrida.* Joyce introduz nas frases de *Ulisses* numerosas palavras emprestadas de outras línguas, sobretudo do francês, do italiano, do alemão e do latim.

Por outro lado, ele utiliza plenamente os processos clássicos de derivação, e como costuma buscar suas raízes em outras línguas, utiliza às vezes seus prefixos e sufixos. Encontramos assim numerosos diminutivos italianizantes ou francesantes.

Enfim, ele faz um largo emprego de palavras compostas.

Em *Finnegans Wake,* uma nova invenção vai arrastar a linguagem a uma surpreendente aventura, que determinará toda a organização do livro. Ao invés de se contentar com justapor as duas palavras primitivas, Joyce vai contraí-las, fundi-las.

153

É em Lewis Carrol que encontramos os primeiros exemplos dessa nova espécie de palavras. Humty Dumpty, constantemente evocado no decorrer de *Finnegans Wake*, teoriza essa invenção para Alice, em *Through the Looking-Glass*, explicando-lhe o poema *Jabberwocky*. * Lewis Carroll retoma essa teoria por conta própria no prefácio de *The Hunting of the Snark:*

Tomem por exemplo as duas palavras "fumante" e "furioso". Imaginem que se queira pronunciar as duas, mas deixar indeterminada aquela que se vai dizer primeiro. Agora, abram a boca e falem. Se seus pensamentos se inclinam, por pouco que seja, para o lado de "fumante", vocês dirão: "fumante-furioso"; se eles se voltam, ainda que somente a espessura de um fio de cabelo, para o lado de "furioso", vocês dirão: "furioso-fumante"; mas se vocês tiverem aquele dom dentre os mais raros, um espírito perfeitamente equilibrado, vocês dirão: "fumiroso".

Nesse exemplo, a palavra contraída funciona exatamente do mesmo modo que uma palavra composta comum: são duas significações que se somam, A e B; posso simbolizar a palavra assim: (A B).

Mas o próprio Lewis Carroll não se detém aí. Ele prossegue:

Assim, quando Pistol pronunciou as célebres palavras:
— Sob que rei, diga, piolhento? Fale ou morra!
Suponhamos que o juiz Shallow tivesse certeza de que foi William ou Richard, mas sem entretanto estar apto a especificar qual dos dois, de modo que ele não tivesse a possibilidade de dizer um dos nomes antes do outro, não há dúvida de que, ao invés de morrer, ele teria gritado: "Rilchiam"!

Aqui, isto quer dizer: William ou Richard, trata-se de uma alternativa. Pelo emprego de palavras dessa espécie, poderei contar muitas histórias ao mesmo tempo. Uma das passagens mais famosas de *Finnegans Wake*, *The Mookse and the Gripes*, fábula traduzida do javanês, superpõe *The Mockturtle and the Gryphon* (A Tartaruga Hipócrita e o Grifo) de Lewis Carroll e *The Fox and the Grapes* (A Raposa e as Uvas), de La Fontaine. Cada uma dessas palavras poderia tornar-se uma espécie de ponto de interseção, e iremos de uma a outra por uma infinidade de trajetos. De onde a idéia de um livro que não conta simplesmente uma história, mas um mar de histórias.

Este novo tipo de palavra contraída, A ou B, pode ser assim simbolizada: (A, B).

Joyce empacotará freqüentemente no mesmo saco três, quatro ou mais palavras. Algumas delas poderão aliar-se

---

* Cf. Augusto e Haroldo de Campos, *op. cit.*, p. 102/103. (N. da T.).
** *Ibidem*, p. 51. (N. da T.)

em palavras compostas ou, numa outra leitura, desligar-se uma da outra. Para o leitor, freqüentemente, delinear-se-á, no interior desse conjunto, uma palavra na qual o próprio Joyce nunca pensou; ora, é impossível recusar o direito de cidadania a esta intrusa, identificá-la como tal. As palavras adquirem assim um poder germinador, são, como diz Joyce, "palavras fermentadas".

Pode-se pois simbolizar assim a estrutura geral da palavra contraída: (A, B, C...).

Evidentemente, em minha leitura, só vou reter um ou dois desses sentidos. Trata-se apenas de uma acentuação, de uma colocação em evidência daquilo que se passa com as palavras mais correntes. É raríssimo que elas sejam unívocas. A maior parte delas tem acepções diversas, especificadas pelo dicionário, e só utilizo uma delas quando leio uma página. Se eu conseguir devolver à palavra a quase-totalidade de sua significação, reunir em meu emprego esses sentidos geralmente exclusivos, uns com relação aos outros, devolvo à linguagem sua coerência apagada, faço um uso poético dessas palavras, pois fundamento de novo suas significações; recoloco-me em seu núcleo germinativo. Assim Joyce, em *Finnegans Wake*, fará dessas palavras um emprego ora prosaico, quando suas significações só funcionam alternativamente, ora poético, quando elas funcionam simultaneamente, quando a própria formação da palavra aparece como imediatamente justificada.

Por outro lado, para que a contração possa ocorrer, é necessário que haja entre as duas ou três palavras primitivas algumas letras ou sílabas comuns. A palavra contraída é pois, sempre, uma aliteração contraída. Ora, a aliteração, da qual a rima não é mais do que uma espécie, é o processo poético por excelência, já que ele consiste em fazer tender a linguagem para aquele ideal de coerência absoluta no qual som e sentido estariam enfim solidamente ligados por leis. Escrever um soneto consiste em inventar uma frase na qual a unidade lógica apareça através de uma unidade rítmica, onde as palavras estão ligadas não só por suas relações gramaticais mas ao mesmo tempo por suas ressonâncias sonoras.

A palavra contraída aparece no texto de Joyce como um caso particular do emprego extensivo da aliteração. Toda a linguagem de *Finnegans Wake* é uma espécie de prefiguração daquele estado para o qual desejamos que a linguagem tenda. É um sonho sobre a linguagem.

Essa unidade entre o sentido e o som de uma palavra se realiza de modo mais marcante no trocadilho etimológico, tal como o encontramos no *Crátilo*, ou em certos textos de Michel Leiris. "Glossário: aí encerro minhas glosas." Liga-se a palavra a uma outra, ou mesmo a uma frase de sonoridade comparável, que a explica. Leiris

155

deixa os dois membros da equação um ao lado do outro. Joyce os contrai em um só, por modificações ortográficas. "Time: the pressant." ("Tempo: o apressente.") Temos um termo da forma: A, isto é, B. O presente, isto é, o que apressa, o que urge.

Mas geralmente o trocadilho é uma figura humorística e sarcástica: ele reserva uma surpresa. Ele revela que a palavra que você pensava ter lido ou ouvido era apenas uma aparência, e que a significação verdadeira escondida por baixo era bem outra. Não A, mas B.

Quando se espera especialmente uma palavra numa frase, posso escorregar sub-repticiamente para uma outra que se lhe assemelha, de tal sorte que terei, mesmo sem modificações ortográficas, um termo da forma trocadilho. Para que essa palavra seja esperada, é preciso que a frase na qual ela se encontra já seja conhecida, de onde a importância particular de que se revestem, para Joyce, os lugares-comuns, as fórmulas fixas, em particular as do ritual católico.

As deformações que Joyce imprime aos lugares-comuns nos livram deles. É certamente muito agradável conseguir ler, através dessas expressões batidas, histórias espantosas, mas essas histórias espantosas só têm sal quando percebemos a fórmula subjacente a elas. Na vida cotidiana, é diante do lugar comum que nos encontraremos, e Joyce nos ajudará a transformá-lo, mas, no interior de *Finnegans Wake,* é freqüentemente a operação inversa que se produzirá: perceberei, ao ler uma história esquisita, que finalmente é um lugar-comum que garante sua unidade. A leitura de *Finnegans Wake* se torna incomparavelmente mais fácil e mais frutuosa a partir do momento em que se começa a reconhecer os lugares-comuns joycianos clássicos.

Assim, ele não os destrói absolutamente; o que ele quer, é fazer com que os consideremos sob um novo ângulo e finalmente ajudar-nos a reencontrar seu sentido original, sua novidade. Aqui, o aspecto poético é exatamente o inverso do aspecto humorístico. Ao desnaturamento sarcástico (não A, mas B) que, para funcionar como tal, implica que seja A que apareça primeiro, responde, quando é B que primeiro se apresenta à minha consciência, uma reinstauração poética (não somente B, mas também A).

Pode-se considerar a paródia como uma extensão do trocadilho. Ao invés de seguir somente uma palavra ou uma fórmula, segue-se todo um texto, não em geral, nos pormenores, mas em seu estilo, em seu jeito. Assim teremos a impressão de que um trecho descreve, ou conta, tal gênero de história, e perceberemos de repente que se trata de coisa bem diferente. Encontram-se em *Ulisses* espantosos exemplos de paródias, por exemplo o trecho em que

156

Joyce se diverte nos descrevendo uma lata de sardinhas no estilo de Sir Thomas Malory. A descrição toma o ar de um romance da Idade Média, celebrando maravilhosas aventuras de cavaleiros, e na realidade trata-se apenas de Leopold Bloom. Temos um texto com dois focos de significação, um ilusório, outro sólido.

Em *Finnegans Wake,* assistimos a uma generalização da paródia, no sentido de que será impossível decidir qual das duas leituras é a melhor. Perceberemos perpetuamente que uma outra história se conta, sem que nunca possamos eliminar uma delas.

Since in this scherzarade of one's thousand one nightiness that sword of certainty which would identifidide the body never falls...*

Scherzarade: (scherzo, charada, Sherherazade...)
Nightinesses: (*night, mightiness...*)
Sword: (*sword, word...*)
Identifidide: (index, identify, divide...)

Tínhamos partido de palavras que não estão no dicionário inglês, vemos agora que muitas vezes aquelas que ali estão devem ser lidas da mesma maneira.

Mas é graças a noção de *lapsus* que conseguiremos apreender melhor a natureza da linguagem de Joyce.

Se tomarmos uma redução em inglês corrente do trecho que acabo de citar:

"In this scherzo of one thousand on nights that word of certainty that would identify the body never falls", todas as diferenças podem ser interpretadas como lapsos significativos conscientes ou inconscientes exprimindo a personalidade de Joyce, projetando seu sonho através da leitura dessa segunda frase. Mas atentemos bem para o fato de que essa redução em inglês normal é arbitrária. Posso fazer uma outra frase e interpretar novamente todas as diferenças como *lapsus.*

Certamente, para a maior parte das páginas de *Finnegans Wake,* Joyce deve ter partido de um texto primitivo bastante simples, mas ele se aplicou em levar seu trabalho suficientemente longe para que não se possa mais identificar este último. É portanto absolutamente vão tentar reduzir uma vez por todas *Finnegans Wake* àquilo que ele seria fora de sua linguagem particular. *Finnegans Wake* é, antes de tudo, um tesouro de *lapsus* possíveis em inglês.

Joyce toma um texto, poder-se-ia quase dizer qualquer texto, e sonha sobre ele, decifra através dele um outro texto, que aí se integra e se torna tão importante quanto o pri-

---

* Já que nessa scherzarada das mil e uma forças noturnas de cada um, essa espada de certeza que identifixaria o corpo nunca mais...

157

meiro, representando exatamente o mesmo papel daquele. Eles são reciprocamente chaves um do outro.

Mas não é somente na constituição do livro que a noção de *lapsus* representa um papel fundamental, é também em sua decifração pois, se quisermos ler uma página de *Finnegans Wake,* somos necessariamente obrigados a tomar numerosas palavras de um modo diferente daquele como elas estão escritas, a abandonar uma parte de suas letras e de suas significações possíveis. Todo leitor faz uma escolha entre esses aglomerados de caracteres e de vocábulos, segundo o sentido que a ele se apresenta. É por conseguinte um retrato de mim mesmo que se constitui quando passeio meu olhar sobre essas páginas, retrato primeiramente muito vago, mas que poderá precisar-se cada vez mais, à medida que entro no jogo das metamorfoses de palavras.

Finnegans Wake é assim, para cada um de nós, um instrumento de autoconhecimento, pois esse retrato de mim mesmo que aí discirno não é aquele que eu teria traçado antes de sua leitura. Essas frases, cuja ortografia ambígua me constrange a interpretá-las por meio de numerosos *lapsus,* servem de catalisadores à minha consciência, corroem e minam pouco a pouco as camadas de minha censura.

Não é pois, como se diz freqüentemente, a simples descrição de um sonho, mas uma máquina que serve para provocar e facilitar meus próprios sonhos.

Se Joyce pôs aí o maior número possível de elementos históricos e literários, não o fez com a intenção de aumentar nossa cultura geral, mas para que cada um de nós pudesse reconhecer alguns dentre eles, e por conseguinte penetrar no interior do jogo que ele nos propõe. Está claro entretanto que o texto nos falará mais, e mais depressa, se tivermos uma cultura histórica e literária que recubra melhor a sua.

Por mais diferentes, por mais particulares, até mesmo por mais arbitrários que sejam os primeiros contactos, a partir do momento em que minha leitura se retoma, em que entro no próprio movimento pelo qual o texto se constitui, reproduzo um momento da criação literária de Joyce. Não é pois somente à revelação de meu sonho particular que Joyce me convida, mas a uma situação deste sonho numa consciência mais vasta, a um diálogo no qual meu sonho e o seu, assim como o dos outros leitores, devem poder conjugar-se para a constituição e a elucidação de um sonho comum, nova iluminação universal de todas as palavras, de todas as fórmulas e de todas as narrativas que habitam nossas memórias e nossas ruas.

Eis porque o melhor modo de travar conhecimento com *Finnegans Wake* é ouvi-lo lido em voz alta. O leitor é obrigado a fazer uma escolha, a adotar uma pronúncia, e pouco a pouco, levado pelo ritmo e pelo tom do texto, ele começa a animá-lo e, de certa forma, a "executá-lo." Ele começa assim um trabalho que termina no espírito do ouvinte, para o qual essas frases se tornam semelhantes às que se ouvem em sonho. Joyce fez ele próprio uma admirável gravação de algumas páginas de seu livro.

Mas, e é aqui que atingimos o ponto extremo dessa aventura sobre a linguagem, a leitura em voz alta encontrará por vezes obstáculos quase insuperáveis: são as palavras de cem letras de que a obra está semeada e que o olho não pode apreender de uma vez só. "The Hundredlettered name again, last word of perfect language" ("A palavra de cem letras novamente, última palavra da linguagem perfeita"). Essas palavras só podem ser interpretadas como ruídos: a trovoada, o desmoronamento, a tosse etc., elas representam pois, no texto, o mesmo papel que as onomatopéias, mas são formadas não só de aglomerados de letras, mas de uma aglomeração de palavras; são onomatopéias desenvolvidas, o ruído é aí não só reproduzido, mas soletrado em sua significação. Elas representam a extensão limite de um trocadilho etimológico, o extremo esforço para fazer concordar som e sentido; são ao mesmo tempo a expressão de seu caráter inacabado, de seu malogro, da distância que separa o sonho sobre a linguagem que é *Finnegans Wake* daquela transformação efetiva que a obra prefigura.

A Organização do Sonho

Essas palavras de duplo sentido, ligadas em frases de duplo sentido, organizam-se em histórias de duplo sentido. Estas não vão apenas justapor-se umas às outras, mas o começo das novas histórias aparecerá através do fim das precedentes, e algumas delas aparecerão através dos episódios de outra, todas as aventuras particulares podendo finalmente apresentar-se como os diferentes capítulos de uma única narrativa estendendo-se sobre todas as páginas ao mesmo tempo.

Assim como as palavras mudam nessa narração cambiante, assim como os episódios, capítulos, exemplos, pormenores se transformam uns nos outros, transparecem uns através dos outros, assim as personagens, quer elas venham da realidade ou da ficção, materiais desse sonho, vão contrair-se umas das outras, transformar-se uma na outra, designadas por nomes perpetuamente cambiantes.

Mas assim como, para poder fazer as palavras-valises, é necessário que as palavras primitivas tenham uma parte comum, algumas letras semelhantes, da mesma forma, para

159

contrair as personagens, é preciso que elas tenham uma função comum, que se possa considerá-las, de certos ângulos, como semelhantes.

In fact, under the closed eyes of the inspectors, the traits featuring the chiaroscuro coalesce, their contrarieties eliminated, in one stable somebody...*

É pois o alfabeto, a gramática geral do que é para ele uma narrativa, e sobretudo das personagens aí presentes, que Joyce vai esforçar-se por realçar.

Num sonho, ou nesse sonho acordado que é a leitura de uma obra de ficção, há sempre uma personagem central que é o sonhador. Na narrativa que leio, há sempre uma personagem à qual me identifico, cujas aventuras eu vivo por procuração, cujo papel eu assumo no teatro de meu sonho.

A personagem com a qual Joyce vai identificar-se sonhando sobre narrativas, com a qual nós vamos identificar-nos sonhando sobre o resultado de seu sonho ativo, por exemplo Tim Finnegan na balada que dá seu nome ao livro e que é um de seus principais pontos de partida, o herói em geral, cada um de nós, *everyman*, ele o universaliza sob os nomes de três palavras começadas pelas iniciais H.C.E.

The great fact emerges thet after this historic date all holographs so far exhumed initialled by Haromphrey bear the sigla H.C.E. and... it was certainly a pleasant turn to populace which gave him as sense of those normative letters the nickname Here Comes Everybody. An imposing everybody he always indeed looked, constantly the same as and equal to himself and magnificently well worthy of any and all such universalisation...*

H.C.E., Here Comes Everybody, neste lugar da frase vem qualquer herói ou qualquer leitor. Através de toda uma sucessão de jogos de palavras e de traduções, ele receberá numerosas e diversas denominações: Earwicker, Perse O'Reilly etc.

O herói principal de uma história não é forçosamente masculino, o leitor pode ser uma leitora, mas sobretudo há para mim em toda narrativa uma outra personagem

---

* De fato, sob os olhos fechados dos inspetores, os traços constituintes do claro-escuro se condensam, suas contradições eliminadas, num estável alguém...

** Emerge o grande fato de que depois dessa data histórica todos os manuscritos exumados até agora e inicialados por Haromphrey trazem a sigla H.C.E. e... era certamente espirituoso da parte do populacho atribuir-lhe como sentido dessas letras normativas o apelido de Here Comes Everybody (Aí Vem Qualquer-um). Um Imponente Qualquer-um com que ele sempre se parecera verdadeiramente, constantemente semelhante a e igual a ele mesmo e magnificamente digno de toda e qualquer universalização...

muito importante, aquela com a qual eu identifico a pessoa que tem mais importância em minha vida, em particular minha mulher. Esta segunda figura geral, correspondente feminino de H.C.E., é designada pelas iniciais A.L.P.

Em todo texto, eu, leitor, encontro-me ainda em presença de uma outra personagem, aquela que "somehow and somewhere... wrote it, wrote it all, wrote il all down" (de certa maneira e em algum lugar... escreveu isto, escreveu tudo isto, escreveu tudo isto no papel). Em *Finnegans Wake,* é Joyce.

Ora, nessa história de mim mesmo que se conta, eu não apareço como eu gostaria de aparecer a mim mesmo: exibem todos os meus erros, senão eu não me reconheceria. O autor, o verdadeiro autor, aquele que revela o que ainda não era conhecido, aquilo que se tinha esquecido, aquilo que freqüentemente teríamos preferido esconder aos outros e até mesmo a nós próprios, é Cham descobrindo a nudez de seu pai, é Shem que assume o seu erro; ele é chamado *Shem the penman* (Shem o escritor).

É graças a ele que conhecemos H.C.E., nós mesmos e qualquer outra pessoa, mas na medida em que ele revela aquilo que H.C.E. teria preferido deixar na sombra, ele é seu inimigo, ele se revolta contra aquele sem o qual ele não existiria, contra seu pai, ele se põe fora da lei; é portanto normal que ele se exprima por palavras que não estão no dicionário.

Sniffer of carrion, premature gravedigger, seeker of the nest of evil the bosom of a good word...*

Por intermédio de Shem, sucessor e filho de H.C.E., sabemos não só o que ele era e o que ele é, mas também, por esse desvio fora da lei, que ele não é o que finge ser e o que gostaria de ser. Assim aparece o gêmeo inimigo de Shem, *Shaun the postman* (Shaun o carteiro), que deve levar a carta escrita por seu irmão, Shaun, aquele filho perfeitamente adaptado no qual se realiza o sonho paterno, que poderá mostrar-se inteiramente desembaraçado daquilo que fazia a vergonha de seu pai.

Ele é a esperança da família, a satisfação de seus pais, o ídolo das mocinhas que cantam para ele:

Unclean you are not. Outcaste thou are not... You are pure. You are pure. You are in your purety.**

Mas esse sonho de um pai só se pode realizar graças ao conhecimento do que se passou. Shaun sempre vence

---

* Farejador de carniça, coveiro prematuro, perquiridor do ninho do mal no seio de uma boa palavra...
** Tu não és sujo. Tu não és um pária... Tu és puro. Tu és puro. Tu estás em tua pureza.

161

Shem, mas não pode existir sem ele, e quando Shem contar a história de Shaun, conseguirá sempre desencavar seus erros e seus malogros. Na própria medida em que ela se realiza, a figura de Shaun se revela como uma nova versão da de H.C.E.

Irmãos inimigos, *"Shem, the bold bad bleak boy of the storybooks"* e *"Shaun, the fine frank fairhaired fellow of the fairytales"* lutam pela conquista da jovem Isolda. A essas cinco personagens ligadas, opõem-se duas isoladas, homem e mulher, o velho e a velha, o celibatário e a viúva.

Como todo sonho é uma interpretação do real, Joyce vai representar o aspecto naturalista de toda literatura pela evocação central de uma taberna dublinense e de seus freqüentadores. Sendo cada uma das figuras uma reunião de personagens, elas não ficarão fechadas nelas mesmas, elas vão multiplicar-se e conjugar-se. Cada uma delas é um núcleo de irradiação.

Eis a lista dos membros da família, com os números que lhes são associados, nos nomes que lhes são dados pelo *Mimo de Mick, Nick e as Maggies.*

1. *Hump*: H.C.E.
2. *Ann*: A.L.P. Ela se divide freqüentemente em duas tentadoras, de iniciais p e q.
3. *Chuff*: Shaun. Ele se divide em três rapazes: *"every Tom, Dick and Harry."*
4. *Glugg*: Shem. Ele se divide em quatro velhos; os quatro evangelistas, que se dividem em doze membros do júri, os apóstolos.
5. *Saunderson.*
6. *Kate.*
7. *Izod*: Isolda. Ela se divide em sete (as cores do arco-íris) ou vinte e oito (dias do mês lunar) moças.

Marcos, um dos evangelistas, é ao mesmo tempo o rei Marcos (H.C.E.) suplantado pelo jovem Tristão (Shaun) no amor de Isolda. Da mesma forma se pode ler Shaun em John (João) etc.

Finnegans Wake pode ser lido a partir de qualquer página. Abre-se ao acaso e encontra-se uma piada ou um pensamento que nos prende. Para bem marcar isso, Joyce começa seu livro no meio de uma frase, termina-o no meio de uma outra que pode se ligar à primeira, o conjunto formando assim um círculo. Entretanto, o livro, tal qual ele se apresenta, tem necessariamente um começo, um meio e um fim. Temos pois uma estrutura linear à qual se superpõe uma estrutura circular.

Há quatro partes principais, divididas em fragmentos, dezessete ao todo, e esses fragmentos possuem cada um uma forte unidade de ritmo, de tom, de estilo e de tema.

É tentador e justificado aplicar-se a essa organização geral uma chave de leitura, assim como se pode aplicar a *Odisséia* a *Ulisses*. Mas qualquer modelo vindo do exterior, que possa ser aplicável, que se possa ler e reencontrar na obra, será sempre apenas um dentre os que Joyce tentou aí integrar, ele só a esclarecerá parcialmente, este será apenas um de seus materiais. É portanto necessário tentar apreender como a obra se dispõe em sua lógica interior, e percebe-se logo que é principalmente sobre o sistema de personagens gerais que o arranjo do livro se fundamenta.

Pode-se assim descrever a sucessão linear dos capítulos:

I

1. A história de Finnegan, que dá seu nome ao livro, se apresenta sob uma enorme amplificação e dá nascimento a muitas outras espécies de narrativas, através das quais se discernem pouco a pouco as constantes que definirão H.C.E.

2. Retrato e vida de H.C.E. Os boatos que correm a seu respeito.

3. Inquérito sobre o escândalo causado por H.C.E. Seu erro no parque. Ele é sumariamente julgado e condenado.

4. Revisão do processo de H.C.E. Pode-se saber a verdade a seu respeito por meio de um documento de primeira importância: a carta a ele dirigida por A.L.P., redigida por Shem, transmitida por Shaun.

Esses quatro primeiros trechos formam um bloco de estilo bastante uniforme, uma segunda amplificação da balada de Finnegan.

5. Exame dessa carta, que é evidentemente o próprio *Finnegans Wake*. Por vários de seus aspectos, os quatro trechos precedentes eram um longo prelúdio, e é aqui o verdadeiro começo do livro.

6. Doze perguntas sobre o texto e suas respostas.

7. Retrato, vida e julgamento de Shem, o escritor. Ele é condenado por ele mesmo e absolvido por sua mãe.

8. Retrato e julgamento de A.L.P., que liga Shem a H.C.E. Duas lavadeiras que lavam a roupa suja de H.C.E., apagando assim a mácula que lhe causou Shem, falam de sua esposa Ana Lívia. Esta se identifica cada vez mais com o próprio rio; e somos assim remetidos novamente ao começo do livro: *riverrun*. Assim termina a terceira amplificação da balada de Finnegan.

II

1. O *Mimo de Mick, Nick, e as Maggies*. A luta de Shem e Shaun pela conquista de Isolda.

2. Os gêmeos fazem suas lições de casa. O texto se apresenta cercado de anotações.

3. Um episódio das aventuras de Butt e Taff (Shem e Shaun) na televisão, comentado e julgado na taberna de H.C.E. por seus doze clientes.

4. Nas batalhas pela posse de Isolda, não é somente Shem que é suplantado, é o próprio H.C.E., o rei Marcos, pelo jovem Tristão, Shaun. Os quatro velhos registram o acontecimento.

III

1. Shaun é a personagem principal dessa terceira parte. Vêmo-lo primeiramente interrogado pelo povo, do qual ele é a esperança. Ele se apaga progressivamente.

IV

Este último fragmento retoma todos os temas do livro. É de manhã, tudo começa, o dia recomeça. Vimos John se tornar Shaun, depois Jaun. Haun, Yawn e *down*, re-encontramo-lo agora sob a forma de *dawn*, a aurora. Todas as histórias que até agora encontramos podem ser lidas de um modo novo, por exemplo a história de Finnegan, e somos trazidos de volta ao primeiro fragmento.

A ligação entre o começo e o fim, o anúncio dos temas e sua retomada, é sublinhado pelo paralelismo dos dois diálogos entre Mutt e Jute, Muta e Juva.

A figura geométrica no meio do capítulo das lições escolares representa o papel de um centro de simetria: antes dela, as anotações da margem direita tinham o estilo de Shaun, as da esquerda o de Shem, depois é o contrário; antes dela é o lado de Shem, depois o de Shaun, e os dois capítulos que lhes são consagrados se encontram à mesma distância. Reatando o último fragmento ao primeiro, en-contramo-nos diante de um círculo dividido em dezesseis secções, cujos pontos cardiais são H.C.E., Shem, a opo-sição dos irmãos, Shaun que nos traz de volta a H.C.E.

Quanto às quatro partes principais, designadas pelos algarismos romanos, é fácil reatá-las às dimensões tempo-rais que predominam em todo instante e, portanto, em todo acontecimento. A primeira corresponde ao passado, à história. A segunda ao presente, o espetáculo e o estudo. A terceira ao futuro tal qual ele é sonhado, a quarta ao futuro tal qual ele se realiza e assim como se tornará passado. Os últimos fragmentos de cada parte formam transições de uma a outra. O capítulo de Ana Lívia Plura-belle evoca a passagem do passado ao presente; no episódio do rei Marcos, através do presente, o passado dá lugar ao futuro; naquele em que H.C.E. e A.L.P. estão no leito, essa visão do futuro se revela como sendo apenas um sonho de presente; no capítulo da aurora, temos a passagem do presente ao futuro; o fim desse trecho retoma o ritmo de Ana Lívia Plurabelle, último capítulo da primeira parte, da qual ele é o prolongamento. O começo nos remete a um passado imemorial.

Oh, Tim Finnegan, H.C.E., incapaz de ladrilhar com as pedras atraentes e irisadas que conviriam, o patamar desta brumosa porta de chifre que tu entreabres em nossas cabeças adormecidas; peço-te que aceites como homenagem este pequeno maço de notas secas que eu ali deposito, como os egípcios modernos suspendem, à entrada de sua casa, nos dias de festa, uma réstea de cebolas.

(1957)

13. A TENTATIVA POÉTICA DE EZRA POUND

Desde o fim da última guerra, as edições das obras de Pound se multiplicaram, assim como os estudos correspondentes. Começa-se a medir o papel primordial que ele representou na evolução das letras anglo-saxônicas durante a primeira metade deste século, a lhe conceder o lugar que ele merece entre os maiores poetas de nosso tempo. É estranho que esse reconhecimento tardio só tenha vindo depois que a aventura pessoal de Pound terminou em catástrofe, mas creio que não podia ser de outra forma; pois, para apreciar de modo sadio todas as qualidades de seus versos e de seu pensamento, para separar o trigo do terrível joio que o enlaça tão estreitamente, era preciso que se estivesse, de um modo ou de outro, desembaraçado do homem e de suas loucuras; era preciso que uma condenação objetiva as tivessem tornado inofensivas.

167

O espírito de Pound era feito de um maravilhoso cristal, mas não sei que golpes o tinham ferido e trincado de tal forma que, se ele era capaz de descobrir novos aspectos em todos os objetos que examinava e de exprimi-los com força e clareza admiráveis, a imagem que assim se formava era entretanto quase sempre falseada, grosseiramente incompleta. Em seus escritos críticos, ao lado das observações mais justas e mais preciosas, deparamo-nos constantemente com os mais graves erros de julgamento (especialmente no que concerne à literatura francesa); misturam-se constantemente a penetração mais aguda e a incompreensão menos desculpável, a cultura mais precisa e a ignorância.

Pound imaginou que havia no fascismo mussoliniano o ponto de partida de uma nova era; durante a guerra, ele fez na rádio italiana programas antiamericanos. Preso, isolado no campo de concentração de Pisa onde escreveu seus famosos *Cantos Pisanos,* ele escapou por pouco à condenação à morte porque se alegou a alienação mental. Ele se encontra hoje num hospício dos Estados Unidos onde lhe dão, ao que parece, toda liberdade para escrever e publicar. Ele acaba de terminar uma magnífica tradução dos quatro livros de odes chinesas consideradas como clássicas por Confúcio. Traduzo livremente:

Ed ascoltando al leggier mormorio
(Veio uma nova sutileza de olhos em minha tenda...)
...a claridade do céu
mar da noite
verde da lagoa do monte
brilhou com olhos desmascarados no espaço de uma meia-
[máscara
O que tu amas verdadeiramente permanece,
o resto é refugo
O que tu amas verdadeiramente não te será arrancado,
O que tu amas verdadeiramente é tua verdadeira herança,
O mundo de quem, o meu, o deles
ou o de ninguém?
Primeiro vem o visto, depois o palpável
Elysium, mesmo que seja nos vestíbulos do inferno
O que tu amas verdadeiramente é tua verdadeira herança,
O que tu amas verdadeiramente não te será arrancado.

A formiga é um centauro em seu mundo de dragões.
Livra-te de eua vaidade...
...Livra-te de tua vaidade,
És um cão espancado sob o granizo,
Uma pega inchada num sol histérico
Meio-branco meio-preto
E tu confundes asas e caudas,
Livra-te de tua vaidade
Pois teus ódios foram mesquinhos

168

Desenvolvidos na falsidade,
    Livra-te de tua vaidade,
Rápido em destruir, avaro de caridade,
Livra-te de tua vaidade,
    Digo-te: livra-te.

(Canto LXXXI)

"As lágrimas que criei me inundam."
Que ele repouse em paz.

(Canto LXXX)

Está fora do propósito deste estudo apresentar todos os aspectos da obra de Pound. Ele é antes de tudo um grande poeta e, negligenciando as etapas que a ela o conduziram (os textos reunidos em *Personae*), é de sua grande tentativa poética, os *Cantos,* que desejo falar.

Pound tem uma consciência extremamente forte do poder e da seriedade da poesia. Ela não é de modo algum para ele um divertimento, simples "literatura", mas uma função indispensável ao bom andamento de uma sociedade, porque ela é a salvaguarda, a higiene e a medicina da linguagem.

Pound acha que as palavras estão pervertidas e doentes, com a mentira instalada em suas ligações; trata-se de lhes devolver sua juventude e seu poder sobre o real, e para tanto é preciso ligá-las em imagens eficazes. É preciso inventar novos processos de expressão para conseguir dominar a complexidade mental em que nos debatemos, esses encontros de civilizações em nossos espíritos, suas oposições, suas misturas, para resolver todos esses problemas e reencontrar mais além o chão, a verdade, uma sociedade razoável.

Dado o estado das coisas, a atividade do poeta é forçosamente revolucionária. Com efeito, no interior de uma sociedade que perverte a linguagem, ele desmascara essa perversão; ele se encontra pois em luta aberta. Pelas ligações justas que ele tenta instituir entre as palavras e as imagens, ele deve iluminar o espírito do leitor, despertá-lo, dar-lhe um novo poder, livrá-lo do enfeitiçamento em que o mantém uma sociedade corrompida; ele deve, por conseguinte, provocar uma transformação dessa sociedade.

"Não há mistério a propósito dos *Cantos,* nos diz Pound, eles são o conto da tribo"; poema épico, isto é, "poema integrando a história", eles deveriam ser para a humanidade presente o meio de sanear a consciência que ela tem dela mesma e de seu porvir. A infelicidade, o drama de Pound, é que eles não conseguem ser o conto da tribo; é que, partindo de um certo número de apreensões notavelmente adequadas, eles começam a desviar numa direção tão aberrante que a tribo não os pode adotar, que eles ficam sendo o conto do pobre Ezra Pound, o isolado que

169

pouco a pouco perdeu o contato com seu próprio tempo, e os *Cantos Pisanos* são uma patética lamentação do poeta sobre o desmoronamento de suas esperanças.

Como uma formiga solitária saída de um formigueiro destruído
Saído do naufrágio da Europa, *ego scriptor.*

(Canto LXXVI)

Os *Cantos* são de acesso muito difícil, mas isto é algo que Pound não queria de modo algum. Não se trata de uma obscuridade fazendo parte da própria obra, como a de um tratado alquímico, de um poema de Mallarmé, ou de *Finnegans Wake.* Ele não tem nem mesmo consciência dessa dificuldade. Ele nos declara: "Se o crítico ou a crítica os ler de ponta a ponta antes de se perguntar se ele ou ela compreende, acho que no fim ele ou ela descobrirá que ele ou ela compreendeu."

O poema deveria agir pela evidência, ele deveria ser um imenso ideograma, um conjunto de "idéias em ação"; ora, essa evidência imediata só se produz muito raramente. Em geral, depois de um certo estudo, um certo número de pesquisas em diversos dicionários, consegue-se compreender que ação deveria produzir determinada passagem, o que não é absolutamente a mesma coisa.

É preciso apontar como responsável dessa dificuldade exterior por vezes insuperável (confesso que numerosos trechos permanecem fechados para mim) a cultura muito particular de Pound. O poema é inteiramente tecido com referências a seus clássicos, e se formos incapazes de os identificar, ele perde quase que toda significação. Estimando que "seus" clássicos deviam ser "os" clássicos, e os únicos clássicos, logo conhecidos por todos na ponta da língua, ele pensava que essa era uma causa de obscuridade puramente temporária.

Ele se aplica em empregar as palavras não só segundo o sentido que lhes dá o dicionário, mas também segundo seu contexto habitual ou "clássico". Esse processo, que ele chama de *logopéia,* permite-lhe evocar com espantosa economia todo um momento histórico, todo um modo de viver, de pensar e de sentir, mas isso implica que o leitor seja capaz de situar a linguagem cuja amostra ele apresenta. Nessa utilização das "cores" das palavras, Pound dá provas de um virtuosismo sem igual, mas está claro que esse aspecto essencial de sua poesia torna-a mais ou menos intraduzível. Ele nos declara:

A *logopéia* não pode ser traduzida, mas a atitude que ela exprime pode ser transmitida por uma paráfrase. Ou então poder-se-ia dizer: é impossível traduzi-la "localmente", mas tendo determinado o estado de espírito do autor original, pode-se, em alguns casos, descobrir um equivalente.

170

Pound, tradutor fora de série apesar de freqüentes erros literais, conseguiu realizar muitas vezes essa façanha, em sua *Homenagem a Sextus Propertius*, por exemplo, e em numerosas passagens dos *Cantos*. Mas, no interior desse poema, já há tal utilização dos fenômenos de tradução que seria preciso resignarmo-nos a dar em outra língua apenas um equivalente esquemático acompanhado de comentários.

Os *Cantos* apareceram por partes, à medida que iam sendo compostos, os setenta e um primeiros, em quatro "entregas", por assim dizer, antes da guerra, os *Cantos Pisanos* (LXXIV a LXXXIV) em 1949, a *Secção Rockdrill* (LXXXV a XCV) em 1955. Faltam ainda os n.os LXXII, LXXIII, e os cinco últimos, já que deve haver cem.

O título é uma homenagem a Dante, a obra inteira apresentando-se como uma espécie de inferno.

O primeiro *Canto* começa:

And then went down to the ship
Set keel to breakers, forth on the godly sea, and
We set up mast sail on that swart ship. . . *

Pouco a pouco o leitor, se este for suficientemente culto, percebe que já conhece isso, que ele se encontra diante de uma citação e de uma tradução da célebre passagem do Canto XI da *Odisséia*, "a evocação dos mortos". Isso continua até o verso 66, depois, bruscamente, topamos com esses dois versos:

Lie quiet Divus, I mean, that is Andreas Divus,
In officina Wecheli, 1538, out of Homer.

O leitor desprevenido corre o risco de parar, desorientado. Ora, se se compara o texto de Pound com outras traduções de Homero, não se pode deixar de notar consideráveis diferenças de pormenor, e perceber-se-á logo que, se o poeta americano se afasta por vezes da letra, ele é incomparavelmente mais homérico.

A explicação dessas divergências e desse êxito se encontra nesses dois versos, que aparecem primeiramente como um corpo estranho. Com efeito, Pound não traduziu diretamente o texto grego; usou um intermediário, para tornar presente esse passado longínquo. Para evocar esse morto, Homero, ele tomou um intercessor, Andreas Divus,

---

* E descemos ao barco / Entregamos a quilha aos escolhos, em pleno mar divino, e / Levantamos o mastro, a vela sobre esse barco cor de breu. . .

171

que publicou em 1538, em Paris, uma tradução latina da *Odisséia*.

Repousa, Divus; isto é, Andreas Divus,
In officina Wecheli, 1538, traduzido de Homero.

É esse livro, precisamente essa edição que o poeta deixa repousar, nesse momento. Encontra-se o texto latino correspondente citado integralmente por Pound em seu ensaio: *Early Translators of Homer.*

O texto parece retomar seu curso:

And he sailed, by Sirens and thence outward and away
And unto Circe.*

Mas ocorre outra interrupção:

Venerandam

In the Cretan's phrase, with the golden crown, Aphrodite,
Cypri munimenta sortita est, mirthful, *oricalchi,* with golder
Girdles and breast bands, thou with dark eyelids
Bearing the golden bough of Argicida. So that:**

E o *Canto* termina assim suspenso.

Esses últimos versos são feitos com citações do segundo *Hino Homérico a Afrodite,* através da tradução de Georgius Dartona Cretensis, *"in the Cretan's phrase",* tradução que acompanha a *Odisséia* de Divus na edição utilizada por Pound.

Vê-se que essas três passagens, cuja aproximação parece à primeira vista arbitrária, encadeiam-se naturalmente desde que se disponha do elemento de compreensão indispensável.

Nesse primeiro *Canto,* todo o programa do poema é esboçado: trata-se de uma espécie de inferno assim como de uma evocação dos mortos que nos podem dar conselhos salutares, esclarecer-nos sobre os meios de "voltar" à idade de ouro, àquele entendimento com a natureza do qual Afrodite é a personificação, Afrodite cujo ramo de ouro permite a Enéias sair vivo dos infernos.

---

* E ele navegou, passando pelas Sereias e depois cada vez mais longe / E junto a Circe.
** Venerandam / Segundo a frase do Cretense, com sua coroa de ouro Afrodite, / *Cypri munimenta sortita est,* alegre *oricalchi,* com / Cintos e corpetes dourados, tu de pálpebras sombrias, / Levando o ramo de ouro de Argicida. De modo que:

172

O "De modo que:" final abre para toda uma série de trechos do poema que celebram a vinda da primavera, a renovação. Em seu desígnio primitivo, Pound tinha certamente a intenção de desenvolver nos últimos *Cantos* esse tema de exultação e vitória, esse tema do ingresso no paraíso. Mas essa suspensão indica sobretudo a própria natureza do poema, que não é fechado em si mesmo e deve encontrar sua verdadeira conclusão numa transformação da realidade.

O segundo *Canto* começa brutalmente com uma apóstrofe a Robert Browning:

> Hang it all, Robert Browning,
> there can be but the one "Sordello".
> But Sordello and my Sordello?
> Lo Sordels si fo di Mantovana... *

No fim do ensaio *Early Translators of Homer,* Pound aborda a questão das traduções de Ésquilo, e chega a criticar aquela que Browning fez do *Agamemnon,* mas ele nos diz:

> Li Browning de uma ponta à outra durante dezessete anos, com muito prazer e admiração, e sou uma das raras pessoas que conhecem tudo o que se refere a seu *Sordello.*

Sordello é um trovador, nascido em Mântua, que Dante encontra em seu *Purgatório.* Pound aprecia o poema que lhe consagrou Browning, mas a apresentação e a tradução deste último não o satisfazem. Ele quer evocar o poeta vivo, aquele que ele aprendeu a conhecer pela convivência pessoal com suas obras. A frase em provençal, "Lo Sordels si fo di Mantovana" (Sordello vinha de Mântua) é uma citação da breve nota, da *razo* que precede seus poemas nos manuscritos antigos.

Pound, guiado por Dante, interessou-se muito pelos trovadores, e traduziu em inglês numerosos poemas provençais, principalmente a obra inteira de Arnaut Daniel, "il miglior fabbro"; essa tradução foi reeditada em *The Translations of Ezra Pound,* edição Faber. O fim do século XIII e o começo do XIV é para ele, com os trovadores da Aquitânia, Dante e seu círculo, principalmente Guido Cavalcanti, que ele traduziu tão magnificamente, uma época tão "clássica" quanto a antigüidade homérica. A seu ver, uma e outra se esclarecem mutuamente, e ele encontrará entre elas muitas correspondências.

---

* Deixe estar, Robert Browning, / Só pode haver um único "Sordello". / Mas Sordello e meu Sordello? / Lo Sordels si fo di Mantovana...

173

Um terceiro tema, uma terceira civilização, entra em jogo no verso seguinte:

So-shu churned in the sea.*

É a primeira aparição da China nos *Cantos,* outra referência fundamental de Pound, a China que é para ele a terra "clássica" por excelência, aquela da qual ele espera o esclarecimento, o paraíso, o reino de Afrodite nascida da espuma.
E a vaga murmura:

Eleanor, elenaus, and eleptolis!

Eleanora é Alienor de Aquitânia, protetora dos trovadores, que partiu para a Inglaterra ao desposar Henrique Plantageneta depois de ter sido repudiada pelo rei da França, Alienor que fez com que os filhos lutassem contra o pai. *Elenaus* e *eleptolis,* palavras impressas em caracteres gregos na edição original, são dois trocadilhos homéricos com a palavra *Helena* "destruidora de navios" e "destruidora de cidades", que são retomados por Ésquilo num dos coros do *Agamemnon.*

And poor old Homer blind, blind as a bat,
Ear, ear for the sea-surge, murmur of old men's voices:
"Let her go back to the ships,
Back among Grecian faces, lest evil come on our own,
Evil and further evil, and a curse cursed on our¹ children..."**

Desta vez, estamos diante de uma adaptação de uma passagem da *Ilíada.*

Assim, durante os sete primeiros *Cantos,* assistimos a uma espécie de evocação de uma idade de ouro entrevista através dos fragmentos concordantes de algumas épocas clássicas, e até mesmo de lembranças da juventude de Pound. Como espectadores sentados numa arena, assistimos a um espetáculo, a uma visão de imagens que se interpelam e se superpõem como num filme.

Depois, essa sinfonia histórica é perturbada por uma espécie de fumaça. É a feiúra, a mentira da sociedade contemporânea que começam a ser denunciadas.

O décimo-terceiro *Canto* esboça o retrato de um homem capaz não só de se desenvolver ele próprio com-

---

* So-shu chacoalhou no mar.
** E o pobre velho Homero cego, cego como um morcego, / Escuta, escuta o marulho do mar, murmúrio de velhas vozes: / Deixe-a voltar a seus barcos, / Voltar para junto aos rostos gregos, para que não nos venha o mal, / O mal e mais mal ainda, e uma maldição lançada sobre nossas crianças...

174

pletamente, como Sigismundo Malatesta, cuja estatura assombra os *Cantos* VIII a XI, mas também de educar os outros, de organizar em torno de si uma sociedade razoável: Confúcio.

> Kung walked
> by the dynastic temple
> and into cedar grove,
> and then out by the lower river,
> and with him Khieu Tchi
> and Tian the low speaking... *

Então, o mundo atual se revela como sendo o inferno; a linguagem adquire a maior violência (*Cantos* XIV e XV); é como se uma vaga de lama nos submergisse, e só pouco a pouco nos libertamos desse nevoeiro escaldante e nauseabundo, podemos reabrir os olhos.

> And before hell mouth; dry plain
> and two mountains;
> On the one mountain, a running form,
> and another
> In the turn of the hill; in hard steel
> The road like a slow screw's thread,
> The angle almost imperceptible,
> so that the circuit seemed hardly to rise... **

Pouco a pouco o poeta, o observador, consegue retomar pé e atingir um oásis de tranqüilidade de onde ele pode contemplar esse inferno: a sociedade contemporânea e o resultado fatal de sua corrupção: a guerra.

> Then ligth air, under saplings,
> the blue banded lake under aether,
> an oasis, the stones, the calm field,
> the grass quiet,
> and passing the tree of the bough
> the gray stones posts... ***

> Prone in that grass, in sleep;
> et j'entendis des voix...
> wall... Strasbourg

* Kung caminhava / perto do templo dinástico / e adentro do bosque de cedros / depois descia até o rio, / E com ele Khieu Tchi / e Tian o cochichante...
** E ante a boca do inferno; ressecada planície / e duas montanhas; / Sobre uma das montanhas, uma forma correndo, e outra ainda / Na curva da colina; em duro aço / A estrada como o fio de um lento parafuso / Ângulo quase imperceptível, / de modo que o circuito mal parecia subir...
*** Então o ar leve, sob os arbustos, / o lago cercado de azul sob o éter / um oásis, as pedras, o campo calmo, / a grama tranqüila, / e para além da árvore frondosa / os pilares de pedra cinzenta...

175

        Gallifet led a triple charge... Prussians
        and he said
            it was for the honour of the army
        And they called him a swashbuckler...*

    Segue uma longa evocação da guerra, primeiramente
a de 1870, em seguida e sobretudo a de 1914, com uma
longa passagem em francês:

E palavra de honra, vocês sabem
        todos uns nervosos. Não,
Há um limite; os animais, os animais não são
Feitos para isso, é pouca coisa um cavalo.
Os homens de 34 anos andando de quatro
        e gritando "Mamãe". Mas os durões,
No fim, lá em Verdun, só havia esses homenzarrões
        E eles viam com extrema clareza.
De que servem os generais, o tenente,
a gente os pesa em centigramas,
        é só madeira,
Nosso capitão, tudo, tudo o que há de mais fechado
        de mais velho politécnico, mas sólido,
Cabeça sólida. Lá, vocês sabem,
Tudo, tudo funciona, e os ladrões, todos os vícios,
Mas os abutres,
        havia três em nosso batalhão, todos abatidos.
Eles iam fuçar os cadáveres, por nada
        eles sairiam a não ser para isso.
E os boches, tudo o que vocês puderem imaginar,
        militarismo, *et caetera, et caetera.*
Tudo isso, mas, **MAS**,
        o francês, esse luta quando está bem alimentado.
Mas aqueles coitados,

No fim eles se atacavam para comer,
        sem ordem, bestas selvagens, fazem
Prisioneiros; os que falavam francês diziam:
        "Por quê? ora a gente atacava pra comer."
É a gorrrdura, a gordura,
        os trens andavam a três quilômetros por hora,
E tudo aquilo gritava, rangia, ouvia-se a cinco quilômetros.
(Assim acaba a guerra.)
        Lista oficial dos mortos: 5 000 000...**

    O *Canto* XVII retoma o *de modo que* do fim do pri-
meiro. Trata-se da volta da primavera e de Dionísio, daquele Dionísio já longamente evocado no *Canto* II, aquele
tema de esperança que volta periodicamente a iluminar o
poema.

---

    * De bruços nessa grama, adormecido; / e ouvi vozes... / muro...
Strasbourg / Gallifet comandou uma tripla carga... Prussianos / e ele
disse / era por honra do exército / E chamaram-no espadachim...
    ** Traduzimos diretamente em português. (N. da T.)

176

So that the vines burst from my fingers
And the bees weighted with pollen
Move heavily in the vine-shoots:
    chirr-chirr-chir-rikk-a purring sound,
And the birds sleepily in the branches.
ZAGREUS! Io ZAGREUS!...*

Nesse momento, o problema que os *Cantos* tentam resolver está completamente colocado. Podemos exprimi-lo assim: como pôde ter sido rompida a harmonia do mundo, como pôde este tornar-se um inferno? Será possível sair desse inferno e de que maneira?

Os *Cantos* XVII a XLIV procuram resolver a primeira questão. Não nos é possível acompanhar e criticar passo a passo a demonstração de Pound, entremeada de lembranças dessa idade de ouro, que ele tentava pintar nos primeiros *Cantos*, e de anúncios do renascimento. Passaremos imediatamente à conclusão, o que nos conduz ao centro do poema, sua charneira ou seu eixo, isolado do resto pelos dois *Cantos* XLV e LI, que respondem um ao outro, e nos quais Pound expõe o principal resultado de seu inquérito: a responsável pela desordem e pela desgraça atuais é a usura.

Existe certamente nessa tese uma grande verdade, que aparece imediatamente desde que se dê à palavra usura seu equivalente moderno, o capitalismo; infelizmente, a reflexão de Pound não vai muito longe e suas teorias econômicas têm algo de irrisório. O admirável é que ele tenha conseguido perceber poeticamente o fenômeno da perversão da economia. Para ele, a usura, besta centípede, é uma força maligna e sorrateira, uma bruxa terrível como a tolice, na *Dunciade* de Pope.

With usura hath no man a house of good stone
    each block cut smooth and well fitting
    that design might cover their face,
            with usura
hath no man a painted paradise on this church wall
            harpes et luthes...**

Shines
in the mind of heaven God
who made it
more than the sun
in our eye.

---

* De modo que as vinhas brotaram de meus dedos / E as abelhas pejadas de pólen / Mexiam-se pesadamente nas parreiras: zum-zum-zum-zum-um zumbido. / E os pássaros como que adormecidos nos galhos / ZAGREUS! Io ZAGREUS!...
** Com a usura nenhum homem tem uma casa de boa pedra / cada bloco bem talhado e bem ajustado / para que o desenho possa cobrir seu rosto, / com a usura / nenhum homem pode ter um paraíso pintado na parede de sua igreja / harpas e alaúdes... (*Canto* XLV)

> Fifth element; mud; said Napoleon
> With usury has no man a good house
> made of stone, no paradise on his church wall... *

Entre essas duas litanias, essas duas lamentações correspondentes, encontramos o mais discursivo de todos os *Cantos,* que conclui toda a primeira parte por um violento requisitório:

> FIVE million youths without jobs
> FOUR million adult illiterates
> 15 million "vocational misfits", that is with small chance for
> [jobs
> NINE million persons annual, injured in preventable industrial
> [accidents
>
> One hundred thousand violent crimes... **

Depois, novamente, o tema da saída do inferno e da vinda da primavera:

> The light has entered the cave: Io! Io!
> The light has gone down into the cave,
> Splendour on splendour!
> By prong have I entered these hills:
> That the grass grown from my body,
> That I hear the roots speaking together,
> The air is new on my leaf,
> The forked boughs shake with the wind... ***

Depois de uma passagem de recapitulação e de transição (XLVIII), encontramos dois *Cantos* que preparam a segunda parte: uma adaptação de poemas chineses (XLIX) e um retrato do Ocidente na época de John Adams (L).

É da usura que vem todo o mal, declara-nos Pound, e se a civilização européia está tão doente, é porque a usura sempre a dominou, apesar de todos os esforços intentados contra ela. A questão que se coloca é então a seguinte: se a usura é tão poderosa, será verdadeiramente possível livrar-se dela, excluí-la? Ele se esforça por mostrar que sim, nos *Cantos* seguintes, expondo-nos a história

---

* Brilha / no espírito do céu Deus / que o fez / mais do que o sol / em nosso olho. / Qu'nto elemento; a lama; disse Napoleão / Com a usura nenhum homem tem uma boa casa / feita de pedra, nem um paraíso na parede de sua igreja... (*Canto* LI)

** CINCO MILHÕES de jovens sem trabalho / QUATRO milhões de adultos iletrados / 15 milhões de "desajustados", isto é, com pouca chance de achar trabalho / NOVE milhões de pessoas por ano, feridas em acidentes de trabalho que poderiam ter sido evitados / Cem mil crimes violentos...

*** A luz penetrou na cova. Io! Io / A luz desceu até a cova / Esplendor sobre esplendor! / Com minha ponta penetrei nas colinas: / De modo que a grama cresce de meu corpo, / De modo que ouço as raízes conversarem, / O ar é novo sobre minha folha, / As forquilhas dos ramos agitam-se ao vento... (*Canto* XLVII)

178

da China (LII-LXI) que, graças aos ensinamentos de Confúcio, conseguiu preservar-se da usura, até a invasão do comércio europeu no século XVIII.

Nessa época, houve uma possibilidade de verdadeiro renascimento ocidental, de fundação de um novo mundo, na revolução americana, mas um só homem o compreendeu verdadeiramente, John Adams, que poderia ter sido o Confúcio dos americanos, e que é ainda o melhor modelo de que eles podem dispor.

Como essa ocasião, a revolução americana, perdeu-se inteiramente, Pound deposita sua esperança no fascismo italiano. Ele data seus escritos a partir da era mussoliniana, e está fora de dúvida que, na continuação do poema, devia intervir uma apologia do Duce.

Mas uma nova guerra intervém, aniquilando Pound e suas ilusões. Doente, deitado numa tenda do campo de concentração de Pisa, ele medita sobre esse desmoronamento. O plano que ele tinha concebido não pode mais ser mantido. Sua construção explode sob a pressão dos acontecimentos, dispersa-se em mil fragmentos. No sonho de Pound prisioneiro, desfilam suas lembranças, o espetáculo que ele tem sob os olhos, as esperanças que ele conserva e as ruínas de sua obra.

Eis o começo dos *Cantos Pisanos:*

The enormous tragedy of the dream in the peasant's bent
[shoulders
Manes! Manes was tanned and stuffed,
Thus Ben and la Clara a Milano
by the heels at Milano... *

Manés é o fundador do maniqueísmo, que morreu esfolado como um boi. Mussolini e sua mulher foram pendurados pelos pés num frigorífico de Milão.

É a parte mais elíptica do poema, aquela onde a linguagem de Pound atinge a maior concentração, mas é também a mais impressionista, aquela cuja estrutura de conjunto é a menos forte; é uma espécie de diário patético, uma organização musical da sucessão de frases que atravessam seu espírito.

Na *Secção Rock-drill,* depois do purgatório, partimos novamente em busca do paraíso.

Terei atingido meu objetivo se tiver conseguido provocar no leitor o desejo não só de olhar o próprio texto mas também de superar a irritação que ele causa necessa-

---

* A enorme tragédia do sonho nos ombros curvados do camponês / Manés! Manés foi curtido e empalhado, / Assim como Ben e la Clara em Milão / pelos calcanhares em Milão...

179

riamente. Não me esforçarei a expor ou a explicar, desculpar, as fraquezas, as aberrações do pensamento de Pound, pois se é certo que sua tentativa poética se salda por um malogro, que ela está viciada desde seu ponto de partida pela insuficiência de alguns de seus aspectos teóricos, ele se mostrou capaz de um novo tipo de apreensão poética da história, ele conseguiu forjar, para exprimi-la, ferramentas que são por vezes de maravilhosa precisão; é certo que ela precisa ser retomada do princípio ao fim, mas acho que ela deve ser retomada; pois a poesia do lirismo individual, depois de ter resplandecido durante a primeira metade deste século, chegou hoje a um ponto de estagnação, e os *Cantos* indicam uma direção nova, que a poesia atual não pode deixar de tomar, mais cedo ou mais tarde, de uma maneira ou de outra, já que, no dilaceramento de nossa consciência, produzido pela mudança das dimensões do mundo, temos a mais urgente necessidade de encontrar, por novos modos de cantar e de contar, o meio de dominar essa complexidade, de esclarecer essa confusão, de inventar novos cantos e novos contos graças aos quais, pouco a pouco, toda nossa tribo possa reencontrar-se, reconhecer-se e compreender-se.

(1956)

III. O ESCRITOR E O LIVRO

II. O ESCRITOR E O LIVRO

14. O CRÍTICO E SEU PÚBLICO

Sempre que se escreve, tem-se "em vista" ser lido. Estas palavras que eu inscrevo destinam-se a um olhar, mesmo que seja apenas o meu. No próprio ato de escrever, um público está implicado.

1. O destinatário

O caso-limite é aquele, extremamente raro, do autor que trabalha verdadeiramente para ele mesmo, para poder mais tarde fazer um balanço, e que não tem a menor intenção de dar à leitura de outrem aquilo que ele anota; por exemplo, Kafka em seu *Diário*.

No mais das vezes, os "escritos íntimos" só são destinados a seus autores em primeira instância; eles são redigidos tendo em vista uma difusão possível, mais ou menos

183

rápida. Pode acontecer que esse público número dois condicione bem mais o texto do que o primeiro. É o caso de Gide.

É bem mais freqüente que se escreva para um outro único; é o que fazemos em nossas cartas. Assim, as de Vincent Van Gogh a seu irmão Théo eram destinadas somente a este.

As de Madame de Sévigné, pelo contrário, eram destinadas a sua filha só em primeiro lugar e estava subentendido que esta não as guardava para si, mas as fazia circular no interior de um círculo de amigos que não eram todos forçosamente conhecidos de sua mãe, mas que permaneciam num "meio" muito limitado.

É preciso fazer intervir, imediatamente, toda espécie de gradações. Tomemos o exemplo da carta: às vezes peço ao destinatário que a queime; estimo que ali me exprimo de modo tal que só ele é capaz de me entender; para qualquer outra pessoa, haveria um grave mal-entendido. Por vezes, é a ele pessoalmente que eu me dirijo, e se eu me dirigisse a outro, ter-me-ia expresso, sem dúvida, de modo bem diferente, mas se ele mostrar a carta a um terceiro, isso não me perturbará, pois sei que justamente esse destinatário conhecido será um termo de referência suficientemente seguro para permitir que tal ou tal outro faça as transposições necessárias.

Se eu escrevo a um membro de uma família ou de um grupo muito unido, a maior parte daquilo que digo a um é exatamente aquilo que eu teria dito a um dos outros; alguns pontos, somente, personalizam meu escrito, o restante é, na realidade, dirigido ao conjunto.

Encontra-se o desenvolvimento extremo dessa situação na "carta aberta", cujo verdadeiro destinatário é um público tão vasto quanto possível; a personalidade citada não é mais do que um signo, uma referência semântica, como um conjunto de sustenidos na clave de uma partitura. Esse nome está ali para indicar a que se refere tal alusão, como se deve ler tal expressão.

O exemplo de Madame de Sévigné nos mostra bem que uma atitude de escritura pode ser aberta a um primeiro nível, o do destinatário efetivo da carta, Madame de Grignan, que deve fazer com que ela seja lida, mas fechada a um segundo nível, o meio no qual esta pode fazê-la circular. Seria inconveniente deixar que tais cartas caíssem sob os olhos de certas pessoas. Mas se esse público segundo é socialmente exclusivo, subsiste entretanto uma certa abertura definitiva pelo fato de que os indivíduos pertencentes a esse meio vão renovar-se constantemente, que haverá sempre recém-chegados a quem essas cartas poderão ser mostradas. É o que se chamava outrora a posteridade.

184

2. A posteridade

Quando Madame de Sévigné escrevia, tendo em vista primeiro sua filha, e depois o meio social ao qual esta pertencia, estava longe de pensar que a passagem dos anos pudesse mudar algo nas regras que separavam essa "elite" das outras pessoas; era uma posteridade linear.

Nos escritores do século seguinte, ganha terreno a idéia de que convém escrever para um meio que as transformações sociais, em particular o desaparecimento de certos preconceitos, tornarão cada vez mais amplo, até se tornar um dia "todos os homens"; é uma posteridade "em expansão",

mesmo se um escritor, como Mallarmé, se limita voluntariamente a um público original muito restrito: "Escrevo livros difíceis", diz-nos ele, "que, nas condições atuais, só podem ser lidos por alguns, mas espero que essas condições, e numa medida ainda que ínfima, graças a eles, vão modificar-se de tal modo que, pouco a pouco, eles se tornarão legíveis para todos, e nesse caso, mesmo se eles forem relegados ao esquecimento por obras mais brilhantes, eles pertencerão às referências fundamentais dessa idade futura, serão constitutivos dessa nova realidade",

enquanto muitas vezes aquele que pretende escrever "para o povo", isolando-o em sua diferença, em sua falta de lazer e de cultura, trabalha de fato contra ele.

3. A obra em busca de seu destinatário

O autor de um manual escolar escreve para uma classe do secundário ou para a Escola Politécnica, conforme os programas; quando esses mudarem, ele adaptará seus trabalhos.

É o que se passa com toda a literatura "comercial".

Acontece que certos fabricantes de livros preparam segundo determinadas receitas comprovadas uma mercadoria destinada a um meio ao qual eles não pertencem, ao qual eles não desejam pertencer, que pelo contrário eles desprezam. São os grandes defensores da exclusão, pois eles não gostam muito que suas obras caiam sob os olhos daqueles que eles estimam. Desejando marcar as distâncias, eles tentarão freqüentemente escrever, ao lado de seus livros "comerciais", livros "sérios", isto é, destinados àqueles que eles freqüentam, ou que eles desejariam freqüentar; mas, em geral, essa tentativa cai no ridículo, e não faz mais do que os ligar ainda mais àquilo que eles desprezam, isto é, não a seu público, mas àquilo que era desprezível nesse público e que eles exploravam, mais ainda pois, incapazes de conceber de um modo dinâmico esse público outro, incapazes, senão eles destruiriam suas próprias obras, esmagariam seu velho eu vil, nunca acabariam de o esmagar, eles se dirigem àqueles dos quais eles se acreditam os "pares" com um conjunto de receitas e de convenções igualmente preestabelecidas, e portanto, procurando mostrar o que eles acreditam ser "em realidade", demonstram que não o são absolutamente. Aparece por fim que, contrariamente à sua ilusão, não foram eles que escolheram, mas eles que se deixaram escolher por aquele meio desprezível ao qual doravante eles pertencem.

É que, na medida em que esse "endereço", essa visada, essa destinação não comporta nenhuma mentira ou tapeação, na medida em que o autor se esforça por falar "em realidade", é preciso render-se à evidência de que o destinatário não pode nunca ser inteiramente conhecido de antemão e que o próprio texto é que o vai revelar. Poder-se-ia dizer: o autor de um manual escolar para o secundário não pode considerar esse manual como uma obra, no pleno sentido do termo, a não ser na medida em que ele não é apenas destinado aos alunos do secundário, na medida em que ele tem a impressão de trazer "alguma coisa" que possa interessar a qualquer outra pessoa.

Kafka sabe bem, em seu *Diário*, que é a ele mesmo que ele se dirige, mas quem não vê a que ponto esse ele--mesmo futuro é, no dia da redação, um desconhecido? Ele escreve para saber o que isso poderá dizer-lhe; se ele já o soubesse, justamente porque ele não supõe outro público, que necessidade teria ele de escrever?

Ele pergunta a esse irmão longínquo: "Quem sou eu?", isto é, "Quem és tu?", tão incrivelmente longínquo que ele não pode dizer quase nada a seu respeito, senão que ele será provavelmente perdido como ele, e que esse rastro deixado sobre o papel poderá talvez ajudá-lo a se reconhecer, a "nele" se reconhecer.

Se eu faço uma conferência diante de um grupo de ouvintes ou de alunos, é a eles que eu me dirijo em primeiro lugar, e minhas palavras serão diferentes daquelas pronunciadas diante de um outro grupo. E no entanto, antes de começar, que conhecia eu deles? Algumas indicações de conjunto, dadas por aqueles que me convidaram, o lugar, o espetáculo desses rostos, dessas roupas, percebidos primeiramente como uma multidão. Mas, enquanto falo tomo de certo modo a "temperatura" desse grupo. Vejo bem se tal palavra passa, atinge, se ela é compreendida e, segundo o caso, dou as explicações necessárias, insisto sobre tal ou tal ponto, até que o discurso "pegue", até que eu receba, como no telefone ou numa comunicação pelo rádio, o sinal de resposta.

Freqüentemente, no interior desse público, ali, sob meus olhos, vejo delinearem-se movimentos, divisões, sinto que entre esses ouvintes existem alguns que eu não atingirei, pelo menos desta vez, e escolho naturalmente (pode-se mesmo falar de uma escolha?) dirigir-me aos outros, por intermédio de quem, somente, minha palavra poderá um dia tocar os primeiros.

Essa fração não poderia ser determinada de antemão; eles mesmos não sabiam o que os distinguia dos restantes; foram minhas próprias palavras que revelaram essa distinção.

4. Determinações inevitáveis

Texto lançado ao mar, em busca de seu público; mas notemos que essa embriagadora indeterminação só pode produzir-se no interior de certo meio histórico, aberto para o futuro, com um ponto de origem bem preciso: a data de publicação ou de composição. Uma parte do público de Balzac está para mim definitivamente proibida, morta. Por pouco que eu considere que se produziram acontecimentos importantes, em qualquer domínio, desde sua época, minha visada não pode ser idêntica à sua. Quer eu tenha disso consciência ou não, algo em mim sabe que meu público tem uma história aumentada com relação ao dos meus predecessores.

Além disso, trabalho numa língua determinada, e, entre os homens de hoje ou de amanhã, não poderei tocar aqueles que só a conhecerem por intermédio de intérpretes. Aquele que escreve em francês espera sem dúvida ser traduzido, pode mesmo acontecer que para determinado livro o público que mais o interessa seja o de uma outra língua, mas ele só o atingirá passando pela sua, portanto pelos seus.

Nessa língua, os diferentes níveis correspondem a educações diversas, portanto, a camadas ou classes. Pode-se esperar ver desaparecerem um dia essas distinções, mas por enquanto elas são consideráveis. Escrevo primeiramente para aqueles que compreendem as palavras que emprego, se não em sua totalidade (desde que um vocabulário é rico, há palavras que me escapam, pelo menos a uma primeira leitura), pelo menos em proporção suficiente.

Outra determinação de origem: o lugar da publicação, condição fundamental que temos tendência, na França, a esquecer, por causa da predominância de Paris nesse sentido.

Enfim, a preferência de idade. Deixo de lado a questão das obras "para a juventude". No interior do público adulto, sei bem que as reações variam segundo as gerações, e como a nova só pode definir-se opondo-se àquela que a precedeu, isto é, escolhendo naquilo que ela lhe lega o que é passado e o que continua presente, pode haver aqui indeterminação absoluta, pois declarar que me é indiferente que os de menos de trinta anos não me leiam é exatamente escolher contra eles.

É fácil mostrar como um público é determinado à revelia do autor, pela natureza das referências que ele emprega. Se faço muitas alusões a músicos ou pintores que a maior parte das pessoas de sessenta anos não aprecia, não poderá jamais apreciar (é muito tarde para que eles começem a gostar), é óbvio que me privo de sua audiência. Dirijo-me forçosamente primeiramente àqueles para quem essa referência tem ou pode tomar um sentido. O inverso não é verdadeiro, pois se eu tomar meus exemplos em autores que, hoje em dia, quase só as pessoas de sessenta anos conhecem, posso sempre pensar que os de menos de trinta anos a eles chegarão pouco a pouco, ao envelhecer, ou sua descendência.

Servir-se de tal ou tal autor como referência é apostar em sua posteridade. Quanto mais essas apostas são audaciosas, mais se acentua a preferência, no interior do público "atual", pelas camadas mais jovens. A visada, que permanece indeterminada numa direção, é então firmemente orientada, engajada numa outra.

Sobre essa orientação vertical podem enxertar-se orientações horizontais correlativas, políticas, por exemplo, na medida em que a preferência irá para aqueles que estão de determinado lado; estima-se então que, entre aqueles que têm uma certa idade, de vinte a trinta, ou de trinta a quarenta, é tal grupo já constituído que pouco a pouco se tornará a figura do conjunto, cujas referências se tornarão as de todos, que ele está adiantado com relação aos outros.

Mas as obras mais originais, cuja importância aparecerá mais tarde como a mais decisiva, serão aquelas que no interior de uma geração ascendente, esta ou outra próxima, servirão de pedra de toque para distinguir o que é dinâmico do que não o é, revelarão uma nova seleção.

Às vezes, as evidências da marcha dos acontecimentos são tão claras que só se pode esperar, honestamente, provocar tal seleção, afastando-nos deliberadamente, expressamente, dessa direção putrescente.

5. A situação do crítico

O professor de literatura deve pôr em comunicação um texto e seus alunos, dar a estes a inteligência daquele; o que ele diz só poderá ser útil a outros por intermédio de seus alunos.

A crítica profissional, dos jornais, oferece-nos um exemplo de determinação prévia muito acentuada, pois o jornalista conhece de um modo relativamente preciso o que distingue seus leitores dos dos jornais concorrentes.

Está claro que o redator chefe toma como ponto de honra não fazer pressão sobre seu crítico, mas isso não é nem mesmo necessário. Como seu papel é de guiar essa fração do público na multidão de obras postas à venda, e como as condições necessárias para pertencer a essa fração são por vezes muito simples e muito estritas, suas regras de conduta e de apreciação muito específicas, ele será capaz de dizer, sem temer um desmentido: isto é para vocês, isto não é para vocês.

Tal crítica, afinal, é o correlativo exato de uma literatura "comercial". Ela opera em sua passagem um controle da receita ou da fórmula, como um órgão de vigilância dos produtos leiteiros ou farmacêuticos. O folhetim é lido como uma análise química: demasiado disto, não o suficiente daquilo, tais normas estão superadas, tais fronteiras; recusa de selo; o que se acha freqüentemente resumido na condenação seguinte: "Este é um produto que eu não conheço", o que deveria ser justamente, para um examinador mais livre, o cúmulo do elogio.

Pois a verdadeira crítica é também aberta, não uma alfândega que recusa a introdução das mercadorias suspeitas após um rápido exame, mas uma escala que lhe permite chegar a seu destino. Isso não quer dizer que não haja, por vezes, bons controladores ou alfandegários; há demasiados venenos circulando, e é preciso identificá-los e denunciá-los; mas temos antes de mais nada necessidade de alimentos e minerais, por conseguinte, de fiscais.

Assim como o verdadeiro escritor é aquele que não pode suportar que se fale tão pouco ou tão mal de tal ou tal aspecto da realidade, que se sente na obrigação de chamar a atenção para ele, definitivamente, ele assim espera, não que ele imagine que depois dele não haja mais nada a dizer a esse respeito, pelo contrário, o que ele deseja é que o espírito permaneça para sempre alertado; da mesma forma, o crítico mais útil é o que não pode suportar que se fale tão pouco ou tão mal de tal livro, de tal quadro, de tal música, e a obrigação é tão duramente sentida nesse domínio quanto em qualquer outro.

Ele se indigna: "Como é possível não ver, não gostar, não sentir a diferença, não compreender a que ponto isto poderia lhe ser útil?"

O poeta, enquanto determinada coisa não foi dita, não podia mais viver verdadeiramente, assim como o crítico, enquanto essa palavra não atingir outros ouvidos além dos seus. O poeta visava uma posteridade em expansão; é precisamente essa expansão que o crítico pode acelerar consideravelmente.

O público que ele visa não é pois outro senão aquele que ele traz ao autor que o seduziu. Ele só é compreendido, ouvido, na medida que ele o faz ler, e ele se cala, no fim de seu próprio texto, diante daquele de quem ele tentou se aproximar.

Se ele tem êxito, seu trabalho não se apaga de modo algum no silêncio, não mergulha no esquecimento. O que assim permite atingir a obra inesgotável, é igualmente obra, junta-se à obra original como complemento necessário, tornando-se referência constitutiva de um novo estado de coisas ao mesmo tempo que ela, já que os textos mais admiráveis permanecem para sempre inacabados e mal conhecidos.

15. CRÍTICA E INVENÇÃO

1. Toda invenção é uma crítica

a) Crítica da Literatura

Nenhum escritor de hoje, por mais jovem que seja, pode imaginar que inventou o romance.

Em geral, ele leu uma grande quantidade de romances, contemporâneos ou antes não exatamente contemporâneos, com um atraso de uns trinta anos; por ocasião de sua passagem pelo ensino secundário (as exceções são raríssimas), fizeram-no estudar um certo número de autores antigos que o marcaram, mesmo se eles o entediaram; em determinado momento um professor mais ou menos talentoso explicou-lhe as primeiras páginas de *Eugénie Grandet*.

Mesmo se ele jamais tivesse lido qualquer romance, existem muitas pessoas em volta dele que leram e que lhe falaram dessas leituras; estamos mergulhados numa atmosfera romanesca.

Toda invenção literária, hoje em dia, produz-se no interior de um meio já saturado de literatura. Todo romance, poema, todo escrito novo é uma intervenção nessa paisagem anterior.

Encontramo-nos todos no interior de uma imensa biblioteca, passamos nossas vidas na presença dos livros. Já existem tantos, que se torna logo evidente que, no número limitado de horas que poderemos consagrar a esse exercício até nossa morte, ser-nos-á impossível ler todos.

Livros demais, e mesmo bons livros demais, obras-primas demais na literatura francesa para que possamos, verdadeiramente saboreá-los todos. Quanto às literaturas estrangeiras, encontramo-nos com relação à maioria delas numa situação de inelutável ignorância; quantas vidas não nos seriam necessárias?

Por que então, a essa enorme massa, da qual nunca conheceremos mais do que uma minúscula parte, querer acrescentar ainda novos volumes?

Ora, escreve-se.

Cada vez mais. Publica-se cada vez mais.

Com efeito, quando temos ao alcance da mão algumas das maiores obras, acontece-nos escolher para nossa leitura, esbanjando esse tempo precioso, algo bem diverso, textos cujo pequeno valor conhecemos de antemão, e que por vezes chegamos mesmo a desprezar francamente; somos obrigados a reconhecer um fato acabrunhante: aquelas maravilhas, na maior parte do tempo, não nos interessam absolutamente.

Antes mesmo de os ter lido, aqueles grandes autores — bastaram-nos algumas sondagens —, aquele muro impressionante e suntuoso de encadernações antigas, estamos certos de que eles não nos bastam. Entre o mundo do qual eles nos falam e este em que vivemos existe um fosso, uma distância.

É em grande parte através dos livros, dos romances, principalmente, que conhecemos o universo (para quantos de nós a Rússia do século XIX só aparece através de Tolstói e de Dostoiévski, ou o "profundo sul" dos Estados Unidos através de Faulkner!) . Em nossa representação, o que vemos com nossos próprios olhos, ocupa pouco lugar com relação àquilo de que nos falam, o muito depressa as palavras que ouvimos com nossos próprios ouvidos são bem pouco numerosas com relação àquelas que lemos. A narrativa se desdobra em imensas reservas no interior das quais praticamos, de tempo em tempo, pequenas explorações.

192

A biblioteca nos dá o mundo, mas ela nos dá um mundo falso; de quando em quando, produzem-se rachaduras, a realidade se revolta contra os livros, por intermédio de nossos olhos, por intermédio das palavras ou de certos livros, um exterior nos acena e nos dá uma sensação de enclausuramento; a biblioteca se transforma em torreão. Acrescentando novos livros, procuramos redistribuir toda a superfície para que nela se abram janelas.

Tomemos o exemplo mais simples: o de um romance que se apresenta como realista; escolhamo-lo no século XIX; eu o leio; encontro nele um certo número de aspectos de minha própria vida; no entanto, alguns sinais me avisam imediatamente: o mundo descrito não é aquele que posso ver, os carros não são os mesmos, as senhoras se vestem diferentemente.

Automaticamente, vou adaptar essa história, traduzi-la; ao longo de minha leitura vai inventar-se, no vazio que se cava entre o mundo que me apresenta a literatura e aquele que me mostram meus olhos, um outro romance (ou um outro drama, ensaio...) no qual serão neutralizados todos os pormenores que me impediam de nele me reconhecer.

A obra se desdobra. Todo leitor não só constitui a partir dos sinais propostos uma representação, mas empreende a reescritura daquilo que lê.

A produção romanesca, na França, é prodigiosamente abundante. Antes dessa grande cerimônia da vida literária que são os prêmios do fim do ano, certos editores, para multiplicar suas chances, publicam durante mais de um mês um romance por dia (impossível, por conseguinte, mesmo numa categoria bem determinada, não só ler o que foi publicado mas ainda o que se publica), mas isto não representa nem um manuscrito em vinte, e quantos manuscritos terminados cujos autores preferiram não correr o risco das humilhações de uma recusa, quantos manuscritos começados, abandonados, quantos manuscritos sonhados cuja primeira linha nunca foi escrita! Toda a população de nosso país é evidentemente romancista.

O romancista titular é aquele que consegue levar a termo essa atividade que esboçamos todos, mas à qual, na maior parte das vezes, somos forçados a renunciar; é aquele que a prossegue para nós.

A fórmula do romance habitual é pois simplesmente uma forma de paródia. A maior parte dos escritores, conscientemente ou não, tomam os livros célebres de outrora e maquiam suas rugas. Combinando um esquema bem conhecido, ao qual nossa educação nos habituou, e os sinais exteriores da modernidade, suas obras podem beneficiar-se de uma difusão rápida e atingem por vezes grandes tiragens.

193

Mas como o que os sustenta, de fato, é a lembrança vaga que temos dos livros famosos dos quais eles não são mais do que sombras, como é ao prestígio desses livros que eles devem o seu, eles recomeçam constantemente, podem e devem multiplicar-se indefinidamente, o que sobrecarrega consideravelmente a biblioteca, a ponto de logo mascarar o próprio modelo, já que cada um dos livros lidos nos impede de ler um outro (assim, vocês, ocupados a ler este aqui, estão deixando de ler alguma obra-prima).

Ora, não são somente as roupas e os carros que diferem; suas transformações estão ligadas a um grande número de outras transformações incomparavelmente mais difíceis de determinar, e às quais elas servem como sinais. O romance habitual, ocultando todos esses índices, permite mascarar essa mudança. A parede se endurece, oferece uma resistência cada vez maior a todo esforço e reorganização. Mas o calmante faz baixar a febre sem curar o verdadeiro mal, que logo despertará mais violento.

Os que forem mais sensíveis a esse mal-estar, a essas brechas, serão então obrigados a levar muito mais longe esse trabalho de reescritura, de o assumir, desembocando no estabelecimento de novos modelos que nos permitirão narrar, narrar-nos aquilo que acontece e aquilo que nos acontece, que denunciarão, no conjunto romanesco ao qual eles se oporão necessariamente, apesar de toda a sua prudência e de toda a sua esperteza, aquilo que nele havia de mentiroso.

Não que esses novos autores tenham querido forçosamente fazer uma crítica; é que sua inspiração inteira terá nascido de uma situação crítica.

Sua invenção será tanto mais decisiva quanto mais eles tiverem conhecimento de seu terreno. Esta *ciência*, não é ela que de início os espicaça e os torna, felizmente para nós, incapazes de continuar a suportar esse mundo em que vivemos tal qual ele é?

b) Crítica da Realidade

"Mas não há artistas que criam pelo simples transbordamento de uma personalidade riquíssima? O amanuense Rousseau, na pintura..."

E como poderia um escritor nos mostrar sua riqueza se ele não fosse capaz, no interior de determinada situação, de trazer uma transformação, de desmascarar a pobreza dos outros, e a nossa em particular?

Henri Rousseau não se achava nada ingênuo; ele fazia tudo para se tornar um artista requintado. Numa sociedade tão complexa como a nossa, a paisagem cultural na qual a obra nova introduz sua crítica pode variar consideravelmente de uma região para outra, de uma classe

194

para outra, de um indivíduo para outro. Determinada pessoa pode ter um horizonte profundamente diverso daquele que se descortina a partir do centro reconhecido da atividade literária ou pictural. Henri Rousseau não tinha as mesmas referências que Claude Monet, ou a maior parte de seus contemporâneos famosos.

A paisagem na qual intervém o artista dito ingênuo é estranha com relação à do homem culto, na medida em que tal artista nos traz realmente uma obra, ultrapassa para nós o folclore, o que é evidentemente o caso de Henri Rousseau, ele nos mostra o que tem de positivo essa estranheza; ela se torna então uma crítica, cuja pertinência somos pouco a pouco obrigados a reconhecer, uma crítica do horizonte cultural do artista *comme il faut*, mesmo os de vanguarda.

Autodidata, o *ingênuo* não pode beneficiar-se de nossas instituições normais de educação artística, quer se trate de escolas como a de Belas-Artes no século XIX, quer elas se apresentem de um modo mais difuso: adoção de certo gênero de vida com freqüência obrigatória a certos salões ou cafés, como o Montparnasse de entre as duas guerras; mas sabemos bem que o artista *requintado* só acede à genialidade quando, depois de se ter beneficiado das ditas instituições, ou no exato momento em que delas se beneficia, coloca em questão seu valor, experimenta sua insuficiência, faz uma escolha naquilo que lhe ensinam, põe-se a estudar outras coisas, parte à descoberta, torna-se ele mesmo um autodidata.

Isto quer dizer que a crítica trazida por toda obra em que se manifesta uma invenção verdadeira concerne não só àquilo que se chama tradicionalmente a literatura ou as belas-artes, mas à sociedade toda, e em particular às instituições de educação pelas quais se realiza, em grande parte, sua inserção entre todos os outros domínios.

Matthew Arnold: "A poesia é uma crítica da vida."

Toda crítica de uma literatura anterior torna-se fatalmente um dia, ao se aprofundar, crítica da realidade anterior (e naturalmente de tudo o que dela resta hoje), descobre, ao fazê-lo, o que nela já havia de crítica latente, que ela conduz enfim até a claridade.

Não é certamente nem por maldade nem por incompetência individual de seu ou de seus autores que a obra se tornou tão enganadora, mas é que, o que mudou, afora as roupas, é o que se conhece do mundo.

Ela era produto de um estado de coisas, resposta a determinadas carências.

Cervantes mostra que os romances de cavalaria nos enganam acerca da realidade, mas a primeira culpada é a própria realidade; a cavalaria denunciada como descrição manifesta imediatamente seu valor como correção.

195

O que parecia ser o mundo era, na verdade, seu avesso; à medida que as superfícies se complicam, todas as partes se tornam ao mesmo tempo direito e avesso de variados índices; e o avesso do mundo produz constantemente um novo direito.

A obra nova, interrompendo o funcionamento da antiga, libera o que havia de alcance crítico em sua mitologia.

Desde a origem, resposta e produto; a própria invenção da linguagem sendo resultado de uma situação difícil: o mal-estar dos primeiros homens.

Até agora, resposta e produto; a invenção atual, em sua verdade limitada, preenchendo o vazio que se abre na imensa biblioteca.

c) Crítica da Crítica

Esta invenção, crítica das obras anteriores, toma por vezes a forma da imitação. No tempo da Renascença, os artistas originais, *geniais*, para chegar à crítica feroz do impressionante gótico que os precedia, precisaram buscar na Antigüidade modelos em que se apoiar. Cada vez que se fala de uma *volta a*, isto implica uma crítica de todo o esquecimento no qual se deixou uma parte, um aspecto da obra de um autor ou de uma época.

O inventor pede socorro a determinados inventores do passado, mostrando ao mesmo tempo até que ponto nós os conhecemos mal, indignando-se de que tenhamos sido tão incapazes de ouvir suas lições.

Na leitura dos livros antigos, descobrimos não só que há coisas de que eles não falam (assunto novo) — eles sabiam falar-nos de algumas das quais não nos falam mais (assunto reencontrado), eles tinham modos de falar que não se utilizam mais (técnica reencontrada) —, mas também (técnica nova) que há modos de falar que eles não utilizam, que não se tirou tudo o que se podia tirar desse arsenal de palavras e de formas.

A obra atual nos revela a fecundidade mal conhecida do passado; ela só pode mudar verdadeiramente o futuro se ela mudar o conjunto da história. A marca de uma profunda novidade é seu poder retroativo.

Conhecemos a maior parte das coisas por intermédio da biblioteca, mas a maior parte dos livros eles mesmos só nos são conhecidos por ouvir-dizer, ou melhor, por ver-dizer.

No interior da primeira biblioteca falando das coisas, há uma segunda falando dos livros, e aí podem cavar-se outros tantos vazios.

Ainda aqui, escândalo e invenção: há livros de que não se fala, há modos de falar dos livros que não se utilizam.

Só a obra nova nos fará procurar nas estantes o livro antigo e empoeirado,

aquele de que não se falava, ou do qual se falava sem o ter lido, recoberto por suas numerosas imitações; a novidade ameaçadora provoca o recurso ao texto.

Quanto àquele que se acreditava ler... Disse que toda leitura de um texto antigo o desdobrava, como simplifiquei as coisas! Para substituir o vestido antigo por um recente, será preciso ao menos ter percebido sua antigüidade. A maior parte do tempo, recebo as palavras no sentido que elas têm hoje, sem me aperceber de sua mudança. Enquanto o vestido não é descrito, imagino-o semelhante àqueles com que estou habituado. Quando um sinal de estranheza aparece, ele me revela em geral que aquilo que eu tinha lido não era o texto, mas sua sombra.

Restauração do texto antigo, invenção do texto novo são duas ações correlativas. Quanto mais eu restauro, mais sou forçado a inventar (e encorajado nessa aventura); quanto mais eu invento, mais sou capaz de restaurar.

A literatura corrente não merece pois nem mesmo o nome de paródia. Com efeito, o modelo antigo não pôde ser consultado; recoberto por suas inúmeras imitações, ele não saiu da estante. Sombras das sombras de sombras.

Eis por que não é possível atribuir de fato *um* original à maior parte das amostras da livraria atual; o que é realmente imitado, sumariamente reescrito, são as sombras comuns a numerosos sólidos antigos perdidos. Os corredores da imensa biblioteca são povoados de fantasmas heteróclitos.

2. *Toda crítica é invenção*

a) biografia

Há alguns anos, um certo número de ensaístas, qualificando-se eles mesmos de "velhos", indignaram-se diante de outros que eles acusavam de fazer romance, de inventar a partir de textos; eles, pelo contrário, gente séria e fiel à letra, preferiam a biografia a embarcar em aventuras interpretativas.

"Os autores nunca pensaram nisso", diziam eles, acreditando condenar a "nova crítica".

Quando eu leio o que escrevem sobre meus livros, o que me interessa não é encontrar o que já sei. Se ele só consegue me propor o que eu mesmo já pensei antes dele, só posso julgar esse comentador como um aluno razoável.

197

Pelo contrário, se ele me revela algo em que eu não tinha pensado, mas que me faz compreender o que para mim era obscuro naquilo que eu escrevia, considero-o como um mestre.

Mas basta abrir a obra de um desses biógrafos para o apanhar, a cada página, em flagrante delito de romance.

É que eles não desejam somente colocar a nossa disposição certos documentos, querem fazer-nos compreendê-los, mostrar-nos por que este ou aquele é particularmente esclarecedor. O historiador que pretende ser o mais historiador nos declara: Racine pensou que... se ele deixou o teatro foi porque ele quis..., que ele temia... Mas ele não sabe mais diretamente do que nós o que seu herói pensou ou temeu; é sempre a partir dos textos e dos documentos que ele interpreta, inevitavelmente segundo algum modelo que ele conseguirá talvez transformar se tiver imaginação. Se tiver pouca, atribuirá aos escritores de outrora o mesmo gênero de preocupação que ele tem hoje: carreira... Se for capaz de inventar, poderá aproximar-se daquilo que foi.

Imaginar a própria realidade.

b) erudição

Quando lemos obras da antigüidade européia, gregas ou latinas, o que temos sob os olhos difere freqüentemente da lição do melhor manuscrito, porque mesmo este, pelas razões mais fortes, é sempre considerado como cheio de erros. Foi preciso reconstituir.

Isto é particularmente claro quanto aos textos que nos chegaram mutilados. Para ler corretamente a metade do poema que temos, decidir que se trata aqui de tal ou tal letra (e os acasos da história são por vezes tão maliciosos que podemos ter apenas os começos dos versos), é preciso que nos representemos aquilo que ele pode ter sido por inteiro, assim como Cuvier, a partir do fragmento projetar o conjunto.

Eis algumas estrofes encontradas que nos parecem formar um todo, e depois se exuma a ode da qual elas eram apenas uma parte, conferindo-lhes em certas passagens um novo sentido, fazendo mesmo decidir outras lições, a reconstituição do arranjo original revelando no que parecia tão claro numerosas obscuridades latentes. Não é sempre fácil saber que se trata de uma obra incompleta, e o mais completo dos escritos pode sempre ser considerado como parte das produções de seu autor, exemplo de um gênero, migalha de um tempo.

Quando morre um escritor, por menos conhecido que ele seja, procuram em sua casa seus papéis, que será preciso pôr em ordem, identificar. Será preciso decidir entre várias versões de uma mesma página, de um livro inteiro.

Somente, se quando encontramos um fragmento de uma tragédia antiga temos o direito de pensar que ela existiu por inteiro, em determinado momento, na maior parte dos casos nada nos permite afirmar que o autor tenha acabado a obra da qual só encontramos uma parte.

Inútil declarar que ela existiu em sua cabeça, porque toda experiência de escritura nos mostra que é somente depois de ter terminado um texto que sabemos verdadeiramente o que ele devia ser.

Para publicar os fragmentos existentes, o erudito é obrigado a assumir a imaginação do autor e a projetar o que ele teria feito.

Assim, a um primeiro estabelecimento dos inéditos correspondendo a uma primeira representação de um conjunto englobante, vão freqüentemente seguir-se outros dando-lhes um sentido cada vez mais rico, justificando melhor seus pormenores.

Uma catedral devia ter duas torres. Só uma foi construída e uma guerra antiga a derrubou. Na reconstrução projetada, que diferença traz essa existência temporária?

c) inacabado

Acabado ou inacabado? Freqüentemente o próprio autor não o sabe, retomando anos mais tarde aquilo de que ele acreditava ter-se desembaraçado.

A obra inacabada é para nós a necessidade de uma invenção, e vemos bem a seu propósito que o crítico mais exato, mais respeitoso, é aquele cuja invenção consegue prolongar a do autor, a fazer com que esta entre a tal ponto nele mesmo que ele saberá fazer de sua imaginação uma parte da sua própria.

Mas não é absolutamente indispensável que o escritor tenha reconhecido sua obra como inacabada para que a imaginação crítica possa e deva completá-la. Seria preciso, aliás, nunca ter escrito para acreditar que possa existir um acabamento absoluto.

O autor, ao cabo de um certo tempo, abandona tal obra, porque ele não pode mais trabalhar nela, porque ele não vê mais, naquele momento, outro meio de melhorá-la do que a retomar de cabo a rabo, na verdade porque uma outra já está à espera;

ele só a termina o quanto pode, e a entrega aos outros para que eles a continuem, ele a propõe a uma crítica profunda que prossiga a invenção começada, entretenha o esclarecimento; pois mesmo as obras mais diretas, ao cabo de alguns anos, têm necessidade de explicação.

199

Elas se cobrem assim de toda uma vegetação de notas, glosas, comentários, introduções, estudos e complementos, que murcha em parte e se renova, graças à qual se consegue atingi-las ainda e melhor.

Fazer crítica é sempre considerar que o texto de que se fala não é suficiente por si, que é preciso acrescentar-lhe algumas páginas ou alguns milhares, portanto, que ele é apenas o fragmento de uma obra mais clara, mais rica, mais interessante, formada dele mesmo e daquilo que dele se dirá.

Ler um autor antigo nunca é ler apenas este autor. Examinemos, a seu respeito, a biblioteca interior: toda uma seção lhe concerne. O corpo de seus escritos não é mais do que o núcleo de um enorme conjunto que compreende tudo o que foi redigido a seu respeito, e isto em todos os graus; críticas das críticas das críticas. Minha própria invenção, com relação a ele, será uma intervenção no interior desse meio óptico, reorganização por vezes brutal, fechando de repente armários inteiros, sem jamais os suprimir.

Um espírito brilhante nos fala de autores antigos ou modernos. Como ele é inteligente! É um prazer ouvi-lo ou percorrê-lo. Mas ele não nos dá nenhum desejo de ler seus pretextos. Ele atrai nossa atenção para ele próprio.

Ele foi capaz de escolher aqui e ali algumas passagens e de arranjá-las numa composição agradável mas, se voltamos aos livros, nossa leitura não recebe dele nenhuma iluminação.

O maior crítico, o mais inventivo, é o mais modesto. Quando o lemos, ele nos dá imediatamente vontade de voltar ao próprio texto. E eis aquele livro empoeirado afinal fora de sua estante: que gênio, que brilho, que novidade! Como pudemos ser cegos a esse ponto, como aquele crítico mesmo pôde ser cego a esse ponto, pois havia tantas coisas a dizer! Quase chegamos a esquecê-lo...

Esse desencadeamento de nossa própria imaginação crítica a partir da sua prova que ele soube reorganizar todo o halo, instala-se como uma janela iluminadora em torno do núcleo dos textos, retomando-os em sua totalidade como componentes de um novo foco.

A obra nova é um germe que cresce no terreno da leitura; a crítica é como sua floração.

Aqui e ali imensas árvores, acrescentando a cada estação novos ramos ao tecido dos bosques.

3. Metamorfoses

a) obra na obra

O poeta ou romancista que sabe ser ao mesmo tempo crítico considera como inacabada não só a obra dos outros mas a sua; ele sabe que não é seu único autor, que ela aparece em meio às obras antigas e será continuada por seus leitores.

Crítica e invenção, revelando-se como dois aspectos de uma mesma atividade, deixam de se opor como dois *gêneros* diferentes, em proveito da organização de formas novas.

Primeiro leitor, o escritor começa a propósito de seu próprio trabalho o que ele sabe fazer com o de outrem. Sua atividade vai refletir-se como num espelho. Em romances, ouviremos falar pessoas que escrevem ou lêem romances.

Esta reflexão é uma das características fundamentais da arte contemporânea: romance do romance, teatro do teatro, cinema do cinema...; esta característica a aparenta estreitamente com a de certas épocas anteriores, a arte barroca em particular; nos dois casos, essa volta interrogativa sobre si mesma é uma resposta a uma mudança da imagem do mundo,

volta que não implica nenhum fechamento, nenhuma cegueira, quanto aos outros homens, não só porque é sempre entre eles que o escritor nos mostra seus escritores, mas sobretudo porque, todos esses outros sendo em certa medida já escritores, ele nos fala deles ao mesmo tempo, já músicos, já pintores... no interior da obra se instaura não *uma* obra de arte imaginária, mas todo um sistema de refrações. A composição em abismo simples (romance por assim dizer só do romance) é apenas um primeiro grau.

b) As outras obras na obra

Escrevemos sempre *dentro* da literatura. Já que *representamos* nossa obra em nossa obra (não somente o resultado mas o trabalho), devemos também representar aí a literatura que é seu meio ou seu elemento, por citações (prática da qual a crítica sempre nos deu exemplo),

intactas ou transformadas (paródias). Toda paródia afirmada denuncia aquela que está latente na literatura corrente, ignorante de seus próprios modelos, devolve-nos esses modelos.

Parodiando metodicamente textos antigos ou recentes, podemos dar-lhes uma cor absolutamente nova, mudar o que eles podem nos dizer. Da mesma forma, modificando a luz, forçamos o objeto que fotografamos a desvendar seus outros aspectos.

A citação mais literal é já, em certa medida, uma paródia. O simples levantamento a transforma, a escolha na qual eu a insiro, seu recorte (dois críticos podem citar a mesma passagem fixando seus limites de modo diferente), as aliviações que opero em seu interior, e que podem substituir a gramática original por uma outra, e naturalmente o modo como eu a encaro, como ela é tomada em meu comentário...

Outro grupo de transformações de uma imensa variedade, em seu desejo de ser fiel: as traduções.

Paródias de ordem cada vez mais elevada: não mais transformação de tal página, mas invenção de uma nova página complementar, de uma nova cena, de uma nova obra, de um novo autor, de uma nova literatura iluminando os verdadeiros.

c) A obra nas outras obras

Já que a obra deve ser indefinidamente continuada pelos leitores, em particular por aqueles que vão eles mesmos escrever outras obras ligadas a ela, de modo mais ou menos claro, ela vai em breve apresentar-se ela mesma como inacabada, não o círculo fechado ao qual não se deveria poder acrescentar coisa alguma, mas a espiral que nos convida a prosseguir,

o que se manifesta do modo mais simples no *fragmento*, isto é, a obra que já se dá como uma citação ou um conjunto de citações, levantado a partir de um outro texto que ignoramos, o que já encontramos nos escritores românticos (algumas folhas encontradas numa velha mala, o rato ou as chamas devoraram o resto...)

Isto implica uma certa extensão. Nada mais difícil, em geral, de afinar com o espírito de fragmentação em sua profundidade do que aquilo que parece ser, de imediato, sua expressão: aforismos, máximas, fórmulas lapidares; cada número sendo como uma palavra, é então a coletânea que poderá apresentar-se como fragmento de uma coletânea mais vasta. É preciso, com efeito, que a forma interior tenha tido o espaço necessário ao seu desenvolvimento para que se tenha o sentimento de sua fratura.

Para que uma obra seja verdadeiramente inacabada nesse sentido, para que ela nos convide a continuá-la, é preciso que em certos aspectos ela seja particularmente cuidada, bem mais do que se ela devesse apresentar-se como um objeto bem determinado. Se temos apenas um esboço um pouco vago, ela não comportará linhas suficientemente fortes para nos incitar a prolongá-las; pelo contrário, a composição muito forte, uma vez quebrada, vai constranger-me a restabelecê-la. Se uma imagem me apresenta um círculo interrompido, meu olho o conserta automaticamente.

A obra "aberta", o fragmento em sua maturidade, implica por um lado uma arquitetura interna em desenvolvimento, de um grande rigor, e por outro lado sua

202

interrupção, a qual, para ter plena força, deve ser também rigorosamente desenhada.

Pode-se pois, à primeira vista, interpretar a obra aberta como a intersecção de duas formas, uma em relevo, outra em côncavo, esta podendo ser igualmente em expansão, o relevo revelando um fragmento daquilo que o interrompe. Mas em breve não será mais possível deixá-las independentes. Trata-se necessariamente de uma gênese que, por seu próprio desenvolvimento, se escava, recolhe nela o fragmento pelo qual ela pode apresentar-se a nós.

Particularmente esclarecedoras são as obras nas quais a atividade do leitor ou do espectador é não só reconhecida mas exigida, obras móbiles comportando várias possibilidades entre as quais ele precisa escolher, no interior das quais ele deve interpretar. Já autor, ele constitui o indispensável momento de fragmentação pelo qual a história em questão consegue manifestar-se, revelando o autor como já sendo isto.

A atividade crítica consiste em considerar as obras como inacabadas; a atividade poética, a "inspiração", manifesta a própria realidade como inacabada.

Praticamente.

Cada vez que há obra original, invenção, por mais gratuita que ela possa parecer à primeira vista, impõe-se-nos pouco a pouco a necessidade de arranjar, a partir dela, o mundo de que fazemos parte.

Toda obra é engajada, mesmo a mais rotineira, toda atividade do espírito sendo função numa sociedade; quanto mais ela é profundamente inventiva, mais ela obriga a uma mudança.

O mundo produz *progressivamente* sua própria crítica e se inventa em nós dificilmente.

16. RESPOSTAS A "TEL QUEL"

I. — Você foi primeiramente considerado como um romancista. Mas seus poemas, *Le Génie du Lieu, Répertoire, Histoire Extraordinaire,* os numerosos ensaios que você consagrou não só à literatura, mas também às diferentes artes, e enfim *Mobile, Votre Faust,* toda essa atividade múltipla impede que possamos defini-lo simplesmente.

Que teria você a acrescentar à sua intervenção de 1959, em Royaumont?

— Não podem definir-me simplesmente? Tanto melhor! Isto só é um inconveniente para os críticos apressados, que gostam das etiquetas, e detestam ser obrigados a recomeçar a ler, a trabalhar, a refletir acerca de uma nova obra de um autor que eles acreditavam estar classificado.

205

Tudo o que vou responder poderá ser acrescentado à minha intervenção de 1959, em Royaumont; será uma intervenção de 1962, em *Tel Quel*. O que me parece, em primeiro lugar, é que em 1959 a palavra "romance" me bastava para definir minha atividade, tudo o mais, meus antigos poemas, meus ensaios, podendo subordinar-se à seqüência dos quatro livros: *Passage de Milan, L'Emploi du Temps, La Modification, Degrés*. Hoje sou obrigado a considerar o romance como um simples caso particular; é preciso que eu restrinja sua definição.

Percebi que só se podia falar de romance quando os elementos fictícios de uma obra se unificavam numa única "história", um único mundo paralelo ao mundo real, completando e esclarecendo este último, um mundo no qual se entra no começo da leitura e que só se abandona no fim, mesmo se a ele se volta num outro volume, como em Balzac, Zola ou Faulkner. O romance é uma ficção unitária. Ora, é evidente que pode haver unidade numa obra sem que a ficção seja única.

Além disso, para que haja romance, é preciso ficar ao nível da narrativa corrente, é preciso que se trate de algo que alguém poderia contar a outra pessoa. Mas é possível submeter certas obras a um tratamento comparável àquele que o romance aplica às narrativas habituais: dicionários, enciclopédias, catálogos, anuários, horários, guias, manuais, que se constituem de elementos comuns a inúmeras narrativas possíveis, que são como os nós da trama da narrativa que nos envolve e através da qual vemos o real.

O invólucro, aquilo que liga as diversas ficções, pode ser também ele mesmo o menos fictício possível, o mais "abstrato" com relação à narrativa cotidiana, pode ser uma pura representação de fatos perfeitamente verificáveis por quem quer que seja, o imaginário e sua luz emanando constantemente das aproximações estabelecidas, momentos romanescos aparecendo aqui e ali.

Então, eu podia declarar que a partir do dia em que me lancei em meu primeiro romance, eu não tinha mais escrito poemas curtos, desejando reservar ao romance tudo o que eu podia ter de capacidade poética, mas devo reconhecer hoje que os textos que escrevi nos últimos tempos, ou os que estou preparando, para acompanhar obras plásticas, não são mais nem menos do que poemas, no sentido corrente do termo: *Rencontre* (com Zanartu), *Cycle* (com Calder), *Litanie d'Eau* (com Masurovsky), e em breve *Pousses* (com Hérold).

II. — Você sente uma diferença de natureza entre suas obras propriamente criativas e seus trabalhos críticos ou

206

teóricos? Parece que seus ensaios, freqüentemente, estabelecem, a seu modo, esquemas romanescos.

— Sinto cada vez menos essa diferença.

Antes de *Passage de Milan,* eu sentia um verdadeiro dilaceramento entre meus poemas e meus ensaios. O romance foi o meio de resolver essa tensão; mas vejo bem que ele não a resolvia inteiramente. Com efeito, ele deveria suprimir ao mesmo tempo ensaios e poemas, substituí-los. Ele conseguiu fazê-lo, durante alguns anos, com relação aos poemas, jamais com relação aos ensaios. Eu saía dessa dificuldade dizendo que aquilo que passava para os ensaios era o que provisoriamente eu não podia integrar na obra romanesca em elaboração. Mas, é claro, aquilo que eu disse em meus ensaios não foi retomado em meus romances. E não só os antigos poemas me solicitaram de tal modo que acabei publicando uma parte deles, mas também comecei, graças a certos pintores, a compor novos poemas, de tal forma que me encontro agora diante de três termos, pelo menos, romances, ensaios e poemas, que subsistem; é impossível subordinar inteiramente um a outro, trata-se de fazê-los viver em bom entendimento. Mas não há mais dilaceramento, porque a generalização que precisei aplicar à noção de romance me permitiu encontrar um mundo de estruturas intermediárias ou englobantes, e posso agora passear livremente num triângulo cujas pontas seriam o romance no sentido corrente, o poema no sentido corrente, o ensaio tal qual ele é habitualmente praticado.

Se me ponho a contar a vida de um homem real, Baudelaire, por exemplo, vou encontrar o mesmo tipo de problema que encontro ao contar a de um homem imaginário, com a única diferença que para este, quando tenho necessidade de um acontecimento, basta-me inventá-lo, enquanto para Baudelaire preciso constantemente verificar e, se não encontro a menor verificação, preciso abandonar essa pista. Mas reconheçamos que, se tivermos vontade de escrever a vida de um poeta de grande qualidade, teremos a maior dificuldade em inventar as citações de sua obra. Que gênio, na verdade, teria o romancista que tivesse conseguido inventar as citações que reuni em minha *Histoire Extraordinaire*!

Nessa carta de Baudelaire, senti que havia um meio de ligar um certo número de aspectos da vida e da obra de seu autor, de apresentá-los diferentemente, e de chegar a uma melhor coerência, tornando-os assim ainda mais fortes e mais belos. Não é este o projeto de toda crítica séria? E como eu me situava voluntariamente fora de qualquer *cursus* universitário, fora daquele tecido de discusões expresso em notas, referências, reverências ou ponta-

207

pés nos predecessores etc., era preciso que a obra se mantivesse de certa forma sozinha, como um romance.

Nunca escrevi novelas (publiquei uma vez um conto fantástico ou narrativa de sonho: "La Conversation"), e se penso em "conjuntos" de narrativas, acredito que nunca escreverei novelas isoladas. Minhas novelas, até o presente, são o que pude contar, através de algumas de suas obras, da aventura de Cervantes, de Balzac ou de Mondrian.

III. — Escrevendo sobre a pintura, é o destino dessa arte que o interessa principalmente? Ou você procura tirar proveito, como escritor, desse domínio que lhe parece estranho? Acredita que pintura e escritura estão hoje ligadas?

— Um quadro me intriga; volto a ele; quero arrancar-lhe o segredo de seu poder. Que conhecia esse homem ou esses homens que eu ignoro? Eis por que me submeto à sua escola, até encontrar meu proveito, e, maravilha!, toda descoberta, toda solução do enigma se acompanha de outros prestígios; as grandes obras têm infinitos recursos. Ora, não consigo esclarecer verdadeiramente as coisas para mim mesmo, a não ser quando as explico a outrem.

É pois meu proveito que eu procuro, e o de vocês. Ora, como escrevo livros, e essa atividade é verdadeiramente o centro de minha existência, como poderia haver para mim um verdadeiro proveito se ele não fosse ao mesmo tempo um proveito literário? Os pintores me ensinam a ver, a ler, a compor, portanto a escrever, a dispor os signos numa página. No Extremo Oriente, a caligrafia foi sempre considerada como a comunicação necessária entre pintura e poesia. Nós temos hoje o arranjo do livro.

Como o domínio da pintura poderia parecer estranho ao escritor? Até mesmo o crítico de arte, tão enciumado hoje porque o poeta ou o romancista se introduz no seu domínio, é simplesmente um escritor especializado. Os maiores críticos ou historiadores de arte são também escritores de primeiro plano, quer se trate de Baudelaire ou de Roberto Longhi. Dostoiévski nos diz mais acerca de Holbein ou Claude Lorrain do que todos os especialistas, o que não diminui certamente o mérito destes.

A pintura concerne a todos nós. Ela não é de modo algum assunto exclusivo dos colecionadores e *marchands*; estes não são mais do que o modo atual do financiamento da atividade pictural, modo notavelmente aberrante e revelador com relação à nossa sociedade. Quanto ao escritor, nada, absolutamente nada lhe deveria ser estranho, e a pintura de modo especial.

A pintura se arranjaria muito bem sem mim; eu não me arranjo sem a pintura. Se os pintores encontram na-

208

quilo que escrevo o meio de resolver algumas de suas dificuldades, se eles têm a impressão de que eu os ajudo a avançar, vejo nisso um bom sinal e fico-lhes agradecido.

Pintura e literatura estão evidentemente ligadas, hoje como sempre, já que são dois aspectos importantes do mesmo funcionamento social. Mas pode acontecer que sua ligação seja em grande parte mascarada, que as circunstâncias tornem difícil a tomada de consciência dessas relações. São então novas descobertas nos dois domínios que vão de repente torná-las aparentes, descobertas que, sabe-se bem, podem transtornar profundamente a economia geral dessas atividades e seu financiamento, e encontrar por conseguinte enormes resistências. A última vez que se percebeu claramente a ligação entre a pintura e a literatura foi durante o grande período surrealista. É notável que, na mesma época, a ligação entre a literatura e a música tenha sido completamente ocultada.

IV. — Com *Mobile, Votre Faust*, suas peças radiofônicas, você parece estar alcançando uma forma "espetacular" da *obra aberta*?

Encara o romance como um gênero para você ultrapassado? Essa evolução não está em germe em seus primeiros livros? *Degrés* representaria então a transição entre *L'Emploi du Temps, La Modification* e essa pesquisa.

— Cada vez tenho mais vontade de organizar imagens, sons, com as palavras. A esse respeito, aliás, pode-se considerar o livro como um pequeno "teatro". A dificuldade, o interesse também, é que somos obrigatoriamente levados, então, à obra coletiva: as questões de execução tomam uma enorme importância. É preciso verdadeiramente saber com quem se trabalha.

Quanto ao romance, se ele não tem mais para mim a primazia absoluta que eu lhe atribuía ainda recentemente, nem por isso está ultrapassado. Estou preparando muito lentamente um novo romance.

V. — Aragon, entre outros, louvava a prosa de *Génie du Lieu*. No entanto, dir-se-ia que, desde *Degrés*, você negligencia a escritura, as "belas-letras", em benefício de construções e estruturas prévias à escritura, e que seriam cada vez mais precisas e constrangedoras. Você poderia nos explicar o sentido dessa aparente mecanização?

— As "belas-letras" como tal, o "bem escrito" no sentido escolar, isto é, há alguns anos, "escrito como Anatole France" e há menos anos, "escrito como André Gide", isto jamais me interessou.

209

Quem escreve bem, na verdade, é quem sabe utilizar sua língua, quem dá a suas palavras todo o seu peso, quem conhece todos os recursos da sintaxe; é aquele cujo pensamento anima até o pormenor de suas frases ou de seus conjuntos verbais.

Esforço-me por controlar cada vez melhor o que faço, e como me lanço em problemas cada vez mais complexos, sou obrigado a apurar instrumentos de alta precisão. Precisamos de belos mecanismos para ir depressa, para ver longe, para construir grande. Não há pois uma escritura que viria acrescentar-se à construção como um verniz passado no último momento. Há a composição da obra, e a forma de cada frase, a escolha de cada palavra deve ser uma conseqüência dessa composição.

VI. — Você tem, ao escrever, problemas de literalidade? Quais são suas chances de erro?

— Fiz traduções. *Degrés* e sobretudo *Mobile* são cheios de traduções. Para essa última obra, era necessário reproduzir o tom especial do texto, mesmo através de um fragmento muito curto, quer ele fosse tirado das obras de Jefferson ou de um prospecto. Havia ali problemas de literalidade extremamente árduos, e inúmeras chances de erro. Quando eu escrevia acerca de Baudelaire, era preciso verificar constantemente se aquilo que eu imaginava se harmonizava com o conjunto daquilo que se conhece a seu respeito.

Quando redijo uma página muito freqüentemente uma palavra me detém; é como uma coisa que se perdeu, é preciso revirar a casa toda para reencontrá-la. Conheço escritores estimáveis que "tecem" linha após linha, sem jamais voltar atrás. Eu releio; duas ou três palavras me saltam aos olhos como falsas. É preciso absolutamente corrigi-las; são como erros de ortografia. Não só duas ou três palavras, duas ou três frases, a página inteira. O que escrevo na página 200 pode obrigar-me a retomar de cabo a rabo as dez primeiras páginas. Há certamente passagens de meus livros que refiz umas cinqüenta vezes.

Quando se compõe não só com palavras, mas com "massas" de texto, por exemplo, com citações mais ou menos literais, às vezes muito longas, tomadas mais ou menos como palavras, encontramo-nos diante de problemas vertiginosos de ajustamento. Mas vale a pena.

Assinalaram-me em meus livros um certo número de erros de pormenor, como erros de impressão. Às vezes é fácil corrigir esses "gatos" numa edição ulterior; às vezes isto não é possível, eles pertencem ao texto. Assim, dei irremediavelmente uma falsa data ao *Guy Fawkes day* em

L'Emploi du Temps. Compreendo agora como isso aconteceu, mas não posso fazer mais nada.

O importante é que a obra resista apesar desse defeito, esse nó na madeira, essa queimadura no tecido. Nunca se está ao abrigo de erros desse gênero, mas se o livro foi suficientemente "experimentado", na verdade eles não mudam nada.

VII. — Seus estudos sobre a alquimia, os contos de fadas, a ficção científica, Jules Verne e Raymond Roussel pareciam indicar, à primeira vista, um interesse próximo àquele manifestado pelo surrealismo. Ora, você é considerado geralmente como um partidário do realismo. Você pode explicar-nos em que medida a preeminência do mundo "exterior" ("representação" dos Estados Unidos) parece retê-lo mais?

— Em *surrealismo* há *realismo*. É verdade que o grupo não esteve sempre à altura de suas aspirações, mas ele teve a imensa virtude de proclamar de modo definitivo que a pintura e a literatura não eram artes de divertimento, mas instrumentos de exploração e de transformação do real.

Só pode haver realismo verdadeiro se deixarmos um lugar para a imaginação, se compreendermos que o imaginário está no real e que vemos o real graças a ele. Uma descrição do mundo que não levasse em conta o fato de que sonhamos não seria mais do que um sonho.

A palavra *realismo* só pode designar uma atitude moral, um desejo de considerar as coisas tal como elas são, sem se contentar com ilusões, com consolações; isso implica uma vontade de considerar os sonhos tal como eles são.

Quanto aos objetos exteriores, o que se vê, o que se toca, o que se pega nas mãos, as palavras que o designam são as menos equívocas de todas: um gesto basta para nos assegurar de sua significação. Elas são os objetos mais seguros.

Ora, nesses objetos pode inscrever-se tudo o que você chama de mundo interior; o livro não é ele mesmo um objeto? Assim a mentalidade americana se inscreve nos milhões de objetos manufaturados que circulam de uma ponta a outra dos Estados Unidos. As toalhas de rosto não têm lá as mesmas cores que aqui, as metáforas que designam as cores nos catálogos ou prospectos não são as mesmas que se usam aqui. Isso porque as pessoas que as utilizam têm uma mitologia e um sistema de referências diferentes, e que, na organização de sua existência cotidiana, as cores das toalhas representam um papel diferente daquele que representam na nossa. Aquele que for

211

cego a tais pormenores nunca compreenderá um país estrangeiro. Isso pode ter certas conseqüências...

VII — Para o público você pertence ao *nouveau roman*. Que acha disso? Quais são, em 1962, as pesquisas de ordem literária que lhe parecem mais bem fundadas? Existe algum *movimento*?

— Historicamente, a expressão *nouveau roman* já tem um sentido bastante claro: trata-se de um certo número de romancistas que se tornaram bruscamente mais conhecidos por volta de 1956. Esses romancistas, muito diferentes, tinham evidentemente pontos comuns, e não foi um acaso se eles foram então publicados, em grande parte, pela mesma editora. Nas aulas que dei sobre o romance francês do século XX fui obrigado a apresentar as coisas desse modo e a admitir que, desse ponto de vista, "faço parte" do *nouveau roman*.

Mas tal aproximação não permitiu de modo algum a constituição de uma doutrina comum, e durante muito tempo me irritei por ver os críticos, sob pretexto de *nouveau roman*, atribuírem-me teorias que não eram absolutamente minhas, o que multiplicava os mal-entendidos.

Quanto às pesquisas de ordem literária em 1962, meu Deus, ainda é muito cedo para se pronunciar. Evidentemente só podem interessar-me as que transbordam dessa "ordem literária", que substituem a literatura em nossa vida, que se interrogam acerca de seu porquê. O que fazem aqueles que estiveram agrupados sob essa etiqueta de *nouveau roman* me parece digno de atenção, e tenho a impressão de que há, em elementos mais novos, alguma fermentação. Estou vigiando isso. Espero que daqui a pouco tempo surgirão novas obras que me apaixonarão, que me ajudarão, que estarão comigo e com as quais poderei estar. Por enquanto, ainda está um pouco nebuloso, mas há certamente um movimento nos bastidores.

IX. — Quais são seus projetos imediatos, remotos?

— Tenho ocupação para os próximos cem anos.

17. O LIVRO COMO OBJETO

O livro, este objeto que temos nas mãos, encadernado ou brochura, de formato mais ou menos grande, de preço mais ou menos elevado, é evidentemente apenas um dos meios pelos quais podemos conservar as palavras. Não só é possível fixar a escrita em sólidos de tipo diferente, como os "volumes" da antigüidade, mas dispomos hoje de variadas técnicas para "congelar" aquilo que dizemos, sem mesmo precisar recorrer à escrita, para gravá-lo diretamente, com seu timbre e suas entonações, em discos, em fitas magnéticas ou em películas cinematográficas.

O fato de que o livro, tal qual o conhecemos hoje, tenha prestado os maiores serviços ao espírito durante alguns séculos, não implica de modo algum que ele seja indispensável ou insubstituível. A uma civilização do livro poderia muito bem suceder uma civilização da gravação. O simples

213

apego sentimental, como o que nossos avós conservaram durante alguns anos pela iluminação a gás, só merece, evidentemente, um sorriso de indulgência; conheci uma velha senhora que pretendia que o frio de um armário com gelo era de melhor qualidade do que o de uma geladeira elétrica.

É por isso que todo escritor honesto se encontra hoje diante da questão do livro, esse objeto através do qual tantos acontecimentos se produziram: será conveniente que ainda nos apeguemos a ele, e por quê? Quais são suas verdadeiras superioridades, se é que ele as tem, com relação aos outros meios de conservar nossos discursos? Como utilizar ao máximo suas vantagens?

Ora, a partir do momento em que se examina tal problema com um espírito suficientemente frio, a resposta parece evidente, mas ela implica, certamente, conseqüências que podem desorientar os menos liberais de nossos censores: a única, mas considerável superioridade que possui não só o livro mas toda escrita sobre os meios de gravação direta, incomparavelmente mais fiéis, é o desdobramento simultâneo a nossos olhos daquilo que nossos ouvidos só poderiam captar sucessivamente. A evolução da forma do livro, desde a tábua até a tabuleta, desde o rolo até a atual superposição de cadernos, foi sempre orientada para uma maior acentuação dessa particularidade.

1. Uma linha que forma um volume

Escutemos alguém pronunciar um discurso. Cada palavra segue uma única outra, precede uma única outra. Elas se dispõem, por conseguinte, ao longo de uma linha animada por um sentido, ao longo de um eixo. O melhor meio, na realidade, de armazenar tal linha, tal "fio", com um mínimo de atravancamento, é enrolá-la; e é exatamente isso que vemos no disco, na fita magnética, na película cinematográfica. O inconveniente é que, quando quisermos procurar uma palavra, um pormenor desse discurso, verificar alguma coisa, seremos obrigados a desenrolar inteiramente essa linha e, por conseguinte, seremos tributários da duração primitiva. Se o discurso durou uma hora, e se a indicação de que precisamos se encontrar cinco minutos antes do fim, seremos obrigados a escutar os cinqüenta e cinco primeiros minutos, escravos dessa sucessão, a menos que...

A menos que, numa outra dimensão do espaço, segundo o diâmetro do enrolamento, por exemplo, tenhamos podido dispor pontos de referência que possamos então perceber simultaneamente. A superfície de um disco pode ser assim dividida em zonas concêntricas, ou regiões, que podem corresponder a um catálogo. Desde então nosso

214

olhar, nossa audição, dispõem de uma liberdade com relação ao texto. Podemos explorá-lo sem estarmos a ele submissos.

A primeira vantagem da escrita é, como se sabe, a de fazer durar a palavra, *verba volant, scripta manent,* mas a maravilha é que ela nos permite não só reproduzir o discurso, fazê-lo passar pela segunda ou pela centésima vez, inteiro, como um bloco, mas que ela faz com que cada um dos elementos desse discurso subsista quando advém o seguinte, deixando à disposição de nosso olho o que nosso ouvido já terá deixado escapar, fazendo-nos captar de uma só vez toda uma seqüência.

Se se dispusesse um discurso inteiro numa única linha reta, muito rapidamente o começo se tornaria de difícil acesso ao olho que continua seu percurso. Como contrair o texto de tal modo que uma parte tão grande quanto possível seja legível ao mesmo tempo? Escrita *boustouphédron* (uma linha num sentido, uma linha no outro, como se o escriba fosse um lavrador fazendo voltar sua junta de bois a cada extremidade do campo; mas essa fórmula tem o inconveniente de tornar quase irreconhecíveis os conjuntos de signos invertidos de uma linha a outra); enrolamento sobre cilindros (mas uma parte da linha esconde forçosamente a outra, e o atravancamento é em geral considerável) etc., os homens tentaram muitas soluções; a melhor, até o presente, parece ser a de decompor a linha do texto em pedaços, que serão dispostos uns abaixo dos outros, formando uma coluna.

O ideal, é claro, é que esse recorte corresponda a algo no texto, que este já seja articulado em compassos. Cada linha de escrita, portanto cada movimento contínuo do olho, corresponderá a uma unidade de significação, de audição; o tempo exigido pelo olhar para pular de uma linha a outra traduz o silêncio da voz. A transcrição é então inteiramente satisfatória: encontramo-nos diante do "verso, ou linha perfeita", como diz Mallarmé.

Na coluna de prosa, a linha é cortada em qualquer lugar, segundo um módulo de número de signos perfeitamente independente do próprio texto; numa outra edição, escolher-se-á uma outra "justificação", o corte cairá alhures; ele não tem importância. Faz-se como se ele não existisse. Como não se teve tempo para estudar a medida ou a disposição, passa-se além...

Assim como é preciso cortar a fita do discurso em linhas que, quando esse recorte é justificado por outras razões que não o acaso da edição, se chamam versos, assim somos obrigados a recortar a coluna em fatias, que, quando esse recorte é justificado, se chamam estrofes ou parágrafos.

Estrofe, página perfeita, como "verso, ou linha perfeita".

No antigo rolo, as fatias da coluna eram dispostas umas ao lado das outras segundo um eixo paralelo àquele que segue as palavras, o que fazia com que se reencontrassem rapidamente os inconvenientes do enrolamento primitivo. O livro, em sua forma atual, traz um progresso considerável utilizando deliberadamente um terceiro eixo em espessura, perpendicular aos dois outros. Empilham-se as fatias umas sobre as outras, como se empilhavam as linhas.

A utilização feita pela geometria da palavra "volume", bem afastada de sua etimologia *volumen,* mostra bem com que clareza as três dimensões aparecem no livro, no momento em que ele tomou sua forma atual.

Assim como o olho pode captar uma linha inteira de uma só vez, percorrer rapidamente a página para ali verificar a presença de tal ou tal palavra, da mesma forma, auxiliado por uma mão hábil, ele pode folhear o volume, praticando sondagens aqui e ali, recolhendo amostras, para identificar rapidamente determinada região.

O livro, tal como o conhecemos hoje, é pois a disposição do fio do discurso no espaço de três dimensões, segundo um duplo módulo: comprimento da linha, altura da página, disposição que tem a vantagem de dar ao leitor uma grande liberdade de movimento com relação ao "desenrolar" do texto, uma grande mobilidade, que é o que mais se aproxima de uma apresentação simultânea de todas as partes de uma obra.

2. *O livro como objeto comercial*

Como é então possível que essas propriedades tão evidentes, tão notáveis, do objeto livro sejam geralmente esquecidas ou negadas, que o folhetinista literário acuse tão freqüentemente o escritor de obrigá-lo a voltar atrás (enquanto a imensa vantagem do livro em sua forma atual com relação ao *volumen* antigo, e sobretudo com relação aos meios de gravação direta, é a de tornar essa volta tão fácil quanto possível)? É que a história do livro impresso se desenvolveu numa economia de consumo, e que, para poder financiar a produção desses objetos, foi preciso considerá-los como destinados a um consumo do mesmo tipo que o dos produtos alimentares, isto é, como se sua utilização os destruísse.

Quando o livro era um exemplar único, cuja fabricação exigia um número considerável de horas de trabalho, ele aparecia naturalmente como um "monumento" *(exegi monumentum aere perennius),* algo ainda mais durável do que uma arquitetura de bronze. Que importava que uma primeira leitura fosse longa e difícil, estava bem entendido que se tinha um livro para a vida inteira.

Mas a partir do momento em que uma grande quantidade de exemplares semelhantes foi lançada no mercado, as pessoas tiveram tendência a fazer como se a leitura de um livro o "consumisse", obrigando por conseguinte a comprar outro para a refeição ou o lazer seguinte, a próxima viagem de trem.

Evidentemente, não posso voltar àquela coxa de frango que já comi. As pessoas gostariam que o mesmo acontecesse com relação ao livro, que não se volte a ler o mesmo capítulo, que seu percurso fosse efetuado de uma vez por todas; daí aquela proibição de voltar atrás. Terminada a última página, o livro deveria ser jogado fora; esse papel e essa tinta, que ficam, são as cascas. Tudo isso para provocar a compra de um outro livro, o qual, espera-se, será rapidamente expedido.

Essa é a inclinação sobre a qual se arrisca a escorregar, hoje, o comerciante do livro, perigo tão iminente que pudemos ver, nesses últimos anos, um editor muito conhecido ditar para sua casa a seguinte regra: toda obra que não estivesse esgotada ao cabo de um ano seria inelutavelmente destruída, como um comerciante de bugigangas que não quer ficar sobrecarregado de artigos antiquados. Os mais inteligentes e os mais corajosos de seus acessores tentaram em vão mostrar-lhe que havia nessa atitude, com relação ao livro, uma certa tolice, que tal severidade com relação à sua própria produção era sem dúvida justificada para a maior parte dos romancinhos que ele havia proposto aos prêmios do fim do ano, mas que os ensaios, por exemplo, em particular quando eles eram traduzidos de uma língua estrangeira, precisavam de um certo tempo para atingir, lenta mas seguramente, seu público; ele não queria ouvir nada disso, proclamando que tais eram as regras atuais da indústria. Estamos bem longe, como se vê, do *scripta manent*.

É preciso reconhecer, com efeito, que uma imensa parte do comércio atual da livraria funciona com objetos de consumo ultra-rápido: os jornais cotidianos, caducos assim que aparece o número seguinte. O hábito de escrever para essas folhas leva quase que fatalmente a encorajar os livros que não é preciso reler, que se absorvem de uma vez só, que se lêem depressa, que se julgam depressa, que se esquecem depressa. Mas é evidente que então o livro como tal está condenado a desaparecer, em proveito das revistas ilustradas, e sobretudo do rádio e da televisão. O editor incapaz de considerar sua profissão como outra coisa senão um ramo do jornalismo corta o ramo sobre o qual está sentado. Se uma história não precisa verdadeiramente ser relida, se é absolutamente inútil voltar atrás, por que não escutá-la por meio de um transístor, de um gravador ou

217

de um toca-discos, lindamente contada por um ator ao gosto do dia, que restituirá a todas as palavras suas entonações?

Está claro que é o desenvolvimento dessa concorrência com o livro que nos obriga a repensá-lo em todos os seus aspectos. É ela, de fato, que o desembaraçará de todos os mal-entendidos que ainda pesam sobre ele, que lhe restituirá sua dignidade de monumento, e reporá no primeiro plano todos os aspectos que a busca desenfreada de uma rapidez de consumo cada vez maior havia feito esquecer.

O jornal, o rádio, a televisão, o cinema, vão obrigar o livro a tornar-se cada vez mais "belo", cada vez mais denso. Do objeto de consumo, no sentido mais trivial do termo, passaremos ao objeto de estudo e de contemplação, que alimenta sem ser consumido, que transforma o modo como conhecemos e habitamos o universo.

Nada é mais notável nesse sentido do que a atual evolução do livro barato ou livro de bolso: a proporção de clássicos e de ensaios é aí cada vez maior, na França como em todos os países. Constitui-se assim pouco a pouco uma espécie de enorme biblioteca pública, cuja consulta e uso estão ao alcance de uma clientela incomparavelmente maior do que a dos antigos estabelecimentos. Teria sido considerado um sonhador aquele que tivesse dito, antes da guerra, que se encontraria, vinte e cinco anos mais tarde, o *Discurso sobre o Método* ou as *Confissões* de Santo Agostinho em todas as livrarias de estação.

Reencontramos o livro como objeto completo. Há algum tempo, os modos de sua fabricação, de sua distribuição, obrigavam a falar apenas de sua sombra. As mudanças ocorridas nesse domínio dissipam os véus. O livro recomeça a apresentar-se verdadeiramente aos nossos olhos. Olhemos.

3. Horizontais e verticais

Quanto a esse mal-entendido sobre o livro objeto de consumo de tipo alimentar, assim que nossas pálpebras se abrem, vemos que ele só era de fato possível para uma certa categoria de obras, que os hábitos da crítica e da história literária nos fazem considerar como a única importante e a mais numerosa, o que está longe de ser o caso, isto é, aquelas que são efetivamente a transcrição de um discurso seguido de uma ponta a outra do volume, narrativa ou ensaio, e que é portanto normal ler começando-se na primeira página para terminá-las na última, reconstituindo assim o tempo de uma hipotética escuta. É evidentemente apenas nesse caso que se pode fazer como se as primeiras linhas se apagassem, desaparecessem, quando se chega às últimas. Mas a maior parte dos livros que utilizamos não são construídos desse modo. Não os lemos,

218

em geral, inteiros. São reservas de saber que podemos explorar, arranjados de modo que possamos encontrar o mais facilmente possível a informação de que precisamos em um dado momento. Assim são os dicionários, os catálogos, os guias, ferramentas indispensáveis ao funcionamento de uma sociedade moderna, os livros mais lidos, os mais estudados; e se, muitas vezes, eles têm pouco valor literário, tanto pior para nós. Vivemos também numa cidade em que as casas são feias, simplesmente nela se vive menos bem.

Um dos traços característicos desse gênero de obras é que, muitas vezes, suas palavras não formam frases: são enormes listas organizadas.

A narrativa, o ensaio, tudo o que poderia formar um discurso ouvido de ponta a ponta, transcreve-se, no Ocidente, segundo um eixo horizontal da esquerda para a direita. Sabe-se que isso é apenas uma convenção, e que outras civilizações adotaram outras.

As duas outras dimensões ou direções do volume — de cima para baixo, na coluna, do mais próximo ao mais afastado, para as páginas — são em geral consideradas como muito secundárias com relação ao primeiro eixo. Todas as ligações habitualmente estudadas pela gramática inscrevem-se ao longo dessa horizontal dinâmica, mas quando encontramos um certo número de palavras que têm a mesma função na frase, uma série de complementos de objeto direto, por exemplo, cada um deles se liga do mesmo modo; eles têm afinal o mesmo lugar no desenrolar das ligações, e percebo uma espécie de parada no movimento da linha; essa enumeração se dispõe como que perpendicularmente com relação ao resto do texto.

Se eu exprimir tipograficamente essa perpendicularidade, tudo será mais claro, colocarei por assim dizer "como fator" a função gramatical de todos esses termos. A estrutura da frase será imediatamente visível, e poderei mesmo pular uma parte dessa enumeração para ver a continuação, e voltar atrás mais tarde.

Assim, no capítulo XXII de *Gargântua*, Rabelais nos conta que esse bom gigante brincava

Au flux,
à la prime,
à la vole,
à la pille,
à la triumphe,
à la Picardie,
au cent,
à l'espinay,
à la malheureuse,
au fourby,
. . .

(A enumeração comporta duzentos e dezoito jogos,
mas a disposição vertical nos permite chegar diretamente
ao fim:)

> . . .
> à cambos
> à la recheute,
> au picandeau,
> à croqueteste,
> à la grolle,
> à la grue,
> à taille coup,
> au nazardes,
> aux alouettes,
> aux chiquenaudes.

Après avoir bien joué, sessé, passé et beluté temps, con-
venoit boire quelque peu, — c'estoient unze peguadz pour
homme, — et, soudain après bancqueter, c'estoit sus un beau
banc ou en beau plein lict s'estendre et dormir deux ou troys
heures, sans mal penser ny mal dire. . .

Cada um dos jogos enumerados toma o desenrolar
horizontal da frase no mesmo momento. Certos casos são
mais complicados: membros de frase que deveriam vir em
seguida podem ser dispostos igualmente como fatores, por
exemplo nas genealogias, como a de Pantagruel:

Les autres croissoyent en long du corps. Et de ceulxlá
sont venus les Géans, et par eulx Pantagruel;
Et le premier fut Chalbroth,
Qui engendra Sarabroth,

Qui engendra Faribroth,
Qui engendra Hurtaly, qui fut bon mangeur de souppes et
régna au temps du déluge,
Qui engendra Nembroth,
Qui engendra Athlas, qui avecques ses espaulles garda le
ciel de tumber,
Qui engendra Goliath,
Qui engendra Eryx, lequel fut inventeur du jeu des gobeletz,
Qui engendra Tite,
Qui engendra Eryon,
. . .
. . .
Qui engendra Sortibrant de Conimbres,
Qui engendra Brushant de Mommière,
Qui engendra Bruyer, lequel fut vaincu par Ogier le
Dannoys, pair de France,
Qui engendra Mabrun,
Qui engendra Foutasnon,
Qui engendra Hacquelebac,
Qui engendra Vitdegrain,
Qui engendra Grand Gosier,
Qui engendra Gargantua,
Qui engendra le noble Pantagruel, mon maistre.

Uma enumeração, uma estrutura vertical pode introduzir-se, em qualquer momento, numa frase; as palavras que a compõem podem ter aí qualquer função, contanto que seja a mesma. Elas podem até mesmo situar-se fora de uma frase, à espera de uma frase. Livros inteiros podem ser compostos assim: a lista de nomes no catálogo dos telefones não constitui uma frase, mas é fácil imaginar frases no interior das quais eu possa introduzir um, dois, *n* ou todos os componentes dessa lista.

Assim como as estruturas verticais enumerativas podem intervir no interior das estruturas horizontais, ou frases, assim também estruturas horizontais podem imbricar-se aos membros das enumerações; é o que acontece em todos os dicionários e enciclopédias. Esses dois tipos de conjuntos verbais podem combinar-se indefinidamente.

É inútil lembrar, hoje, a imensa importância da enumeração na literatura clássica, quer seja na Bíblia, em Homero, nos trágicos gregos, em Rabelais, em Hugo ou nos poetas contemporâneos.

Em suas estruturas, as listas podem ser tão variadas quanto as frases:

abertas ou fechadas

(se escrevo: "os doze apóstolos", e se enumero doze nomes, minha lista é plena, é um conjunto saturado ao qual nada mais posso acrescentar, mas minha lista pode permanecer aberta mesmo sendo perfeitamente caracterizada; trata-se então de uma série de exemplos, e convido o leitor a acrescentar outros do mesmo gênero — a locução *et caetera* é o sinal mais corrente dessa abertura),

amorfas ou ordenadas

(o simples fato de dispor as palavras segundo o eixo vertical de alto a baixo pareceria arrumá-las numa ordem hierárquica, mas um dispositivo de extrema importância para nossa civilização permite suspender toda ligação entre a ordem da coluna e qualquer ordem objetiva; trata-se da ordem alfabética, à qual pode ser submetido, por definição, qualquer conjunto de palavras, e que é a convenção por excelência — é o único meio de realizar uma enumeração verdadeiramente amorfa, de suspender todas as conclusões que se poderiam tirar das relações de vizinhança entre os diversos elementos da página

— apressemo-nos a lembrar que, se a ordem alfabética não repousa sobre relações objetivas entre os seres designados pelas palavras, ela pode entretanto determinar relações entre esses seres; todos nós nos lembramos do papel que representava para cada um a situação que lhe cabia na lista alfabética dos alunos de sua classe

— as relações de vizinhança, quando não são suspensas pela ordem alfabética, podem desdobrar-se, quer de modo retilíneo (a lista dos alunos nos resultados de uma

221

prova, do primeiro ao último, sendo este o mais afastado relativamente àquele), quer de modo circular, o último realçando o primeiro (assim os doze meses do ano, as quatro estações, as sete cores do arco-íris etc.), podem revestir-se de toda espécie de figuras, hierarquizar-se de mil modos),

simples ou complexas

(uma enumeração de elementos pode ser encabeçada por uma enumeração de categorias, de grupos etc.; temos assim uma classificação cuja disposição mais clara implica várias colunas separadas umas das outras, ou então várias enumerações cujos elementos respectivos mantêm correspondências

— obtém-se assim a forma do quadro; a lista telefônica é inteiramente constituída de um enorme quadro de correspondências).

4. *Oblíquas*

As enumerações complexas dispor-se-ão assim naturalmente em várias colunas, cada elemento do quadro podendo ser o ponto de partida de uma estrutura horizontal, de um conjunto de frases. É claro que entre essas frases ou discursos poderão estabelecer-se ligações, assim como entre os membros de várias enumerações diferentes.

Rabelais, no primeiro capítulo de *Gargântua*, nos dá um bom exemplo elementar de tal estrutura oblíqua:

...attendu l'admirable transport des règnes et empires:
des Assyriens ès Mèdes,
des Mèdes ès Macedones,
des Macedones ès Romains,
des Romains ès Grecz,
des Grecz ès Françoys.

Isolando as duas colunas:

des Assyriens
      ès

Mèdes	Mèdes
Macedones	Macedones
Romains	Romains
Grecz	Grecz
	Françoys.

Mais adiante, no capítulo trinta e oito do *Livro Terceiro*, há outro exemplo, muito mais rico:

fol.* Triboulet (dist Pantagruel) me semble compétentement

---

* Triboulet (disse Pantagruel) me parece competentemente louco. (N. da T.)

222

Panurge responde:

Proprement et totalement fol.*

Segue um diálogo entre Pantagruel e Panurge, dispondo em duas colunas enumerações dos epítetos da palavra "fol" ("louco"):

Pantagruel:
Fol fatal,
F. de nature,
F. céleste,
F. Jovial,
F. Mercurial,
F. lunaticque,
F. erraticque,
F. aeteré et Junonien,
F. arctique,
F. héroïque,
. . .

Panurge:
F. de haulte game,
F. de b quarre et de b mol,
F. terrien,
F. joyeux et folastrant,
F. jolly et folliant,
F. à pompettes,
F. à sonnettes,
F. riant et vénérien
F. de boubstraicte,
F. de mère goutte,
. . .

(a enumeração, desta vez, comporta cento e três termos duplos)

. . .
F. hieroglyphique
F. authenticque
F. de valleur,
F. précieux,
F. fanaticque,
F. fantasticque,
F. lymphactique,
F. panicque,
F. alambicqué,
F. non fascheux,

. . .
F. de rebus,
F. à patron,
F. à chaperon,
F. à doublerebras,
F. à la damasquine,
F. de tauchie,
F. d'azemine,
F. barytonant,
F. moucheté,
F. à épreuve de hacquebutte.

Essas passagens de Rabelais estão bem longe de terem recebido, até o presente, a atenção que merecem, da parte dos historiadores e teóricos da literatura; mas vê-se muito claramente, em certas regiões desse último trecho, a dupla correspondência horizontal e vertical, à qual se acrescenta a influência oblíqua de uma réplica à outra. Para insistir sobre essas ligações, é preciso encontrar um meio de forçar o olho a movimentos oblíquos com relação a essa trama horizontal-vertical. O processo mais corrente é o de remeter o leitor a outro ponto: por uma frase, pode-se levá-lo a olhar em outra parte, ou por exemplo, o título de um mesmo verbete da Enciclopédia, ou por um sinal (asterisco, número de nota etc.) retomado em outro lugar da página ou do volume. Mesmo se o signo empregado não tinha

* Propriamente e totalmente louco. (N. da T.)

223

para mim, anteriormente, um valor convencional, o simples fato de que ele seja repetido fora da seqüência normal, horizontal ou vertical, faz com que eu efetue a ligação. Sabe-se bem, aliás, que a repetição da mesma palavra no início de cada um dos membros de uma seqüência vertical é um dos melhores meios de chamar a atenção para esta.

Quanto mais os signos semelhantes são numerosos e próximos, mais eles vão forçar minha atenção, formar uma constelação dinâmica sobre o fundo da página. Às duas flechas fundamentais — da esquerda à direita, de alto abaixo — vão acrescentar-se todas aquelas que correrão de um pólo a outro dessas retomadas.

5. Margens

As notas são em geral postas fora do corpo da página, em baixo, às vezes remetidas ao final do capítulo ou do volume. O leitor é manifestamente convidado a ler o texto duas vezes, uma continuando diretamente a frase, outra fazendo o desvio da nota.

Essa distinção entre duas zonas do texto, uma facultativa, outra obrigatória, exprime freqüentemente uma distinção entre duas zonas do público ao qual o texto se dirige. Quando se fazem citações em língua estrangeira, e que se as traduz em notas, estima-se que certos leitores terão compreendido sozinhos, e que os outros, ignorando o espanhol ou o finlandês, precisarão fazer o desvio. Da mesma forma, quando o autor quer ser "acessível a todos", e no entanto defender-se contra os especialistas, ele se dirige a estes tratando os pontos delicados num pequeno campo reservado.

A nota se liga a uma única palavra do texto primário, mas muitas vezes o comentário se dirige de fato a todo o seu contexto. Não há, a partir daí, nenhuma razão para que se ponha o sinal em tal palavra e não numa outra, e temos nesse caso a glosa marginal.

A situação habitual das notas de rodapé faz com que se tenha tendência a consultá-las somente depois de ter lido o corpo do texto em seu conjunto; mas quando o comentário está situado lateralmente, o movimento normal da leitura nos leva a encontrá-lo durante nossa tomada de contato com aquele texto primário. Desde então, ele vai difundir-se, impregnar todo o discurso.

Pode-se considerar a tipografia das peças de teatro como um caso particular de estrutura marginal. O nome das personagens ficava outrora na margem; ele não fazia parte do texto ouvido; indispensável ao texto que líamos, ele era suprimido naquele que nos lêem; ele nos indicava como ler. Mais tarde, tornou-se mais corrente situar esse nome simetricamente, de um lado ou de outro com rela-

224

ção ao meio da página, outro modo de retirá-lo do corpo do texto.

A essas indicações, ligam-se as que concernem ao cenário, omitidas numa representação cênica em que o cenário está realizado, mais ou menos dadas numa leitura pelo rádio, e as indicações de tom, de ritmo, de sentimento, que o ator deve obrigatoriamente introduzir em sua interpretação. Assim, nas traduções dos clássicos gregos publicados sob o patrocínio da associação Guillaume Budé, a expressividade da métrica original foi substituída por anotações marginais do seguinte tipo: "vivo, mais lento, melodrama etc."

A significação inteira de um texto pode ser transformada por tais indicações de leitura ou de interpretação. Assim a famosa indicação de *Tartufo:* "É um celerado que fala."

A frase à margem, o membro de frase, a palavra, não são ligados diretamente a algo que os precede ou que os acompanha no desenrolar da linha, do sulco, da fita primitiva, mas são como que o foco de difusão de certa iluminação, tanto mais sensível quanto mais estivermos próximos; é como uma mancha de tinta que se espalha, que aumenta, e que será contrabalançada, contida, pela difusão da mancha seguinte. A palavra age então como uma cor. Os nomes de cor e todos os que designam a qualidade de uma superfície ou de um espaço terão um poder de difusão sobre a página particularmente notável.

Mencionando certas palavras do texto, pode-se controlar muito precisamente a direção, a amplitude da difusão, reduzir mais ou menos a glosa a uma nota.

Coleridge deu o exemplo clássico de utilização poética da glosa marginal em *The Rime of the Ancient Mariner.*

Mesmo se não houver notas de rodapé, ou glosas à margem, os editores coroam freqüentemente o corpo do texto na página com algumas palavras chamadas "título corrente". Na maior parte dos casos, trata-se com efeito do título da obra constantemente relembrado como a clave de uma pauta musical. Mas, sobretudo no século XIX, o título corrente podia variar de uma página à outra, repetindo os títulos dos capítulos, ou então caracterizando cada página, resumindo-a para permitir ao leitor situá-la mais comodamente.

Vê-se que o corpo da página pode ser enquadrado por uma verdadeira muralha de palavras, protegendo-o, ilustrando-o ou defendendo-o. Como as disposições desse tipo são relativamente custosas, hoje em dia elas são encontradas mais freqüentemente nas obras científicas: manuais, tratados, teses, onde, do ponto de vista literário, a rotina constitui infelizmente a lei.

6. Caracteres

A métrica dos trágicos gregos era ela mesma uma indicação de dicção, e qualquer disposição de versos na página, qualquer recorte do texto em linhas desiguais pode ter o mesmo valor. Mallarmé continua sendo o melhor exemplo desta utilização métrica da página, mas é preciso lembrar que ele próprio considerava *O Lance de Dados* como uma elevação ao nível do poema de processos já correntes no cartaz, no anúncio ou no jornalismo.

A tipografia expressiva de Mallarmé repousa sobre quatro princípios fundamentais:

1) As diferenças de intensidade na emissão das palavras são traduzidas por diferentes corpos tipográficos. As palavras pronunciadas fortemente, e que pertencem, no caso desse poema, à oração principal, são impressas em caracteres maiores. A ordem das intensidades, em Mallarmé, é equivalente à das subordinações.

2) Os brancos indicam os silêncios: brancos entre os parágrafos ou estrofes, mais ou menos densos, brancos no interior das linhas, mais ou menos longos, e sobretudo espaços maiores ou menores entre uma linha e outra. Aqui somos obrigados a considerar dois efeitos contrários: a leitura da prosa nos habitua a considerar como nulo o tempo de passagem de uma linha à outra da mesma coluna; quando o começo da linha seguinte estiver deslocado para a direita, como ocorre no início de um parágrafo, a primeira palavra será precedida por um silêncio sem que haja qualquer perturbação no movimento geral do texto. Em compensação, quando a linha seguinte está deslocada para a esquerda, temos tendência a procurar mais acima a coluna com relação à qual este começo está colocado, e temos um efeito de volta atrás. É um silêncio sublinhado, que o leitor deverá realçar acentuando suas duas "margens", a palavra que precede e a que segue, ao passo que, no deslocamento para a direita, ele deverá ao contrário fazê-lo fluir atenuando suas beiradas, diminuindo a intensidade das palavras de cada lado.

3) É certo que Mallarmé procurou, além disso, um equivalente da altura dos sons, da entonação. Ele queria que o alto da página correspondesse ao mais agudo, e o baixo ao mais grave, como numa pauta musical. Mas isso, infelizmente, só pode ser aplicado em seu poema à espinha dorsal, à oração-título: *Um lance de dados jamais abolirá o Acaso*, impressa em caracteres maiores, porque ela nunca ocupa mais de uma linha por página. A direção vertical de alto abaixo é tão determinante que, se quiséssemos ser literalmente fiéis ao princípio mallarmeano, seríamos obrigados, desde que tivéssemos várias linhas, a ter páginas começando sempre no agudo e terminando sempre no grave.

No *Lance de Dados,* o princípio se aplica cada vez menos à medida que nos afastamos da oração principal, e acaba por não se aplicar absolutamente.

4) A isso se acrescenta a distinção muito corrente entre duas "cores" tipográficas: o românico e o itálico, que corresponde a transcrição de um timbre ou de uma voz.

Essa última distinção pode diversificar-se indefinidamente desde que se utilizem caracteres de forma diferente, como o fazem todos os dias os jornais, os cartazes, os prospectos etc. Mallarmé não se aventurou nesse terreno.

O catálogo de uma tipografia nos apresenta hoje uma variedade de timbres tipográficos prodigiosa, praticamente inesgotável. O perigo reside justamente nessa riqueza que infelizmente, até agora, só foi explorada do modo mais grosseiro. Pouco a pouco, será preciso que os escritores aprendam a manejar as diferentes espécies de letras como os músicos suas cordas, suas caixas e suas percussões.

É óbvio que um estudo mais aprofundado do *Lance de Dados* permitiria ressaltar aí um certo número de funções que examinamos sob os títulos precedentes: enumerações, notas ou glosas.

7. *Figuração*

A página vista em bloco, antes mesmo que tenhamos decifrado qualquer de suas palavras, nos impressiona como figura determinada: retângulo maciço ou recortado em parágrafos, esclarecido ou não por títulos, fluxo de versos, estrofes regulares ou então as ágeis fantasias de La Fontaine. O texto se oferece imediatamente como compacto ou arejado, amorfo, regular ou irregular. É possível dar-se um sentido cada vez mais preciso a essas figuras.

Elas podem formar um desenho reconhecível ao primeiro olhar: é o caso da "Syrinx" de Teócrito, das "Asas" ou do "Altar" de George Herbert, da garrafa de Rabelais. Fala-se então de caligramas.

Os de Apollinaire, por vezes belos poemas, têm o inconveniente maior de só serem, no mais das vezes, textos dispostos segundo as linhas de um desenho que se realiza tipograficamente muito mal. Os de Teócrito, Rabelais, Herbert, Lewis Carroll ou Dylan Thomas são mais interessantes, porque a figuração aí informa todo o movimento da leitura, a figura plástica sendo ao mesmo tempo figura rítmica.

Mas seria injusto reduzir a caligrafia de Apollinaire à simples disposição das linhas do texto segundo os delineamentos de sua ilustração sumária. Ele consegue instituir algumas vezes, entre as diferentes partes de seu texto, relações comparáveis às que existem entre as diferentes

227

partes de uma pintura. Ouçamo-lo, sob o pseudônimo de "Gabriel Arboin", nas *Soirées de Paris*:

...em *Lettre-Océan*, o que se impõe e domina é o aspecto tipográfico, precisamente a imagem, ou o desenho. Que essa imagem seja composta por fragmentos de linguagem falada, isso não importa *psicologicamente*, pois a ligação entre esses fragmentos não é mais o da lógica gramatical, mas o de uma lógica ideográfica resultando numa ordem de disposição espacial totalmente contrária à da justaposição discursiva...

Desembocamos então nos inesgotáveis recursos das obras de arte com inscrições: templos egípcios, tapeçarias francesas, quadros de Van Eyck, que têm hoje em dia inúmeros herdeiros: *comic books*, manuais técnicos, folhetos publicitários, infelizmente não do mesmo nível. Trata-se de assumir toda essa arte popular industrial contemporânea e de elevá-la de tal sorte que ela possa rivalizar com as obras de outrora.

8. *A página na página*

De todos os objetos exteriores, aquele que é mais fácil reproduzir na página de um livro, é a página de um outro livro.

Todas as palavras, todas as frases de um texto corrido, ou mesmo de uma página complexa com notas, título corrente, subtítulos etc., influem umas sobre as outras. Pode-se ter interesse em isolar mais ou menos tal frase nesse campo, em apresentá-la como se ela estivesse sozinha. É o que acontecerá por exemplo num romance, quando se quiser reconstituir o efeito de um cartaz, de uma inscrição que o herói vê de repente. Esse trecho pode ser protegido por uma moldura que dará o equivalente de uma folha branca, quer ela seja do tamanho de um cartão de visita ou de um cartaz gigantesco, ou de uma página.

Esta pode ser suficientemente organizada para não precisar de moldura. Assim Balzac, em *A Musa do Departamento*, faz-nos ler algumas páginas de um falso romance negro, *Olímpia ou as Vinganças Romanas*, numa ordem diferente daquela que elas deveriam ter em seu volume, ao mesmo tempo que ele nos dá tudo o que é preciso para que possamos reconstituir essa ordem, apreciar as lacunas que subsistem entre duas seqüências. Tal reprodução tem, sobre o leitor, um efeito totalmente diferente daquele que poderia ter uma citação; somos colocados em presença do próprio objeto.

O fato de que o fim da linha numa coluna de prosa seja considerado como indiferente conduz, uma vez isolada a página, a notáveis destacamentos de palavras, a uma poesia involuntária da qual podemos tirar partido. Assim, a primeira passagem de *Olímpia ou as Vinganças Romanas,* começa na última palavra de uma frase, o que nos obriga a tentar imaginar o que a precede, e dá à linha um considerável poder de prolongamento. Essa palavra "caverna", que não tem mais valor gramatical preciso, vai representar com relação às frases que a seguem o papel de uma verdadeira armação de sustenidos e bemóis, é ela que vai dar o tom da página toda; seu valor de evocação vai tingi-la inteiramente.

Introduzida no interior de outra, a página se distingue desta por sua justificação mais reduzida. Freqüentemente, nas obras eruditas, as citações são assim impressas em linhas mais curtas do que o resto. O olho segue naturalmente os alinhamentos dos parágrafos; existe aí a possibilidade de fazer funcionarem vários textos uns com os outros como vozes, e a atração entre os diferentes pedaços de uma mesma coluna se torna tanto mais forte quanto mais o corte que os separa é menos natural, por exemplo, se ele ocorre no meio de uma frase, como em Balzac, ou mesmo de uma palavra.

A reprodução de uma página, ou mesmo de uma linha no interior de uma outra página, permite um corte óptico cujas propriedades são bem diferentes das do corte habitual das citações. Ele permite introduzir no texto novas tensões, as mesmas que experimentamos tão freqüentemente hoje em dia, nas cidades cobertas de *slogans,* de títulos e de anúncios, barulhentas de canções e discursos transmitidos, aquelas sacudidas que sentimos quando é brutalmente ocultado o que estávamos lendo ou escutando.

9. Dípticos

A Musa do Departamento, com seu recorte óptico das páginas de *Olímpia ou as Vinganças Romanas* e o transtorno de sua ordem, conduz-nos aos problemas do volume, da ligação das páginas entre si.

A primeira característica do livro ocidental atual, a esse respeito, é sua apresentação em díptico: vemos sempre duas páginas ao mesmo tempo, uma em face da outra. Isto é sublinhado na *Musa do Departamento* pelo fato de que o título corrente *Olímpia ou as Vinganças Romanas* se estende sobre as duas páginas face a face, *Olímpia* à esquerda, *ou as Vinganças Romanas* à direita.

A costura, no meio do díptico, forma uma região de visibilidade menor; é por isso que as glosas são freqüentemente dispostas simetricamente, a margem direita sendo a boa margem para a página da direita, a esquerda para a da esquerda.

O movimento da esquerda para a direita que transporta nosso olhar tem tendência a fazer-nos abandonar constantemente a página da esquerda em proveito da da direita, que por isso é chamada de "boa página", aquela sobre a qual se coloca sempre o título do livro e, no mais das vezes, os começos de capítulos.

A apresentação simultânea dessas duas folhas faz com que os quadros possam nelas se espraiar, transbordar de uma para outra, tomar o livro aberto em toda a sua largura, e com que as linhas de um dos lados possam responder às do outro.

O melhor exemplo dessa utilização do díptico é a tradução justalinear, o texto original prosseguindo nos versos, a tradução nos retos. Sterne já tirou desse aspecto do livro um contraponto dos mais saborosos. Ele é aliás, até o presente, o maior artista da organização do volume de que eu tenho conhecimento.

10. Índices e sumários

A ordem na qual as páginas se seguem não tem de modo algum a mesma importância para uma narrativa linear, em que os acontecimentos se sucedem uns aos outros, e para uma enciclopédia, onde passaremos de verbete a verbete segundo as necessidades do momento. Mas na obra mais sucessiva, um índice pode ajudar-me a reencontrar a simultaneidade do volume. Ao texto bem ordenado segundo uma simples linha, o editor erudito acrescentará um índice que nos permitirá justamente buscar tal palavra ou tal assunto sem precisar reler o livro de ponta a ponta.

À ordem primária da paginação, que já se torna nas traduções justalineares uma dupla paginação paralela, podem superpor-se várias espécies de outros trajetos aos quais somos convidados pelo próprio texto (assim, Sterne pula um capítulo e nos propõe sua leitura muito mais tarde), ou por meio de notas, de sinais, de apêndices, de enumerações de toda espécie. No fim do *Quarto Livro,* Rabelais acrescenta uma "Breve Declaração de Algumas Dicções mais Obscuras", um léxico, Carlo-Emilio Gadda junta a suas novelas longas notas humorísticas e eruditas, Faulkner, para a reedição de *O Som e a Fúria,* uma genealogia comentada da família Compson.

Não é somente o corpo da página que pode ser cercado por uma muralha, é o próprio corpo do livro, e todas as funções que encontramos ao nível da página podem ser reencontradas ao nível do volume.

Tudo isso sem mudar nada em sua aparência exterior, nem em seu modo atual da fabricação. Mas é certamente fácil imaginar variantes.

18. A LITERATURA, O OUVIDO E O OLHO

para Jean Beaufret

1. Transcrever

Considera-se em geral, na França e no Ocidente, que a literatura é fundamentalmente algo de oral, algo que se *ouve,*

que ler consiste em devolver às palavras escritas sua sonoridade original, quer em voz alta, quer de um modo puramente interior,

e, quando se colocam os problemas da origem e da evolução da linguagem, que esta se constitui inteiramente com relação ao ouvido, antes que o olho entre em jogo, antes que se procure transcrevê-la.

É certo que todos nós aprendemos a falar antes de saber escrever, com exceção de alguns surdos-mudos de nascença, e imaginamos que o mesmo ocorre com toda a humanidade.

Acontece freqüentemente, em certas sociedades, que as pessoas saibam falar sem saber escrever; parece pois que a fala é um bem comum a todos os homens, enquanto a escrita seria reservada a uma certa idade, a certas classes ou profissões. Mas o fato de que nem todas as pessoas de uma sociedade saibam escrever não quer dizer que a escrita seja dispensável a seu funcionamento e ao de sua linguagem.

A linguagem daqueles que não escrevem, crianças ou iletrados, modela-se sempre a partir da linguagem dos que escrevem; é certo que eles só podem reter em suas conversas os elementos significativos para o ouvido mas assim que houver contestação, dificuldade, eles farão apelo aos letrados ou adultos.

Longe de considerar a linguagem da criança ou do iletrado como a origem da linguagem adulta e escrita, segundo uma ilusão facilmente explicável, pode-se mostrar que pelo contrário, pelo menos em nossas sociedades, ela é o resultado de uma redução operada pelo ouvido no interior de um conjunto a cujo funcionamento a escrita é indispensável.

Assim devemos perguntar-nos se existe de fato uma sociedade em que não haja pelo menos um embrião de escrita, quer esta se assemelhe à que conhecemos: riscos sobre papel, quer ela seja de um tipo totalmente diverso: escrita de nós, de objetos.

A esse respeito pode-se dizer que toda arquitetura, toda organização de um sítio, já é uma escrita elementar. O fato de colocar uma pedra em algum lugar e de lhe dar um sentido particular vai necessariamente *lastrear* qualquer palavra que a designar. É a partir de um signo estável, ao qual se poderá voltar, que se pode consolidar a própria linguagem, quer esse signo seja móvel ou imóvel.

Victor Hugo dizia:

Fincava-se uma pedra de pé, e era uma letra, e cada letra era um hieróglifo, e sobre cada hieróglifo repousava um grupo de idéias como o capitel sobre a coluna...

Desde a origem, é com a ajuda do olho que o ouvido aprende a compreender, que se passa dos gritos às palavras.

Encontramo-nos hoje diante de tais transformações dos meios de comunicação que somos obrigados a colocar em novos termos o problema da relação da literatura com as outras artes concernentes ao ouvido ou ao olho, à música e à pintura.

No século XIX, para poder ouvir de novo o que se tinha ouvido, um discurso, as pessoas eram obrigadas a passar pelo intermédio de uma transcrição, de algo visível a que se devolvia a voz pela leitura. Como se tinha interesse em fazer todo esse conjunto de operações o mais rapidamente possível, tinha-se tendência a abafar todos esses intermediários na consciência, a fazer como se se compreendesse e ouvisse imediatamente.

Hoje em dia, qualquer um sabe que é possível conservar esse discurso sem o intermédio da escrita, e conservá-lo muito melhor; basta gravá-lo.

Essa reprodução direta torna evidentes as insuficiências de nossa escrita para a transcrição daquilo que nosso ouvido capta.

2. A voz

Como temos, no Ocidente, alfabetos fonéticos, fazemos como se houvesse uma transcrição fiel. Na verdade, nossa escrita só retém uma ínfima parte dos elementos significativos para o ouvido; toda a *entonação* desaparece.

Diz-se de certos bons escritores que eles têm uma *voz;* ora, a quantidade particular das vozes, seu timbre, aquilo que faz com que reconheçamos alguém por sua voz é justamente o que a escrita é incapaz de anotar.

O escritor acede à voz quando as formas que ele emprega nos levam naturalmente, ao lermos exterior ou interiormente seu texto, a devolver-lhe certas entonações.

Isto é particularmente importante para o romance. Quando lemos diálogos, em certos autores, ouvimos as pessoas falarem, enquanto em outros todas as personagens têm a mesma voz, ou melhor são todas sem voz.

Proust é o modelo do escritor com entonações múltiplas. Ele consegue dar a suas personagens somente as palavras às quais nossa leitura restituirá uma entonação característica. A atenção que ele concedia a essa qualidade *vocal* organizou o próprio conteúdo das conversas.

Se transcrevermos uma conversa gravada em fita magnética, na maior parte do tempo aquilo que lemos é passível de muitas entonações diferentes e indiferentes, não tendo pois nenhuma virtude de *voz.* Seria preciso escolher naquilo que é dito o que poderia retomar, à leitura, uma *presença* auditiva.

Compensam-se as insuficiências da escrita pelo estilo, pelo próprio conteúdo das palavras, mas na maioria dos casos esse remédio é inaplicável. Utilizar-se-ão nesse caso os sinais de pontuação, tomados não em seu valor gramatical, mas em seu valor de silêncio e de entonação.

233

A maior parte dos escritores, sobretudo aqueles que fazem longas frases, tomam numerosas liberdades com relação às regras do emprego das vírgulas; a observação dessas regras levaria a usá-las excessivamente, o que tornaria o texto menos inteligível, e sobretudo suprimiria seu valor de silêncio.

No curso da história da literatura francesa, muito subrepticiamente, quase secretamente, porque eram problemas nos quais não se queria pensar, os escritores foram obrigados a multiplicar os sinais de pontuação.

Assim Balzac foi o primeiro, em nossa língua, a utilizar o travessão no interior de uma frase. Ele o explica no prefácio aos *Chouans*:

O autor previne aqui o leitor de que ele tentou importar em nossa literatura o pequeno artifício tipográfico pelo qual os romancistas ingleses exprimem certos acidentes do diálogo.

Na natureza, uma personagem faz freqüentemente um gesto, escapa-lhe um movimento de fisionomia, ou situa um ligeiro aceno de cabeça entre uma palavra e outra da mesma frase, entre duas frases e mesmo entre duas palavras que não parecem exigir qualquer separação. Até agora, essas pequenas finezas de conversa tinham sido abandonadas à inteligência do leitor. A pontuação oferecia-lhe pouca ajuda para adivinhar as intenções do autor. Enfim, para dizer tudo, os pontos, que compensavam muitas coisas, foram completamente desacreditados pelo abuso que certos autores fizeram deles nos últimos tempos. Uma nova expressão dos sentimentos da leitura oral era pois geralmente desejada.

Nesses casos extremos, o sinal — que, entre nós, precede já a interlocução, foi destinado entre nossos vizinhos a pintar essas hesitações, esses gestos, essas pausas que acrescentam alguma fidelidade a uma conversa que o leitor então acentua muito melhor e a seu bel-prazer.

Na literatura contemporânea, as reticências representam um papel essencial. Na origem, elas tinham uma função puramente gramatical; indicavam que a construção da frase era incompleta. Hoje, elas podem acompanhar uma frase cuja construção é correta, mas indicam que ela deveria prolongar-se, introduzindo silêncios de expectativa. Em Nathalie Sarraute, certas páginas são quase que *devoradas* por elas.

Para anotar certos sotaques ou pronúncias particulares empregam-se modificações ortográficas. Assim, no *Primo Pons*, Balzac deforma as palavras de quatro modos diferentes, para particularizar a voz de quatro personagens.

A ortografia é, em francês, algo de quase sagrado; desconfia-se muito dos escritores que a perturbam, pois a compreensão é retardada pela menor modificação do aspecto visual da palavra.

234

Falei, com efeito, como se o francês tivesse uma escrita fonética; ele tem uma escrita alfabética que na origem era fonética, mas sabemos bem que hoje esta escrita lhe está extremamente mal adaptada. A ortografia nos esclarece muito imperfeitamente acerca da pronúncia de uma palavra, mas ela nos indica muito mais (e é por isso que as tentativas de reforma nesse domínio encontram tanta resistência), freqüentemente o modo como a palavra seria pronunciada em outras circunstâncias, mas sobretudo acerca dos domínios e das distinções. Como a maior parte das formas verbais só se distinguem ao olhar, nossa conjugação teria evoluído diferentemente se se tivesse reformado foneticamente a ortografia.

Os franceses ficam em geral surpresos quando lhes dizem que o mesmo ideograma, conservando seu sentido, se pronuncia de modo totalmente diferente em japonês, em chinês e em coreano; entretanto, pode-se encontrar numerosos exemplos de palavras ocidentais que se escrevem do mesmo modo em inglês, em italiano, alemão, espanhol, português etc., e em francês, conservando o mesmo sentido (e por vezes essa é a nossa salvação nas viagens), e no entanto se pronunciam de modo tão diferente que seríamos incapazes de as reconhecer.

A origem comum não muda nada àquilo que o ouvido capta; essa designação da origem é essencial à escrita; toda meditação a seu respeito nos remete ao aparecimento da humanidade.

3. Palco

Examinemos o texto de uma peça de teatro; certas partes da página são transcrições *diretas* daquilo que o ouvido recebe, réplicas, mas há muitas outras destinadas a compensar sua insuficiência.

Primeiramente o nome das personagens, o que colocará problemas quando lermos em voz alta, sobretudo quando alguém, sozinho, conferista ou ator, precisar ler o texto no rádio, por exemplo. Ele precisará representar todas as personagens ao mesmo tempo, e será por vezes difícil fazer sentir, por uma simples mudança de voz, a passagem de uma a outra. Ele lerá pois, pelo menos um certo número de vezes, os nomes, que no teatro não se ouviriam, pois o olho nos informaria suficientemente, e também a diferença dos timbres.

Além disso, o autor de teatro é obrigado, de tempo em tempo, a precisar o sentimento com o qual deve ser dita determinada réplica. Assim, Molière nas *Femmes Savantes*:

235

PHILAMINTE
Como! tendes medo de ofender a marota.
Vós lhe falais com um tom muito respeitoso.
CHRYSALE
Eu? não.
(Num tom firme)
Vamos, retirai-vos.
(Num tom mais suave)
Vai-te, minha pequena.

Como em música, o número dessas indicações de execução aumentou consideravelmente no decorrer dos séculos. A isso se deve acrescentar a descrição dos gestos, e sobretudo a do cenário, que no mais das vezes será lido por um assistente quando de uma execução pelo rádio. Às vezes, poderemos encontrar suficientes aspectos sonoros do lugar ou do acontecimento descrito para lhe dar uma presença auditiva. Se o texto dizia: "um som de sinos", farei com que ele seja ouvido, não precisarei lê-lo, mas se ele descreve pormenorizadamente um mobiliário, serei obrigado a transmiti-lo ao ouvinte por suas próprias palavras.

Nos autores do teatro clássico propriamente dito, o cenário é freqüentemente reduzido a uma linha, como em *Ifigênia*:

A cena se passa em Aulide, na tenda de Agamemnon.

Em Hugo, ele vai espraiar-se em longas páginas cujas qualidades literárias são equivalentes às das réplicas.

Em *Requiem for a Nun,* de William Faulkner, livro que se pode considerar como uma peça de teatro, já que ele adota a apresentação tipográfica desse gênero e que se realizaram no palco suas partes dialogadas, as descrições dos cenários ocupam mais de três quartos do texto.

Tocamos aqui o problema do tempo na leitura. Se leio a transcrição de uma conferência, posso restituir-lhe mais ou menos sua duração (podendo também não o fazer), mas para respeitar o desenrolar de uma peça de teatro eu só deveria ler suas réplicas. Se faço menção aos cenários, aos gestos, às entonações, ao nome das personagens, introduzo um segundo tempo mais ou menos paralelo ao primeiro.

O rádio nos permite uma experiência particularmente pura da *audição* (o telefone também, mas muito mais grosseira), a experiência dos cegos; e, como cegos, tornamo-nos cada vez mais sensíveis aos aspectos propriamente musicais da linguagem, sobre os quais nossos aparelhos nos permitem aliás trabalhar diretamente.

A transcrição de uma conferência observa uma sucessão linear. A cada palavra ouvida corresponde uma palavra inscrita, mesma ordem, uma após outra. De fato, a com-

236

preensão, sobretudo em certas línguas, nos obriga a constantes retornos; o sentido de uma palavra fica suspenso até que uma outra, por vezes muito tempo depois, venha precisá-lo. Nem mesmo a audição mais simples pode ser interpretada como uma experiência de sucessão pura.

Na leitura de uma peça de teatro, temos *simultaneamente* as palavras que deve dizer o ator, e aquelas que o autor acrescenta para guiá-lo ou situá-lo, simultaneidade que, no espetáculo, se distribuirá entre o olho e o ouvido; mas sabemos bem que pode haver, para o ouvido só, uma simultaneidade de falas. No rádio, poderemos ouvir um ator falar não somente com um fundo musical ou de ruídos, mas também com um fundo de falas mais longínquas, cujo sentido mudará por vezes o das palavras em primeiro plano, experiência que fazemos cada vez que atravessamos uma multidão.

Para os antigos gregos ou latinos, parecia impossível fazer ouvir duas melodias ao mesmo tempo mas, durante a Idade Média, a necessidade de superpor vozes ou mesmo textos diferentes produzirá uma transformação completa da consciência musical, que levará bem mais tarde à polifonia puramente instrumental, e à prática do concerto moderno.

Ouvimos muitos ruídos ao mesmo tempo, o mundo é mais barulhento do que outrora, há mais gente falando e suas vozes são multiplicadas por inúmeros aparelhos; a questão da superposição das falas reveste-se pois de uma importância cada vez maior.

A experiência de trabalho no rádio, onde as qualidades sonoras da linguagem vêm em primeiro plano, leva a considerar o texto a partir do qual se realiza a emissão como uma partitura. Seremos obrigados a notar nele não só as palavras que se sucedem, mas o modo como elas se sucedem e se recobrem, e, de um modo muito mais refinado do que para o antigo teatro, as entonações, velocidades, intensidades, alturas. Os músicos, no decorrer dos tempos, fizeram a esse respeito um imenso trabalho; Mallarmé estimava que já era tempo de a literatura retomar à música o que lhe pertence, e tentou ele mesmo fazer um livro-partitura; ele é o primitivo de nossas pesquisas.

Para organizar essa partitura é indispensável estudar, como os músicos, o aspecto visual da página, o modo como nela se distribuirão os diferentes elementos mais ou menos simultâneos.

4. Desenho-desígnio

A palavra, mesmo em francês, tem, pelo fato de sua ortografia, uma figura visual essencial que não podemos alterar impunemente. Quando escrevemos de um modo puramente fonético, como o faz por vezes Raymond Queneau, temos um atraso de compreensão, um embaraço que nele se resolve por um valor satírico ou sarcástico, o riso superando o obstáculo.

As modificações ortográficas nem sempre registram as particularidades da pronúncia; elas podem não ter nenhum efeito diretamente fonético, mas mudar a cor, a expressão da palavra. Assim os poetas do fim do século XIX, a partir de Leconte de Lisle, querendo dar a impressão de reencontrar a verdadeira Grécia antiga e distinguir-se da tradição escolar, substituíam nos nomes dos heróis clássicos todos os *c* por *k*, pronunciados exatamente do mesmo modo mas lembrando melhor a escrita grega.

Quando **Balzac** quer dar um ar de francês antigo aos *Contes Drolatiques*:

> Cecy est ung livre de haulte digestion, plein de déduicts de grant goust, épicez pour ces goutteux...

podemos certamente tentar fazer com que se ouça em nossa leitura o *g* de *ung*, o *l* de *haulte*, mas o *t* de *grant* e o *z* de *épicez* nada muda a sua pronúncia; e teremos perfeitamente razão de ler em voz alta como se ele tivesse escrito em francês moderno:

> Ceci est un livre de haute digestion, plein de déduits de grand goût, épicés pour ces goutteux...*

Tratava-se de imitar acima de tudo o aspecto visual das páginas de Rabelais ou de Beroalde de Verville, de colocar por conseguinte o leitor numa atitude similar àquela que ele tinha diante dos livros desses autores antigos.

A cor, o ar de um parágrafo é profundamente alterado pela abundância dessas modificações que mudam a freqüência normal dos signos. A rarefação ou a multiplicação de determinado sinal de pontuação provocará efeitos similares. Reconhece-se uma página de Nathalie Sarraute antes de a ter lido.

É que, também no Ocidente, a escrita é um caso particular do desenho. O mundo nos aparece em grande parte por intermédio dos desenhos e hoje em dia das fotografias que dele nos mostram.

O homem é um animal que fala, mas os animais têm por vezes vocabulários de gritos bastante extensos, muitas vezes eles são até mesmo capazes de marcar seu território, em compensação não conhecemos em nenhum deles a menor manifestação de desenho.

Não só a origem de todas as escritas conhecidas, no sentido restrito da palavra escrita, é desenho, mas também

---

* Este é um livro de alta digestão, cheio de divertimentos saborosos. temperados para aqueles degustadores...

238

esse desenho que é a escrita representa no espetáculo que hoje nos cerca um papel tão importante que um paisagista se vê obrigado a pôr palavras no interior de suas pinturas.

Como a palavra indica algo que me concerne, que está ligado a minhas necessidades, algo que me é dito, meu olho será necessariamente atraído pelo lugar onde ela está escrita, que será um foco da imagem; atração por vezes recusada, portanto repulsa; atração e repulsa sentidas diferentemente conforme se for mais ou menos *letrado* com relação a esses caracteres.

Pode haver nas ruas de Tóquio anúncios luminosos que me parecem perfeitamente belos, mas cujo significado é tão exasperante para alguém que saiba japonês que ele não pode suportá-los.

Não nos espantemos se uma pessoa acha admirável uma pintura onde ela pode ler certas palavras, e que não toca absolutamente uma outra, iletrada com relação a elas. Não só o sentido dessas palavras pode acrescentar à imagem uma significação inesperada e apaixonante, mas também a organização das linhas e das cores não pode ser a mesma para os dois olhares.

As escritas ocidentais se lêem geralmente da esquerda para a direita. Cada tabuleta rodoviária indicando o nome de uma cidade ou de um lugar forma uma flecha nesse sentido. Se tivermos duas escritas superpostas, latina e cirílica, como na Bulgária, o nome, esse único nome, formará duas flechas paralelas. Mas, em certos países árabes ou em Israel, os nomes dos lugares são marcados nas tabuletas em duas escritas superpostas de sentido contrário, estrutura plástica totalmente diferente, e de atividade totalmente diversa se nós a transportarmos para um quadro.

5. Partitura generalizada

As inscrições representaram um papel essencial no cinema mudo, onde tínhamos uma experiência inversa àquela que nos dá o rádio, a experiência da surdez. Em alguns autores, a legenda ou o texto de ligação têm uma importância fundamental. Hoje em dia, lê-se novamente muito sobre a tela.

O cinema e a televisão transformam a relação entre aquilo que vejo e o que ouço, atraindo nossa atenção para os aspectos visuais da dicção. No teatro, mesmo quando não há máscaras, o gesto comenta visualmente o que ouço, mas não vejo verdadeiramente o ator pronunciar. A prática do *close up,* aproximando consideravelmente seu rosto, permite que vejamos seus lábios mexerem-se.

Se ouço a voz de um ator, e se seu rosto ocupa a tela, com os lábios imóveis e fechados, as palavras se situam diferentemente no espaço, no tempo ou na consciência da

239

personagem, com relação àquelas que eu a vejo articular. Pode haver polifonia não só entre vários textos ouvidos, ou vários textos vistos, mas entre vários modos de recepção da palavra.

Na transcrição de uma peça de Shakespeare, tenho sob esse aspecto três espécies de palavras:

audição primeira: réplicas,

audição segunda: tudo o que é descrição: nome das personagens, entonações, gestos, cenários realizados,

visão: os cartazes.

Torna-se essencial no romance ou no ensaio ou no poema contemporâneo anotar, por meio de enquadramentos por exemplo, que determinadas palavras são *vistas* mais do que *lidas;* a partitura deve anotar o modo de aparição.

Ora, o livro é apenas um caso particular da visibilidade da linguagem; ele não é o único suporte da escrita. Hoje em dia há tantos livros no mundo, que eles criam um problema de espaço; nenhuma biblioteca é suficientemente vasta para comportá-los, daí os esforços tentados para reduzir seu *volume,* e torná-los mais manejáveis. O microfilme é um primeiro passo nessa direção mas, tal qual ele é por enquanto, se bem observarmos, ele é uma volta à forma arcaica do rolo, ele nos obriga a ler o livro em sua sucessividade. O livro moderno, formado de folhas superpostas, constituiu-se para permitir uma liberdade muito maior na busca dentro do texto; o microfilme não poderá substituí-lo senão quando se encontrar o meio de o *folhear* com a mesma comodidade.

Pois o livro que lemos de ponta a ponta, e que os teóricos da literatura consideram freqüentemente como o livro normal é na realidade uma exceção. Os mais difundidos e sob certos aspectos os mais úteis em nossa sociedade, aqueles que não podemos dispensar, são os livros que consultamos, feitos de tal sorte que possamos aí encontrar a informação de que precisamos, sem os ler de ponta a ponta: os dicionários.

Eles são característicos de nossa civilização. Nenhuma cidade, nenhum Estado moderno poderia subsistir se lhe faltasse aquele objeto essencial, aquele monumento muito pouco estudado que é a lista telefônica.

Certos dicionários são obras-primas de nossa literatura, o *Littré,* a *Enciclopédia,* o *Dicionário de Bayle;* eles são ainda pouco e mal estudados porque a crítica não soube ainda elaborar noções para esse tipo de obras.

O estudo da física do livro nos ensina que a forma a que estamos habituados corresponde a um certo manejo, a um certo emprego; ele nos mostra também que não é indispensável que a superfície sobre a qual depositamos os traços seja plana; se ela for curva ou complexa, a ligação entre suas regiões será totalmente diversa.

A arquitetura nos dá inúmeros exemplos desse fato. Os monumentos antigos são em geral cobertos de inscrições, que se dispõem em espaços de inesgotável variedade.

O lugar ocupado por uma palavra no desenrolar da frase muda seu sentido, mas o mesmo ocorre com relação ao lugar que ela ocupa no desdobrar da página, na expansão do volume.

Hugo declarava que o livro era uma transformação moderna da arquitetura, uma arquitetura tornada plenamente móvel pelo fato de ter sido, por sua multiplicação, liberada de seu lugar.

6. O livro e o lugar

Quando viramos as páginas de um livro, consideramos suas ilustrações, lemos suas linhas, um pequeno teatro aí se desenvolve; inversamente, podemos imaginar uma literatura de um tipo novo, que seria o teatro como livro, ou certas obras, formadas por palavras, das quais o livro seria apenas um elemento.

É aliás o que já encontramos, sem refletir, quando vamos ao teatro ou melhor, à Ópera. O texto ao qual somos submetidos não é somente o que é dito ou cantado no palco, mas as inscrições da sala e sobretudo os programas ou livretes.

Isto é, um continente arquitetural com inscrições e sonoridade, pois um monumento não é somente algo que se vê mas também algo com propriedades sonoras que podemos tratar hoje em dia com uma grande liberdade,

sucessão de salas por exemplo no interior das quais ouviríamos proferirem-se diferentes palavras, veríamos ou não atores falarem, inscrições transformarem-se, onde nós também seríamos convidados a dizer de tempo em tempo alguma coisa, onde seriam dispostos livros mais ou menos amovíveis para folhear, percorrer ou devorar.

Tal acontecimento-monumento poderia certamente ser descrito, reproduzido, transcrito por outros livros ou monumentos exteriores.

Com relação ao tempo, a transcrição nos permite conservar o que foi dito, e também prever e preparar um acontecimento futuro, e é esse aliás o grande interesse daquilo que chamamos partitura.

A literatura é uma transcrição suspensa entre um passado a conservar e um futuro a preparar, mas ela funciona também no espaço, e portanto com relação ao presente.

O desenho é aquilo que nos permite ver uma coisa num lugar onde ela não está; através do livro, entre outros, ouvimos uma palavra num lugar onde ela não se pronuncia.

241

A leitura de um livro sobre o Japão me permite preparar minha viagem, a escritura de um livro sobre o Japão me permite conservá-la, mas a consulta de um livro sobre o Japão, enquanto eu aí estou, permite com que eu aí "me situe", enquanto eu ainda não consigo me representar esse fato.

O livro nos permite vencer o tempo, mas também o espaço; é em grande parte por intermédio dos livros que estamos em comunicação, e o telefone implica sua lista.

Hugo dizia que o livro sucede à arquitetura, e que sua grande superioridade sobre esta é que, como uma nuvem de pássaros, ele podia estar em toda parte e era pois de certo modo indestrutível. Podemos ter hoje a idéia de uma literatura de não sei que século futuro que seria ao mesmo tempo arquitetura e livros: sítios, monumentos trabalhados de tal forma que aí pudessem ocorrer acontecimentos admiráveis, nos quais a linguagem apareceria sob todos os seus aspectos, mas não fechados sobre si mesmos, em comunicação com toda uma rede de ressoadores imóveis ou móveis, portanto ao mesmo tempo localizados e difusos, ao mesmo tempo destrutíveis e permanentes,

ressuscitáveis.

Partitura de um acontecimento sonoro, partitura de um acontecimento em geral, precisamos trabalhar no livro, nessa metamorfose a cujo início assistimos, como na partitura de uma civilização.

COLEÇÃO DEBATES

1. *A Personagem de Ficção,* A. Rosenfeld, A. Cândido, Décio de A. Prado, Paulo Emílio S. Gomes.
2. *Informação. Linguagem. Comunicação,* Décio Pignatari.
3. *O Balanço da Bossa e Outras Bossas,* Augusto de Campos.
4. *Obra Aberta,* Umberto Eco.
5. *Sexo e Temperamento,* Margaret Mead.
6. *Fim do Povo Judeu?,* Georges Friedmann.
7. *Texto/Contexto,* Anatol Rosenfeld.
8. *O Sentido e a Máscara,* Gerd A. Bornheim.
9. *Problemas de Física Moderna,* W. Heisenberg, E. Schroedinger, Max Born, Pierre Auger.
10. *Distúrbios Emocionais e Anti-Semitismo,* N. W. Ackerman e M. Jahoda.
11. *Barroco Mineiro,* Lourival Gomes Machado.
12. *Kafka: pró e contra,* Günther Anders.
13. *Nova História e Novo Mundo,* Frédéric Mauro.

243

14. *As Estruturas Narrativas*, Tzvetan Todorov.
15. *Sociologia do Esporte*, Georges Magnane.
16. *A Arte no Horizonte do Provável*, Haroldo de Campos.
17. *O Dorso do Tigre*, Benedito Nunes.
18. *Quadro da Arquitetura no Brasil*, Nestor Goulart Reis Filho.
19. *Apocalípticos e Integrados*, Umberto Eco.
20. *Babel & Antibabel*, Paulo Rónai.
21. *Planejamento no Brasil*, Betty Mindlin Lafer.
22. *Lingüística. Poética. Cinema*, Roman Jakobson.
23. *LSD*, John Cashman.
24. *Crítica e Verdade*, Roland Barthes.
25. *Raça e Ciência I*, Juan Comas e outros
26. *Shazam!*, Álvaro de Moya.
27. *As Artes Plásticas na Semana de 22*, Aracy Amaral.
28. *História e Ideologia*, Francisco Iglésias.
29. *Peru: Da Oligarquia Econômica à Militar*, Arnaldo Pedroso D'Horta.
30. *Pequena Estética*, Max Bense.
31. *O Socialismo Utópico*, Martin Buber.
32. *A Tragédia Grega*, Albin Lesky.
33. *Filosofia em Nova Chave*, Susanne K. Langer.
34. *Tradição, Ciência do Povo*, Luís da Câmara Cascudo.
35. *O Lúdico e as Projeções do Mundo Barroco*, Affonso Ávila.
36. *Sartre*, Gerd A. Bornheim.
37. *Planejamento Urbano*, Le Corbusier.
38. *A Religião e o Surgimento do Capitalismo*, R. H. Tawney.
39. *A Poética de Maiakóvski*, Bóris Schnaiderman.
40. *O Visível e o Invisível*, Merleau-Ponty.
41. *A Multidão Solitária*, David Riesman.
42. *Maiakóvski e o Teatro de Vanguarda*, A. M. Ripellino.
43. *A Grande Esperança do Século XX*, J. Fourastié.
44. *Contracomunicação*, Décio Pignatari.
45. *Unissexo*, Charles Winick.
46. *A Arte de Agora, Agora*, Herbert Read.
47. *Bauhaus — Novarquitetura*, Walter Gropius.
48. *Signos em Rotação*, Octavio Paz.
49. *A Escritura e a Diferença*, Jacques Derrida.
50. *Linguagem e Mito*, Ernst Cassirer.
51. *As Formas do Falso*, Walnice Galvão.
52. *Mito e Realidade*, Mircea Eliade.
53. *O Trabalho em Migalhas*, Georges Friedmann.
54. *A Significação no Cinema*, Christian Metz.
55. *A Música Hoje*, Pierre Boulez.
56. *Raça e Ciência II*, L. C. Dunn e outros.
57. *Figuras*, Gérard Genette.
58. *Rumos de uma Cultura Tecnológica*, A. Moles.
59. *A Linguagem do Espaço e do Tempo*, Hugh Lacey.
60. *Formalismo e Futurismo*, Krystyna Pomorska.
61. *O Crisântemo e a Espada*, Ruth Benedict.
62. *Estética e História*, Bernard Berenson.
63. *Morada Paulista*, Luís Saia.
64. *Entre o Passado e o Futuro*, Hannah Arendt.
65. *Política Científica*, Darcy M. de Almeida e outros.

66. *A Noite da Madrinha,* Sergio Miceli.
67. *1822: Dimensões,* Carlos Guilherme Mota e outros.
68. *O Kitsch,* Abraham Moles.
69. *Estética e Filosofia,* Mikel Dufrenne.
70. *Sistema dos Objetos,* Jean Baudrillard.
71. *A Arte na Era da Máquina,* Maxwell Fry.
72. *Teoria e Realidade,* Mario Bunge.
73. *A Nova Arte,* Gregory Battcock.
74. *O Cartaz,* Abraham Moles.
75. *A Prova de Goedel,* Ernest Nagel e James R. Newman.
76. *Psiquiatria e Antipsiquiatria,* David Cooper.
77. *A Caminho da Cidade,* Eunice Ribeiro Durhan.
78. *O Escorpião Encalacrado,* David Arrigucci Júnior.
79. *O Caminho Crítico,* Northrop Frye.
80. *Economia Colonial,* J. R. Amaral Lapa.
81. *Falência da Crítica,* Leyla Perrone-Moisés.
82. *Lazer e Cultura Popular,* Joffre Dumazedier.
83. *Os Signos e a Crítica,* Cesare Segre.
84. *Introdução à Semanálise,* Julia Kristeva.
85. *Crises da República,* Hannah Arendt.
86. *Fórmula e Fábula,* Willi Bolle.
87. *Saída, Voz e Lealdade,* Albert Hirschman.
88. *Repensando a Antropologia,* E. R. Leach.
89. *Fenomenologia e Estruturalismo,* Andrea Bonomi.
90. *Limites do Crescimento,* Donella H. Meadows e outros.
91. *Manicômios, Prisões e Conventos,* Erving Goffman.
92. *Maneirismo: O Mundo como Labirinto,* Gustav R. Hoecke.
93. *Semiótica e Literatura,* Décio Pignatari.
94. *Cozinhas, etc.,* Carlos A. C. Lemos.
95. *As Religiões dos Oprimidos,* Vittorio Lanternari.
96. *Os Três Estabelecimentos Humanos,* Le Corbusier.
97. *As Palavras sob as Palavras,* Jean Starobinski.
98. *Introdução à Literatura Fantástica,* Tzvetan Todorov.
99. *O Significado nas Artes Visuais,* Erwin Panofsky.
100. *Vila Rica,* Sylvio de Vasconcellos.
101. *Tributação Indireta nas Economias em Desenvolvimento,* John F. Due.
102. *Metáfora e Montagem,* Modesto Carone Netto.
103. *Repertório,* Michel Butor.
104. *Valise de Cronópio,* Julio Cortázar.
105. *A Metáfora Crítica,* João Alexandre Barbosa.
106. *Mundo, Homem, Arte em Crise,* Mário Pedrosa.
107. *Ensaios Críticos,* Ramón Xirau.
108. *Do Brasil à América,* Frédéric Mauro.
109. *O Jazz,* Joachim E. Berendt.
110. *Um Livro 100% Brasileiro,* Blaise Cendrars.

FALÊNCIA DA CRÍTICA
Leyla Perrone Moysés (col. debates)
AS ESTRUTURAS NARRATIVAS
Tzvetan Todorov (col. debates)
A ESCRITURA E A DIFERENÇA
Jacques Derrida (col. debates)

Literatura e Crítica: autor
texto
escritura
poética
significação

Os fundamentos da Crítica, a reelaboração da experiência literária, A Literatura como campo da Filosofia.

SÍMBOLO S.A. INDÚSTRIAS GRÁFICAS
Rua General Flores, 518 522 525
Telefone 221 5833
São Paulo